EX-LIBRIS

《瓦尔登湖》插画　藏书票

未曾消失的苇岸

纪　念

冯秋子　主编

广西师范大学出版社
·桂林·

苇 岸

　　原名马建国，一九六〇年一月生于北京昌平北小营村。一九七八年考入中国人民大学一分校哲学系，毕业后任教于北京昌平职业教育学校。一九八二年在《丑小鸭》发表第一首诗歌《秋分》，一九八八年开始写作系列散文《大地上的事情》，成为"新生代散文"的代表性作品。一九九八年，为写作《一九九八 廿四节气》，选择居所附近农田一处固定地点，实地观察、拍摄、记录，进行廿四节气的写作。一九九九年在病中写出最后一则《廿四节气·谷雨》，五月十九日因肝癌医治无效谢世，享年三十九岁。按照苇岸遗愿，亲友将他的骨灰撒在故乡北小营村的麦田、树林和河水中。

　　苇岸生前出版散文集《大地上的事情》（中国对外翻译出版公司，一九九五年四月）；编选"当代中国六十年代出生代表性作家展示"十人集《蔚蓝色天空的黄金·散文卷》（中国对外翻译出版公司，一九九五年十二月）；在病榻上编就散文集《太阳升起以后》（中国工人出版社，二〇〇〇年五月）。其后有《上帝之子》（湖北美术出版社，二〇〇一年四月）；《苇岸日记选：泥土就在我身旁》（《特区文学》双月刊连载，二〇〇四至二〇〇五年）；《最后的浪漫主义者》（花城出版社，二〇〇九年十月）；《大地上的事情》（广西师范大学出版社，二〇一四年五月）。

苇岸肖像 罗雪村 作

1978 年，苇岸入读大学前

苇岸（前排左三）与大学同学在圆明园

1985年9月，苇岸与诗人顾城（右）在十三陵

1987年夏，苇岸与诗人海子（左）在昌平街头

1991年4月3日，苇岸与诗人林莽（右）合影

1996年，苇岸与诗人黑大春（左二）徒步黄河时，摄于兰考防汛指挥部

1998年7月27日，苇岸与诗人食指（左一）在北京第三福利院

苇岸与诗人、翻译家树才（右）合影

1998年夏，苇岸与宫苏艺（右）于怀柔龙潭涧留影，用苇岸的普通相机拍摄，扩印后苇岸寄给宫苏艺。其时苇岸已开始用这部相机拍摄1998年二十四节气当天、特定时间的同一块农田

相信未来　热爱生命
诗歌朗诵演唱会

钢琴独奏
肖邦降B小调夜曲
诗朗诵
《海洋三部曲》
之一《波浪与海洋》
之二《再也掀不起波浪的海》
混声合唱
《同一首歌》《在希望的田野里》
小提琴独奏
诗朗诵
《命运》《还是干脆忘掉她吧》
古筝独奏
女声二重唱
《我爱我的祖国》
诗朗诵
《诗人的桂冠》《热爱生命》
女声小合唱
《在小船上》
男声独唱
朗诵诗
《生涯的午后》
集体诗朗诵
《相信未来》

一九九八年
十一月二十二日

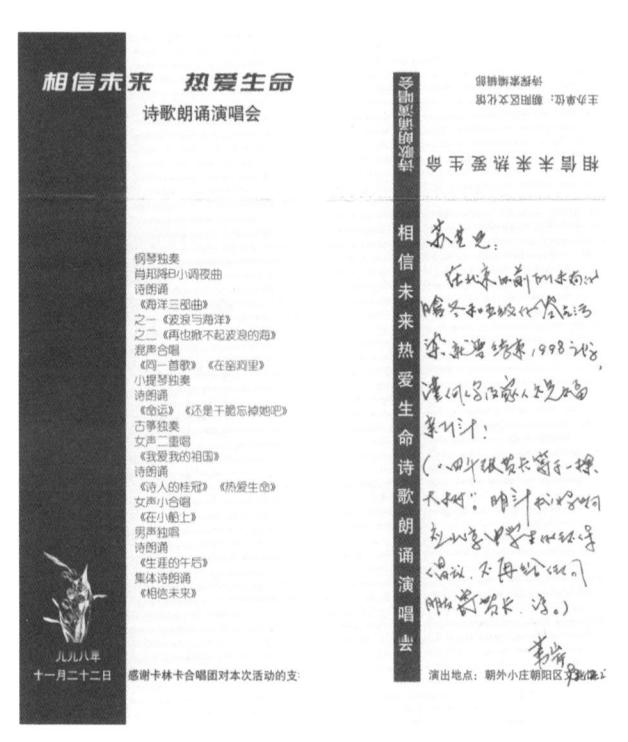

感谢卡林卡合唱团对本次活动的支持

演出地点：朝外小庄朝阳区文化馆

1998年12月23日，苇岸寄给宫苏艺的贺年卡

1999年春，苇岸与诗人王家新（左）在王家新院子合影。其时苇岸已知自己病情

与文学界朋友合影（左起：宁肯、杜丽、芒克、苇岸、冯秋子）

1999年5月3日，苇岸病逝前半个月，在北京康西草原与朋友们合影

1999年5月23日,苇岸的遗体告别仪式,播放莫扎特的《安魂曲》,林莽致悼词

1999年5月23日,在昌平县北小营村的麦田,撒放苇岸的骨灰前,树才朗读他为苇岸翻译的法国诗人雅姆的诗

1999年5月23日，遵照苇岸遗愿，将其骨灰撒在他的出生地昌平县北小营村的麦地里

苇岸的书房　宫苏艺摄于 1995 年 9 月 14 日

目　录

怀念我的弟弟建国 / 马建山⋯⋯001

怀念二哥 / 马建秀⋯⋯011

未曾消失的苇岸 / 林贤治⋯⋯016

告别苇岸（外一篇）/ 林莽⋯⋯027

哀歌 / 王家新⋯⋯038

平凡的真理（外二篇）/ 一平⋯⋯053

雪（外二篇）/ 黑大春⋯⋯071

异数之美：苇岸与《大地上的事情》/ 刘烨园⋯⋯078

活下去（外九首）/ 树才⋯⋯081

我的一个朋友（外二篇）/ 周新京⋯⋯091

敬重，愧疚，微妙的心理障碍 / 高兴⋯⋯102

时间和大自然的诗人——苇岸 / 蓝蓝……111

大地守望者(外一篇) / 宁肯……118

回归大地 / 彭程……130

苇岸在哪里向我们微笑(外一篇) / 鲍尔吉·原野……144

大地的歌者——苇岸 / 张守仁……152

告慰苇岸 / 谢大光……165

飘逝的苇岸 / 耿林莽……173

从苇岸到苇草 / 蒋蓝……177

只此一生 / 施战军……186

永远 / 王剑冰……189

苇岸,在天国是快乐的 / 王开林……193

落日故人情(外一篇) / 周晓枫……199

好兄弟苇岸 / 韩小蕙……215

舍有神守,忆苇岸 / 孙小宁……223

苇岸与大地道德 / 凸凹……232

在大地上我们只过一生 / 袁毅……238

回头视岸 / 陈长吟⋯⋯255

与大地相同的心灵 / 祝勇⋯⋯263

天下诗人皆兄弟 / 郑单衣⋯⋯268

田野：那黎明的奠基人 / 宋逖⋯⋯272

怀念苇岸（组诗，外一篇）/ 葛筱强⋯⋯279

感受大地的心跳 / 孙昕晨⋯⋯291

苇岸：倾听神秘与回到本真 / 陈旭光⋯⋯296

把麦田搬到天上 / 徐刚⋯⋯299

苇岸：绿色文学的先行者 / 韦清琦⋯⋯306

关于大地的伦理学和美学 / 伍振戈⋯⋯324

苇岸五年祭 / 张杰⋯⋯337

苇岸：大地的理念（外一篇）/ 徐迅⋯⋯346

一个热爱大地的人死了 / 西渡⋯⋯353

麦田上的风筝 / 林燕⋯⋯357

去爱这个世界 / [美]穆润陶⋯⋯360

和落日相遇 / 吴佳骏⋯⋯364

大地上的观察者 / 张亮⋯⋯371

一个谦卑和崇高的人 / 韦锦⋯⋯375

只有一个苇岸 / 周蓬桦⋯⋯379

太阳升起，露珠消失 / 庞白⋯⋯382

向苇岸们致敬 / 徐俊国⋯⋯385

纪念苇岸 / 消逝风中的墓地⋯⋯394

苇岸，回归大地 / 黄涌⋯⋯398

苇岸 / 刘舰平⋯⋯402

悼先师苇岸公灵 / 张名川⋯⋯404

致苇岸 / 徐季冬⋯⋯405

过去是怎样活在今天的 / 冯秋子⋯⋯407

后记 纪念，为了什么 / 冯秋子⋯⋯416

附：苇岸生平年表⋯⋯420

怀念我的弟弟建国

马建山

病　中

亲人们叫你建国，朋友们称你苇岸。你不顾亲人的苦苦挽留，不管朋友们的大声呼唤。你走了，离开了亲人，告别了朋友，踏着麦浪而行，乘着轻风而去。你去了一个遥远的地方，使我们今生再也无法相聚。时光的流动抹不去你在我心中的身影；岁月的消逝更不能减轻我对你的思念之情。三十多年的手足之情呀，叫我怎么能够把你忘记？建国，我亲爱的弟弟，你去了哪里？

记得一九九九年的正月初八，由于祖母去世，我和你一起赶回老家，望着你苍白消瘦的面孔，我不禁暗暗地为你的身体担心。我问你："建国，最近身体怎么样？"你告诉我，最近一段时间，夜里经常出汗，并伴有低烧，浑身乏力。我说："明天我陪你去市里医院检查一下，不要在昌平耽误了。"你对我说，已和几个朋友约好明天去市里检查，他们都在医院等你。第二天晚上，我给你打电话询问检查结果，你告诉我拍的片子还没出来，要过几天才能取。事后我才知道，你早已知道病情，只是在瞒着家里。

那一天下午，我在单位向家里打电话，询问你的情况。父亲告诉我，你得的是肝癌。这突如其来的恶讯，使我惊呆了，半晌说不出话来。天哪！怎么得了这种病？我知道这种病的险恶，也知道得这病的后果。和我同楼住着的两个同事的爱人，因为得了这种病，年岁不大都已先后离去。晚上，我匆匆赶到你那里，你显得很平静，说话的声音也和以前一样。你告诉我，检查出肝部有瘤体和硬化现象。望着你，我不知说什么好，一切的安慰语言已显得多余。

我和你的朋友们带着你的病历，奔走于各大医院之间。我们先后去了肿瘤、协和、万杰等医院，向医院的专家询问你的病情和治疗方法。"拿点药回家吃着吧。""肝部四分之三已有问题，属肝癌晚期。""治疗有效的话，也就只能生存一年。"……专家和医生的话，说得我胆战心惊，我浑身都凉透了，实在没有勇气再跑下去，更害怕再去面对专家、医生。

回到家里，我强颜欢笑地去面对你。"大哥，这几天吃这药，夜里汗少多了，低烧也没有了，身上也觉得有些力气了。"听了你的话，望着你对生活充满希望的面容，我心里感到一阵疼痛。我只有暗暗祈求苍天，盼苍天对你睁开双眼，盼望奇迹在你身上出现，盼望着你能闯过这生死难关。

一天，我陪你去楼下散步，由于连续几天的阴天突然放晴，你显得很高兴，那天走得也比较远。你停在了一棵小榆树前，盯着它仔细观看。你的神情是那样专注，我感到奇怪，走到你面前。这时的节气是严冬刚刚过去，春天的脚步正在走来，但大地上还是一片枯黄，代表春天的绿色还很少见。你指着榆树枝上的花蕾对我说："再过几天，它们将变成榆钱，它们是继杨树之后为春天着色的又一树种，是春天的又一道风景，我喜欢它们更胜于桃花、杏花。"听着你的话语，看着你的神情，我从内心深处发出一声沉重的叹息。你是那么善良，那样热爱生活，但是命运……我不敢再想下去。

你在治病的同时，并没有放弃写作，你精心准备了一年之久的《一九九八　廿四节气》已经写到了《谷雨》，每当你感到精神稍好时，你就要写下去，你想把它们完整地留给读者。你写得很艰难，不长的一段文字，你写了好几天，每当写完一小段，有了一些进展时，你都感到很欣慰。当《谷雨》终于写完时，你松了一口气，"廿四节气"四组你终于写完了一组。你还想把它们全部写完，没想到命运并不给你留下充足的时间，你的身体越来越差，上楼已经十分困难，无情的病魔像一条凶恶的毒蛇每天在疯狂地吞噬着你的肌体，你的力气好像已经用尽，每天躺在床上不想说话，不愿睁开你的双眼。

四月七日，你住进协和医院做介入化疗手术。说心里话，我内心并不想你住进医院，一是住院后我不能每天都和你在一起；二是我怕你住院以后就再也不能出院。八天的住院治疗并没有使你的病情有所好转，你的身体更加不如从前，一米八几的个子体重只剩下一百零五斤，胳膊和腿细得让人看了心里发酸，饭量在明显减少，起床已十分困难。

一天，你躺在床上，把我叫到你的跟前。你说："其他事已和妈说过，这件事就跟你谈谈。等我走的时候，身上就穿我那套西装，脚上就穿现在穿的那双皮鞋，衣服和鞋都没穿过几次，全都很新不用再换。告别那天肯定会有朋友来，不要花圈，不戴黑纱，也不要骨灰盒，我阳台上有两个菜坛，捡好一点的一个洗干净用就行了。骨灰就撒在我以前回老家骑车经常路过的东河边上的麦田里，河套边上的小树林里也撒上一些。这事只你和弟弟、妹妹同前去的朋友一起办就行了，不要惊动外人、引起别人的围观。大哥，这事就交给你办了。"听着你娓娓的低语，望着你平静的脸，我的心如刀割一般。你哪像在交代自己的后事，倒像是在诉说别人的事情一般。我的泪水止不住地流下来。你说："大哥，不要这样，这事我早已看开了，一切都顺其自然吧。"

死神在悄悄地向你走近，你预感到在世时日不多，把妹妹找来，帮你整理所需要的资料。你躺在床上口述，妹妹在一旁记录，说几句就要休息一会儿。这样持续了三四个晚上，你的生平年表和最后几句话整理完，由妹妹用电脑敲了出来，而你此时的身体更差，双脚开始浮肿。

多年来你一直是素食,从不沾荤腥,面对你极度虚弱的身体,大家都劝你吃一些荤食,以增加身体的营养和抗病能力。你虽然接受了大家的劝告,但在吃荤食时脸上又透着那么明显的无奈,到最后你对这一改变很后悔,在你留下的《最后几句话》里,把这一改变视为你今生最大的懊悔,是信仰上的一种堕落。

连续两天早上,你床上的录音机里总是传来低沉的曲子,让人听了直想落泪。我问你是什么曲子,你说朋友送的,你很喜欢。等你走的时候,就放这支曲子,让它做你的"安魂曲"。

五月十五日,你的身体状况有了明显的变化,肝部难受加剧并伴有疼痛,以前总是闭着的双眼也睁了开来,夜里基本上睡不着觉,说话也比以前多了许多。但我慢慢地发现,你说的话有时我已听不懂——你已经有了昏迷现象。

这天早上,母亲过来,劝说你住进昌平医院,说已安排好了,十八日可以住进去。这时你说的话又让我落下了眼泪:"去就去吧,我也该走了。"十七日下午,林莽大哥和宁肯来到你的住处,他们是来整理并带走你的书稿,以前说几句话就嫌累的你,与他们谈了近两个小时,我不知这是一种什么力量在支撑着你。夜里,你的昏迷现象加重了。

十八日,你住进了昌平医院,夜里我去医院陪你,你显得很痛苦,嘴里不停地说着、喊着,打完止疼针也不管事。天哪,我该怎么办?

逝 去

你走了,我所祈求的奇迹没有出现,害怕看到的场面却来到眼前。五月十九日下午六点三十四分,我终生难忘。你静静地躺在医院的病床上,我怔怔地站在你的床前,无情的病魔终于夺取了你的生命,你大睁着双眼似心有不甘。我知道你还有许多未了的心愿,只可惜今生再也无法把它们做完。《大地上的事情》再也不能续写,《一九九八 廿四节气》也成绝篇。轻轻地为你合上双眼,泪水不住地涌出眼眶,仿佛一切都不存在,我头脑里一片空白。难道这就是我们的永别?难道今生我们再也不能相见?人常说苍天有眼,依我看苍天未必真的有眼。人常说,兄弟如手足,我恨命运在人生的中途把我的手足折断。二十一世纪的列车已经驶到,人们欢呼着奔跑向前,大家要进入一个新的世纪,大家要迎接新的千年,但无情的病魔阻住了你登车的路,把你孤独地留在了后边。

送 别

你走了,五月二十三日上午,你的文学界朋友纷纷赶来,他们来自山东、山西,他们来自河北、河南,他们来自京城各地,他们来自各个岗位。你的为人为文得到了大家的好评,你的自律、简朴、正直、善良受到朋友们的赞赏,大家都为失去你这样"一个优秀的作家"感到惋惜,大家都为失去你这样"一个很好的朋友"感到悲伤。还有一些朋友无法来到,他们给家里发来了唁电。在你生前,电视台本想对你进行人物专访,却因为种种原因只赶上了你的告别会。你的告别会开得庄重、文雅,朋友们发言把你怀念,你回赠给朋友们的是让朋友专为你译出雅姆的一首诗《为他人得幸福而祈祷》,你要在另一个地方为朋友们的幸福而祝福。在低沉的宗教音乐清唱声中,朋友们手捧献花,依次地向你做最后的告别,你静静地躺在那里,你是在熟睡,又像是在冥思苦想。你身上已被鲜花盖满,亲人和朋友们也早已泪流满面。

遵照你生前的愿望,大家驱车来到这里:北小营村东的小河旁。坡下的小河在轻轻地流水,坡上麦田的麦穗在迎风摇晃,像是在迎接你的到来,像是欢迎你回到故乡。五月,田野上已是一片碧绿。春天使万物竞相生长,春天本是生命的象征,春天却使诗人相继死亡。建国呀,这里是你生前喜欢的故乡的大地,旁边就是生你养你的小村庄。生前你要做大地的观察者,死后也要回归大自然。

你把《大地上的事情》作为你终生的写作命题,写出了日出、日落、刮风、下雪等自然景象,写出了蚂蚁、鸟、蜜蜂、胡蜂等动物生灵,你写得太少了,就像朋友们说的:刚刚开始,便告结束。大自然的景观千姿百态,大地上的生灵何止万千,它们都在等你下笔,它们都在盼望你把它们推荐。你这么早地离它们而去，岂不要令它们十分失望？低沉的哀曲催人泪下，亲人和朋友们将鲜花伴着你的骨灰，轻轻地撒在了麦田里、小河旁，撒在了故乡的原野上。从此后，你将长眠在这里，长眠在你童年和少年生长过的地方。

怀　念

你走后，我和妹妹来到了你的住处，替你整理物品，为你收拾房间。你的文稿、信件，你的书籍、照片，你房中的一切物品，都按你生前喜欢的样子摆放没变。我对妹妹讲，虽然你已离我们而去，但我们就当你还生活在我们中间。这段时间我常去你那里，每当打开你的房门，我从心里就要叫一声你的名字："建国。"感觉你还在床上躺着："哎，大哥，来啦。"我为你喂鱼、浇花，为你取出信箱里的报纸和信件。没事时，就坐在你的写字台前，听一听录音机里你留下的声音，看一看在你告别会上拍的录像，想一想你生前我们在一起的情景，读一读朋友们写的怀念你的文章。我常常默默地站在你的遗像前，深情地望着"你"，泪水不由地充满双眼。人常说，男儿有泪不轻弹，你可知从你生病去世到现在，我为你流泪多少遍？有几次梦里相见，醒来时已是泪湿枕边。我多想这只是做了一场噩梦，醒来后又像从前。我总想大哭一场，来宣泄我心中对你的思念。望着"你"，常常让我忆起儿时。

由于父母在外工作,我们的童年是和祖父母生活在一起的。那时,西屋的大土炕上,一边住着祖父、祖母,一边就睡着我们兄弟。学习的空余,我们帮家里拾柴、抬水、放猪、积肥……夜晚,我带你去附近的工厂、乡村看电影,和左邻右舍的小伙伴一起捉迷藏、做游戏。村西的小河、村东的水库里我们一起洗澡、游泳。村边的水坑里我们一起捉虾、摸鱼。你继承了祖父的正直、严谨,你学到了四姑的忠厚、善良。纯朴的乡村生活影响了你的一生,使你那么热爱大地,热爱大自然。家乡给了我们不少欢乐,童年给我们留下了美好的回忆。

一九七二年年底,我入伍去了四川,你也已从儿童长成少年。祖父母年纪渐大,许多本该由我做的事情要由你来承担。从此以后我们很少见面,只能靠书信往来联系。那一回你来信向我要一套军装,你说穿上军装使你更像一个男子汉。一九七九年年底我复员回到家乡,你却正在人大的学堂就读。你工作后搬到水关新村,我们一个在城西,一个在城东南,平时见面的机会不多,大多是节假日在父母那里相见。你对我一直很敬重,我对你也很关心。在我的眼里,你们还都像小孩子一般。三十多年如烟云转眼过,谁承想我们一朝分手在今天。你可知你的离去对我精神上的打击有多大,我真后悔平时对你关心不够,现在说什么都已太晚。你的性格,你对世俗生活的远离,注定了你世俗生活的不幸。但你有自己的理想、自己的追求,有自己的作品和众多的朋友。当你在生活中感到孤独、苦闷的时候,你会从你的作品里,从大地上、大自然中找到乐趣,会在与朋友们的交往中得到安慰。你走了,你的肉体虽然离我们而去,但你的灵魂、你的精神将永远活在我们中间。我们对你的怀念,不是一朝一夕、一年两年,而是今生今世,永远,永远!

二〇〇〇年一月七日

马建山 苇岸哥哥。

怀念二哥

马建秀

今天是"惊蛰",每到二十四节气中一个节气日,我便会想起二哥,想起他未完成的"廿四节气"的写作。二哥名叫马建国,笔名苇岸,在兄妹中排行第二,大我两岁。今年,二哥离世已经十年了,但失去二哥的痛永远留在我的心中。我的脑海中永远清晰地映着最后送二哥去医院的时候,二哥从家中被抬下楼的过程中,无助地望着我的眼神。这是我心中的痛,我从没有想到过二哥会突然地离开我们,我悔恨自己平时对二哥的关心太少,恨自己在最后没有帮助到二哥,使他能够再多有一段时间,来完成自己写作完"廿四节气"的心愿。在二哥去世后的很长时间里,我的眼前一直在浮现这一情景,直到今天泪水仍会不由自主地掉下来。

由于父母在外工作,无暇照顾我们,我们兄妹四人从小在祖父母家长大。到我读初中一年级时,父母在昌平县城安了家,由于只有一居室,父母只将我接到了身边。此时,大哥已参军入伍,弟弟去了大姑家读小学(大姑是学校的教师,可以辅导弟弟学习），二哥仍留在祖父母身边继续读书，直到考上大学。大学毕业后，虽然家里的居住条件有了改善，但为了有一个安静的写作环境，二哥又搬到了西环里独自居住，直到结婚。因此，我从初中时起，就没有和二哥生活在一起，平时，大家各自忙，又怕占用他太多写作时间，就较少有联系，只有在周末和节假日才会见面。

二哥在生活中很孝敬长辈，每到周末或一有空，就会回老家看望祖父母，和他们聊天。他的作品中，很多内容就来自从昌平城区到老家北小营的路途中对大自然的观察。

二哥也很关心家人。记得有一年，我都忘记了自己的生日，二哥和L在自己的家中为我过生日，并准备了礼物，还把父母、哥嫂都请了来，令我很感动。有一年放暑假的时候，二哥带着我和大嫂、L、弟弟、小龙（大哥的儿子）到潭柘寺去游玩。为了让侄子玩得开心、尽兴，路途中，二哥还特意和弟弟一起，先带侄子去北京石景山游乐场玩游乐项目。然后，我们一起到了大姨家，第二天，带着大姨家表姐的女儿一起去了潭柘寺。那一次，大家玩得都很开心，尤其是两个孩子。后来在整理二哥的日记时，我发现二哥日记里，记下了那一天，日期是一九九三年八月八日。二哥在潭柘寺最感兴趣的是寺内的两株高大银杏树，并记下了日记："大者称'帝王树'，主干以外尚有次干六株，小干无数，合在一起，气势非凡。另一为后植，称'配王树'，六百余年。银杏外，还有两树也令我感兴趣,标名为'七叶树',又为'梭罗树',见到此树甚高兴,久寻不见,终于看见,分别在树下照了相。"

二哥上中学时,喜欢上了文学,他的作品主要以描写大自然为主。二哥很喜欢大自然,每到放假,他都会出去旅行,去观察大自然,记下沿途的所闻所见。他对大自然的观察很仔细,记得有一次,二哥邀我一起出去踏青,他带我来到京密引水渠南边的一片麦田中,大约是五月,天气很好,麦苗已经很高了,当有微风吹过,麦田也随着起伏,麦田上空的电线上还停留着几只小鸟。这样的美景,使人心旷神怡,我从未想到这里还会有这么美好的景色。原来,二哥为了观察大自然,经常会到附近的田野中来,这个地方,他在不同的季节都来过,早已看到过这里在这个季节的景色,所以才会带我来。

二哥生病前,正在准备写作"廿四节气",为二十四个节气中的每一个节气写一篇散文。为此,他花了两年多的时间做准备,阅读了大量的书籍和资料,在每个节气日及前后几天,仔细观察当时的天气变化情况、庄稼的生长情况、大地上的昆虫及小动物的活动情况,并且在县城东部选取了一个固定地点(一片田地),在每个节气的当天,来这里进行拍照,记录下此地不同的节气所耕种的不同庄稼及它们的生长变化情况。记得在一九九八年六月六日"小满"这个节气的前夕,二哥要去外地开会,无法在当天拍照,为此他很是犹豫,最后,找到了一个解决办法:带我来到了他的拍摄地点,给我交代好他的拍摄位置、取景角度，并让我看了他之前在这里拍摄的其他节气的照片，让我在"小满"当天上午九点三十分左右，在这里为他拍下照片。尽管如此，他还是不放心，在第二天，即"小满"节气的前一天，他出发前，自己又来此预先拍下了一张照片。二哥去世后，我帮他整理日记时发现，有关于"廿四节气"的每一个节气，他已全部作了笔记，并冲洗出了照片。他最后抱病完成了一组六个节气的写作，而没完成其余十八个节气的写作，这成了他的遗憾。

二哥极少对家人介绍他在文学写作方面的情况。由于我较少接触文学领域，因此，在这一方面，我对二哥的了解，更多地来自他生病及去世后朋友们的介绍以及我对他的作品和日记、照片的整理。

二哥对自己的作品要求很严格，写作很严谨。因此，他的写作很慢，作品很少。他曾在日记中写到，每写完一篇作品，就有如释重负的感觉。在我处理他的作品有关事项的过程中，我也是按照他的原则来做的，每次，我都会问自己，我这样做是不是二哥希望的？对于二哥的日记要不要出版，我也一直在做思想斗争，这是不是二哥愿意做的事？二哥会同意吗？

二哥对朋友也很真诚。从他的照片中、日记中以及朋友们的留言和评价中，我都能感受到这一点。而二哥生病过程中和去世后，他也得到了朋友们的真诚回报。有很多朋友都表达了想为二哥做些事情的心意,也在以各种方式表达着对二哥的思念之情,我把对他们的感谢深深地埋在了心里,真诚地祝福他们!

二〇〇九年三月五日

马建秀　苇岸妹妹。

未曾消失的苇岸

林贤治

我与苇岸,说不上有很深的交情,而且往来几年,全在纸片上。最先是因为一平的书稿,他充当联络人。说到关系,他还曾在一篇关于散文期刊的短评中,带及我与友人合编的《散文与人》,再就是一些零星的翻译事宜。此外,通过几回电话,我从此记住了一个风琴般浑厚的略显克制的男中音。最后一次通话,那传来的声音依旧平静,开始便说让他感到遗憾的两件事:一件是他答应要给一位我熟识的友人写评论,结果没写成,为此要我代致歉意;另一件,是他手头有一个东西未及完稿。接着,才告诉我他得了肝病,次日就得住院,说是来日无多了,于是向我告别。这种诚意与笃定,使我长久地陷于无言。大约过了半年,北京便有消息说,苇岸不在人世了。

他在这个他并不满意却又热情爱恋着的喧嚣的世界上生活,总共不足四十个年头。

这是一颗充实的种子,但我怀疑他一直在阴郁里生长,虽然内心布着阳光。当他默默吐出第一支花萼,直至凋谢,都未曾引起人们的足够的关注。他的书，连同他一样是寂寞的。

蒙他见赠《大地上的事情》，却因故在我的书架上蒙尘已久，一直未及翻阅。只是到了他去世前夕，我才打开它，来到他那旷阔的、安静的、经由他细细抚摸过的世界。这时，我沉痛地感受到了一种丧失：中国失去了一位懂得劳动和爱情的善良的公民，中国散文界失去了一位富于独创性的有为的作家。

说苇岸是一位作家，首先因为他是从人格出发，从心灵的道路上通往文学，而不同于一般的作家，是通过语言的独木桥走向文学的。至于文人无文，唯靠官职和手段谋取文名者就更不用说了。是爱培养了他的美感，所以，语言在他那里才变得那么亲切、简单朴素而饶有诗意；所以，他不像先锋主义者那样变化多端，而让自己的文体形式保持了一种近于古典的稳定与和谐。对于他，写作是人格的实践活动，人格与艺术的一致性要求，使他一次又一次地回到历史原点。这样的作家，注定要留在趋骛新潮的批评家的视野之外。他不可能成为显赫的王子。

在苇岸的散文中，我们发现，关于具体的人事，他写得十分少，简直吝啬。而且这些文字，大体上是献给他的亲人和朋友的，完全出于情感的支配，仅是为海子写的就有数篇之多。但是，对于大自然，对于其中的许许多多的小生命，他乃不惜笔墨，描写种种细枝末节，充满关爱之情。这不是"齐物论"式的，不是物我两忘，也不是借物言志。他没有那种艺术的功利主义——把自然人格化，也许在他看来，这样的人类也太傲慢了。他的散文不是中世纪田园诗式的，没有陶潜一类中国士大夫的闲适与陶醉，他是清醒的。在他的作品中，人与自然是共时性的存在，是对等的、对话的，处在恒常的交流状态。在心灵的交流中，给予者同时也是获得者。爱作为观念，对苇岸来说是完全来自西方的，不是"三纲五常"的衍生物。这是博爱。平等、民主、公正，都是从这里辐射出去的。所谓人文精神，它的内核，就是对生命的爱。凡·高有一句话是苇岸喜欢的，说是"没有比对人类的爱更富于艺术性的事业"。他的散文写作，从发生的意义上说，无疑最接近艺术的本源。

苇岸自称"观察者"。他仔细耐心地观察大自然中季节的转换，对古老的时间有一种敏感。而他所掌握的时间，总是同播种、劳动、繁殖联系在一起的，直到生命终结，他仍然系念着与农事有关的二十四节气。没有形而上学的时间，他观察和赞美太阳、月亮、大地、小麦和自然中最可爱的生灵：胡蜂和各种蜂类、蝴蝶、麻雀、其他飞鸟、林木以及鸟巢……在《我的邻居胡蜂》中，他详细地记录了胡蜂的活动，还有极其悲壮的告别场景。在胡蜂离巢以后，文中这样写到书房窗外的情景："它们为我留下的巢，像一只籽粒脱尽的向日葵盘或一顶农民的褪色草帽，端庄地高悬在那里。在此，我想借用来访的诗人黑大春的话说：这是我的家徽，是神对我的奖励。"他写蜜蜂："它们就在我们身边，似一种光辉，时时照耀、感动和影响着我们，也使我们经常想到自己是普通劳动者和舍生忘死的英雄。"他写到处流浪而与自然一体的放蜂人："他常于现代进程之外，以往昔的陌生面貌，出现在世界面前。他孤单的存在，同时是一种警示，告诫人类：在背离自然、追求繁荣的路上，要想想自己的来历和出世的故乡。"他去看白桦林，说："我相信，白桦树淳朴、正直的形象，是我灵魂与生命的象征。"在这里，正直是生存的首要条件、方向，同时构成了品质。他赞美羊，因为那是"人间温暖的和平精神"。由此，他谴责"羊奸""贼鸥"之类，谴责强暴与阴谋，为动物界的不幸和无情的搏噬感到震惊、悲悯和愤慨。他的和平主义、非暴力主义是一贯的。作为他一生崇拜的人物，托尔斯泰曾经把非暴力主义比喻为"构成人类共同生活的全部学问的拱顶"。而他，则把自我牺牲精神看成为"人类精神衍进中的一次伟大变革，它的意义不会亚于火的使用和文字的诞生"。苇岸是崇高论者，因此，他无须"躲避"而由衷赞叹圣雄甘地和马丁·路德·金。尊重生命个体，彼此平等相待，是民主政治的人性基础。在生物界那里，他发现并描写了这种天性：善良，淳朴，谦卑，友爱，宽容，和平，同时把它们上升为一种"世界精神"，从而加以阐扬。

为了拥抱大地，人们选择旅行。美国国家公园之父、环境保护运动的发起者约翰·缪尔，就是著名的旅行家。苇岸也喜欢旅行，而且常常独自上路。从有名的风景区到偏僻的角落，他借此亲近大自然，亲近日常生活中的人们。他赞美他们。我们看到,那接受赞美的一切,都是他所关注和信仰的。小镇上的人在见面时的小小握手礼,是那般地叫他感动,甚至认为,一个天边小镇的存在,便足以让喧嚣的商业世界感到卑微。他的有关旅行的文字,并非山川风物的随行投影,而是从行进中发现那些渐渐变得遥远、陌生的事物和业已失落的东西。他把这些记录下来,那意思,大约总该是为了保存人类精神世界的原质。在《美丽的嘉荫》里,他写道:"望着越江而过的一只鸟或一块云,我很自卑。我想得很远,我相信像人类的许多梦想在漫长的历史上逐渐实现那样,总有一天人类会共同拥有一个北方和南方,共同拥有一个东方和西方。那时人们走在大路上,如同走在自己的院子里一样。"在旅行中,他会切实获得一种家园感,更深入地领悟如利奥波德——被誉为"二十世纪的梭罗"——所称的"大地道德"。

梭罗在瓦尔登湖,利奥波德在沙乡,他们都在阅读大地,书写大地。至今,地球作为一个共同体的观念,已经被愈来愈多的人接受。环境保护运动,作为国际性的运动方兴未艾。但是,与生态学和一般的有机论者不同的是,他们所提倡的不仅仅是科学和哲学;土地应当被热爱和被尊敬,这种观念,在他们这里已经做了伦理学上的延伸。于是,最重要的、不容回避的问题,到最后变成了对自身的道德要求。如何看待生命的原则?如何看待物质与精神?如何做一个诚实的人,而且彻底地诚实?在持久性的价值探索的旅途中,苇岸随同伟大的灵魂一起艰难跋涉。

在题为《作家生涯》的数十则随笔中，温和的苇岸以热烈的爱憎臧否人物、裁判世上的事物和事件，这是在他的其他散文中所少见的。他高度赞赏坚持"正义第一"的托尔斯泰、毛姆、索因卡，拥有与大地相同心灵的梭罗，素食主义者萧伯纳，而不满于意识形态化的诗人。面对历史上上百万妇女儿童由于政府的暴行而归于毁灭和死亡的事实，他严肃地探讨并肯定非暴力主义的可能性，赞成把悔过和自我克制作为国家生活的准则，但决不主张在暴君面前保持沉默。他赞赏苏联作家发起的"贝加尔湖运动"，认为为了大地的安全，有必要辨明人类生存的危机点，积极创造"新神话"。"农村永恒"，这是他所不断祈祷和呼唤的。他反对美国式的农村城市化的做法，主张在改善农村生活条件的同时，保留农业文明的美好的遗产。这不是乌托邦，至少苇岸确信，一个作家，只有生活在俄罗斯乡村那样的地方才会写得好。他敢于幻想，但是深知希望的限度。在《进程》《马贡多与癞花村》等文章里，他反复揭示人类文明进程中的物质与精神的相悖现象。而他，是始终自奉俭省而忠于精神的。"在西方思想家那里，有一种说法：只有那些生活在一七八九年以前的人，才能体会出生活的美满和人的完整性。"他感慨地说道："我觉得新时期以来的一二十年间，在精神的意义上，中国再现了西方几个世纪的进程。这是一个被剥夺了精神的时代，一个不需要品德、良心和理想的时代，一个人变得更聪明而不是美好的时代。"世界为什么需要作家，如果作家不能够使自己变得美好的话？于是，我们见到，苇岸对自己的要求是那般严格，简直近于苛刻。临终前，他让他妹妹记下最后的话："我平生最大的愧悔是在我患病、重病期间没有把素食主义这个信念坚持到底（就这一点，过去也曾有人对我保持怀疑）。在医生、亲友的劝说及我个人的妥协下，我没能将素食主义贯彻到底，我觉得这是我个人在信念上的一种堕落。"为了免于堕落，在内心的战场里，他和自己做着何等残酷的斗争！然而，对于他人，对于世界，他一直坚持着奉献。同样在临终前，他请求说，在撒骨灰的时候，让友人能为他朗诵他所心爱的法国诗人雅姆的一首诗。诗的题目是《为他人得幸福而祈祷》，是十四篇祈祷组诗之一：

天主啊，既然世界这么好地做着自己的事情，
既然集市上膝头沉沉的老马
和垂着脑袋的牛群温柔地走着：
祝福乡村和它的全体居民吧。
你知道在闪光的树林和奔涌的激流之间，
一直延伸到蓝色地平线的，
是麦子、玉米和弯弯的葡萄树。
这一切在那里就像一个善的大海洋
光明和宁静在里面降落……

天主啊,既然我的心,鼓胀如花串
想迸发出爱和充盈痛苦:
如果这是有益的,我的天主,让我的心痛苦吧……

把我未能拥有的幸福给予大家吧,
愿喁喁倾谈的恋人们
在马车、牲口和叫卖的嘈杂声中,
互相亲吻,腰贴着腰。
愿乡村的好狗,在小旅馆的角落里,
找到一盘好汤,在阴凉处熟睡,
愿慢吞吞的一长溜山羊群
吃着卷须透明的酸葡萄。
天主啊,忽略我吧……

最后的瞬刻,凝聚了一个人一生的全部光华。在中国,有哪一个青年,哪一个人,曾经采取与此相类似的迎接死亡的仪式?

这就是苇岸,二十世纪最后一位圣徒。

联合国人类环境会议组织的报告,有一个有意味的题目是:《只有一个地球》。大地使苇岸辽阔,而个人在大地上的位置,又使他如此朴实谦卑。他说:"我是生活在托尔斯泰和梭罗的'阴影'中的人。"正是向善、勤劳和节制,使他们一起成为恪守"大地道德"的人。显然，苇岸没有完全被先哲的影子所笼罩。他毕竟生长在中国的大地上。他有他独特的忧思。

苇岸的存在，给中国文学的一个最直接而明白的启示是：作家必须首先是一个优秀的人。他曾经说过"艺术和写作是本体的"，就是说：写作取决于人的存在，是生存的一部分，是生存状态本身。没有第二种状态。艺术不是生命的派生物，更不是意识形态或其他外在于人的事物的仿制品，人生和艺术是合二而一的。在中国，如果说曾经存在过少数诚实的、严肃的、坚卓的写作者，那么，我必须指出：苇岸的全部作品所奔赴的关于"大地道德"的主题，在中国现代文学中，具有开创的意义。冰心是单纯的母爱的赞颂者；周作人笔涉花鸟虫鱼，都是博物学意义的；郁达夫游记，不过是柳宗元山水小品的放大罢了；丰子恺和许地山有一些泛爱主义的散文，其实是从释道的遗教出发的，属于"东方文明"。一九四二年以后，"人类之爱"在左翼文坛中成了被批判的对象，几十年来无人进入禁区。直到一九七九年以后，文坛始见"人性"的复苏。即使在这个时候，"博爱"的宣传仍付阙如。正如苇岸批评的：中国文学只有聪明、智慧、美景、意境、技艺、个人恩怨、明哲保身等，"唯独不见一个作家应有的与万物荣辱与共的灵魂"。二十世纪八十年代中期，主要在九十年代，有个别关于环保题材的报告文学出现，但是，这些作品都是明显地与道德和心灵无关的。苇岸是一个异数。他丝毫不理会主流意识形态以及争夺霸权话语的嚣音,而沉静地居于心灵中间,开拓自己的内视野。在艺术上,他赋予它以相当高的品位,从来不曾粗率从事,像一些自命不凡的才子。从材料到语言,都是经他严格选择过的,十分注意整饬。由于精神的充盈,简单的空间结构便变得无比丰富与宏阔。

苇岸的作品,体现了托尔斯泰对于真理的宗教般的追求,平易而朴素。梭罗给了他以一种务实的哲学,他却舍弃了梭罗的烦琐和爱默生时代特有的英雄的说教,虽然那时的梭罗已经相当英雄化。约翰·缪尔的文字不知他接触过没有?除了对大自然的热爱,那美国式的开敞、欢乐、享受等,应当很难为他所吸收。但是,他肯定受过法布尔的影响。他们都一样尊重渺小的昆虫。只是法布尔局限于昆虫形态生活的描摹,少有人事的补充与诗意的润泽。利奥波德是他所崇仰的,他称引的"大地道德",可是直接来自对《沙乡年鉴》的阅读?其中抗议的激情,好像是苇岸所缺少的;但在指南花之死中,我是能够读出一种唯苇岸所有的哀伤的。苇岸的书,内容和形式都不划一,却恰好保持了生物共同体般的谐美,具有情感的深度。对于生命的爱,就其来源而言,我认为,对于苇岸这样的人,恐怕更多的得自天赋和神赐;如若仅仅是观念的产物,他怎么可能凭着柔韧的美学触角,穿越如此巨大的历史沉积物,把感知能力修建到尚不美丽的人类思想之中呢?

然而,苇岸写得太少了。思想和文学的创造,刚刚开始便告结束，无论如何是可遗憾的。他只出版了一部书。唯一的一部书。但是，中国几千年，近百年，关于"土地道德"，不也是只有这唯一的一部书吗？关于土地的伦理学和美学，不是因为这部书的阐发，才显现了它的最初的原则的吗？许多伟人、圣者，如果是著作家的话，都往往只遗一部书。杨朱无书。我们如何评价他们的存在呢？如何评价他们的精神遗产？英国一位女作家提到一个"知识分子势利"问题，一直为我所铭记。而今，许许多多的文人和非文人都出版了多卷本文集，镶金镂花，装帧讲究，相形之下，苇岸只有薄薄的一部书，难道我们不该替他感到寒碜吗？但是，如果我们仅仅以数学和物理学的量度，去评估苇岸的分量，我们会不会因为感觉到了我们的势利而羞耻？

好在这一切与苇岸无关。他是喜欢简单的。他的谦卑，他的对生命自身的尊重，已使一切关于声名的议论变得多余。

苇岸走了。他的品质和精神留了下来。苇岸的存在是大地上的事情。他与大地同在。

苇岸著《太阳升起以后》序言，一九九九年

林贤治 广东阳江人。诗人、学者、作家。著有诗集、散文随笔集、文学评论集、人物传记、文学史著作、政治学著作、访谈录多部。主编丛书、丛刊多种。

告别苇岸（外一篇）

林 莽

一

细想与苇岸相识已有十五年了，那是在北京作协召开的一次青年创作会议上，那时他刚刚从人大哲学系毕业。我们同在诗歌组，他不善言谈，开会很少发言，但他长有奇相，脸颊瘦长，是个很容易被记住的人。我们后来的交往，更多地取决于我们性情的相通。那时他也写诗，后来才改写散文，并用了这个平易而自然化的笔名。这也是他性格与文风中所具有的。作为老朋友，我依旧习惯地叫他建国。

时间一晃过了十几年。这些年，我们各自做着自己的事，他住在京郊昌平，很少进城，一年中难得见几次面，更多的时候是通信或打打电话。偶有兴趣相近的朋友相聚便邀他也来，相处最长的时间是在开创作会议的时候。他时常将新写的作品寄给我，希望我分享他完成新作的快乐，当然也希望我提些看法。我却很少说些什么，因为他写得确实很好，他不是一个光想听到他人表扬的人。我喜欢苇岸严谨而不矜持、沉静而不呆板的文风。在如今的写作者中，像他这样严肃而认真的人已经很少了。

苇岸写得很慢，一篇近万字的文章有时要写上小半年。我曾约他为《诗探索》写过三次文章，一篇是关于诗人海子的，一篇是谈诗人黑大春的，另一次是与诗人田晓青的笔谈。他的稿子不用担心编辑加工，每一篇都是难得的好作品。

去年的年末，他邀我一起看罗马尼亚现代画家巴巴的作品展。从三联书店买完书到对面的店里吃饭，他谈到近期身体有些不适，正在吃些中药调理，我提示他应进一步检查检查，再看中医。那时，怎么也没想到他已患了肝癌。春节前后的电话中也谈到了他的病情，那时从小带他长大的奶奶病逝了。初九，我打电话给他，他说如果一个人得了不治之症，不如安排好后事就到自己想去的地方不再回来了。我在电话里一再要求他要对自己负责，要去看病，要确诊是什么病。还说要相信现代医学。晚上，苇岸回电话说，经过两天的思考，决定去看病。并说他初八已做了检查，是肝上长了肿瘤。那一刻，我的心猛地沉了下去，我知道，苇岸所做的是关于如何面对死亡的抉择。

在最后的日子里，他一直是冷静而坚韧的。他整理了自己所有的文稿，把过去文章中不合于自己艺术原则的内容全部删去，为此他耗尽了最后的精力。五月十七日下午，他把它们交代给我和宁肯,当天晚上就开始昏迷,两天后辞世。

五月二十三日中午,在昌平北小营那片养育过苇岸的乡土上,亲友们在《安魂曲》的乐曲声中为苇岸送行,遵照他的遗嘱,人们将骨灰和花瓣撒在了麦田、树林和河水中。阳光照耀着五月的原野,远山中一场雷雨也在酝酿中,送行的人群默默地移动着,那片即将成熟的麦子,在轻轻地摇曳,它们碧绿而饱满,就像英年早逝的苇岸。

苇岸深爱着我们脚下这片土地。他的七十六节的长篇散文《大地上的事情》是他对我们最无私的馈赠。

二

去看病中的苇岸,我们的谈话超过了一个半小时,我希望他休息一会儿。他说:"你在阳台上看看那条小街。"那是四月的一个下午,离他去世不到一个月的时间。我们刚刚谈了有关他的书稿、他心爱的书的处置以及身后的丧事。一切都是那么平静,像是在讨论一件他人的事,苇岸对一切的一切都有了自己的考虑。他面对死亡的从容令人钦佩。我们还谈到春天来了,哪天,我们约几个朋友一块儿出去走走(后来,苇岸的七八个好友五月三日陪他到过康西草原。那是他最后一次出游。我因母亲有病,遗憾未能同往)。那天下午,阳光很好,小街的树木一片葱茏,街上有几个行人,几辆小型的面包车停在两边的便道上,还有几位戴着红袖标的老人凑在一起,一位满头白发的老者站在树荫中讲着什么。几幢楼房的影子和西照的阳光间隔着,铺在水关新村几百米长的小街上。站在向西的五楼的阳台上,小街的南北两边都能看见初春的山脉,这里好像是一座地处盆地中的小城。它安然、寂静,使我想起那些远在外省的时光。不知苇岸曾有多少次站在这儿眺望,尤其是他病重后的日子,这里的阳光与一切,对于一贯俭朴的他,是不是成了某种不可多得的奢侈品?

在这充满生活气息的京郊昌平,海子、苇岸,我的两位年轻的朋友曾生活在这儿。他们都如此年轻,他们的文学才华还远远没有穷尽,但他们都过早地离开了我们。

这安宁的小城使我想起我和苇岸共同喜爱的法国诗人弗朗西斯·雅姆,在二十一世纪初现代主义盛行的时期,雅姆独自歌唱,在远离巴黎的奥台斯城,他歌颂阳光、大海与少女,他被莫里亚克称为"会被人们不断发现的诗人"。苇岸不也是这样吗?在京郊的昌平,他以自然和书本为伴,用心灵和行为寻找着自己所崇尚的那些永恒的精神。法义翻译家程抱一先生在一篇记述雅姆的短文中说:"在这浩荡的风浪中,恐怕很难听到那潜流的溪水了……我翻译他的诗,是相邀你欣赏另一种法国诗。那种诗的特性是不矜持,不夸张,侃侃吟述内心所确切要表达的事物:那些事物,表面上看来,往往太平凡而不值得吟述。"这不就是苇岸的文风吗?他的七十六节的长篇散文

《大地上的事情》写得是那样平静而美好,我相信他的散文也将是不朽的。

苇岸在他的《最后几句话》中说:"二十世纪这辆加速的列车已经行驶到二十一世纪的门槛了。数年前我就预感到我不是一个适宜进入二十一世纪的人,甚至生活在二十世纪也是一个错误。我不是在说一些虚妄的话,大家可以从我的作品中看到这点。我非常热爱农业文明,而对工业文明的存在和进程一直有一种源自内心的悲哀和抵触,但我没有办法不被裹挟其中……但我尚未度过半生,许多想写的作品都未能如愿。本来我将四十岁作为一个新的开端,四十岁确是人生价值、写作观念、写作方法成熟的一个转折。"重病中的苇岸的这篇几百字的短文是他临终的绝笔,一个刚刚进入创作黄金年龄的人就这样地离开了我们。

距他去世两天前,五月十七日下午,我们见了最后一面,他说他明天将去住院。他十分吃力地向我和宁肯交代好了他整理的书稿和照片,闭上眼睛不再说话,知道我们要走,手抬了几下,并没有抬起来,我轻轻地按住了他交叉在胸前的双手,说过两天再来看他,但没想到这就是永别。据他的家里人讲,就是在那天的晚上,苇岸开始昏迷。现在想来,他为了整理好书稿,是用怎样的毅力在坚持着啊。

《美文》杂志社的唁电中说:"为会思想的芦苇送行。"这句朴素、并与苇岸的精神十分贴切的话横挂在灵堂上,它代表着前来送行的亲人与朋友们共同的想法。

三

我在为苇岸撰写的悼词中说:"一九九九年五月十九日,苇岸永远离开了我们。我们失去了一位真挚而淳朴的朋友,一位我们时代最优秀的散文家,他的英年早逝让这个繁花盛开的春天袭来了痛苦与哀伤……在近四十年的人生历程中,他一直是以一个质朴的自然主义者而生存着的,他热爱土地、热爱生活、热爱艺术。他为人正直,以简朴和素食为美德;他为文严谨,以生命的体验和刻苦的研读为根本,为我们留下了一批无比珍贵的文字。因为他的过早去世而带来的损失,无疑是难以弥补的……他是一个严于律己的人,处处为他人着想,他有着常人所不具备的坚韧性格,就在最后的日子里,他面对死亡所表现的从容与镇静,依旧是令人佩服的。作为他的朋友我们是有幸的,因为在未来的岁月里,他的精神与文字将伴随着我们度过因怀念而带来的感伤与孤独时光。"

苇岸走了,朋友们都说他走得太快。回想他的一生,大家又都说他活得超脱而明净。在远离闹市的京郊昌平,他深居简出,书房里,伴随他的是几千册图书、一部386型的电脑,墙壁上有几幅他喜欢的艺术家的照片,镶嵌在简朴的镜框里。肖像摄影家宫苏艺曾为他的书房拍摄过一张很好的黑白照片。我回想他曾说过的，每天清晨带上望远镜，在离楼群不远的田地里，一边散步，一边观察树上的鸟儿和地里的庄稼。有时，也能看到早起觅食的野兔。熟悉他的朋友大多看过他拍摄的野兔的照片。在我们这一代的诗人和作家中，我以为对大自然的热爱是谁也无法与苇岸相比的。他是一个天生的自然保护主义者，这在他的文章中得到了极好的体现。大家都说苇岸是个好人，这不是一句简单的话，它是由许多许多的事情构成的。有时苇岸打来电话，偶尔和我谈起某件不愉快的事，我经常为他的忍让与宽容而责备他太难为自己。他往往说，过去了就不再想它了，只是和你谈谈，你不要和别人说了。有时，我真想为他说几句，但有了他的叮嘱，也不好再与人谈起。他离婚的事，是在一次电话里，在他语言的迟疑中，我听出了什么，追问下才知已是半年前的事了。在这件事上他一直在检讨自己的过失，离婚时没有争吵，没有财产的纠葛，但平静的分手还是给他的内心带来了巨大的伤害。但因为她决心已定，苇岸只有尊重。他为人的率真与厚道体现在所有行为中。

在他的葬礼上，遗像两边的条幅是这样写的："潜心以求做大地警世文章，英年早逝归故土静息忠魂。"苇岸就是这样，在为文上，向来是一丝不苟的。每篇文章都经过精心准备，心中没数是不会动笔的。一次，一家报纸想要一篇写我的文章，我说与苇岸，希望他在原来的短文基础上加写一下，但因为没有准备好，出于为文的严谨性，他还是找了一平的一篇文章进行了节选。为这件事他一再表示歉意,因为那时他正在赶写另一篇文章,时间的关系,他只好如此。他是个不会随便写文章的人。

苇岸在病床上交给我和宁肯的文稿是经他认真筛选过的,仅有十七万字。如果从他的写作年龄算,他自己认可的文字一年不足一万字,但这些文字是经得起时间检验的,它们也如苇岸的为人一样,是超然于世俗的,是清晰而明净的。我相信苇岸将会永在。

原载《文艺报》一九九九年六月二十二日

青青的麦田

五月的风拂动着一片青绿色的麦田,它们摇曳着,与近旁高大的杨树、涓涓的溪水相伴。村庄在五月的阳光下静息,远处的昌平小城也是寂静的。

这就是苇岸为自己选定的墓地,他嘱托亲友们将他的骨灰撒在这片青青的麦田里。我想这里一定有着苇岸青少年时代许多美好而亲切的记忆,比我们所看到的,更接近于他理想的田园。

一九九九年五月二十三日，在苇岸简朴的葬礼上，许多朋友从各地赶来，来到这片青青的麦田旁。我们依次前行，将花瓣、泪水和一位生于斯、长于斯的热爱自然和生命者的心愿撒在这里。天空蔚蓝，风轻轻地拂动，而天边的雷雨在隐隐地聚积，如同我们的哀伤，经历阵痛后在心底沉默地隐忍着。那片在风中起伏的青青的麦田，印在了我们心中，如同苇岸那些质朴而温润的文字。

苇岸离世两周年的时候，宁肯、大春、树才、冯秋子等我们一些朋友，到那片麦地边祭奠他的英灵。麦田仍在，但四周已不再寂静，高大的杨树正被砍伐，枝干杂乱地横陈在那儿，溪水断流，不远处，一片建筑正在崛起。苇岸在他的临终绝笔中这样写道："二十世纪这辆加速的列车已经行驶到二十一世纪的门槛了，数年前我就预感到我不是一个适宜进入二十一世纪的人，甚至生活在二十世纪也是一个错误。我不是在说一些虚妄的话，大家可以在我的作品中看到这点。我非常热爱农业文明，而对工业文明的存在和进程一直有一种源自内心的悲哀和抵触，但我没有办法不裹挟其中……"仿佛是一种宿命，城市化的进程让我们寂静的田园改变了旧有的模样，现在那片青青的麦田也只能在我们的心头摇曳，在我们不断的回顾中发出低声而缓慢的倾诉。

今年是苇岸离世十周年，十个春秋恍然消逝，而苇岸在我心中依旧是难以割舍的，有时，对他的怀念，无论是在黄昏，还是深夜,那种突然涌上心头的内心的酸楚,让我在平日碌碌无为的生活中警醒,伤痛使平庸的时光变得具体而真实。"十年生死两茫茫,不思量,自难忘。"苇岸走了,但他的书、他的文章依旧伴随着我们,给我们以安慰。

写这篇短文的这两天,参加了一个挪威诗人奥拉夫·H.豪格的诗集《我站着,我受得了》的出版纪念活动。诗人生于一九〇八年,这本中文译本,应该是为纪念他的百年诞辰而出版的。在挪威,他是一个广受人们热爱的诗人。倡导这本诗集的翻译者勃克曼因为热爱他的作品而做出了多年的努力。诗人豪格是一位终生生活在挪威乡村的诗人,他朴实、真切而充满了感悟与心灵幻象的诗歌,让我想到了苇岸,他们之间有某种相通之处。豪格那片从父亲手中继承的果园,和他辛勤的写作是融为一体的。苇岸同样是一个将身心融入自然的人。豪格在一首诗中说:语言的艺术,应该让人们从中闻到茶叶、生土和新柴的气味。从苇岸的散文中我们的确可以嗅到它们。我以为苇岸的作品是会让人们永久地热爱并铭记于心的。

苇岸葬礼上我撰写了这样的挽联:"潜心以求做人地警世文章,英年早逝归故土静息忠魂。"现在想来,潜心以求是苇岸真实生命的写照,警世文章也只是他作品的部分品质,他的散文中最可珍视的是它纯正的文学价值,这些会让我们不断地受到启迪,故而我们也更加痛惜他的英年早逝。

时光荏苒，岁月消逝，我相信，作为我们当代最优秀的散文家之一，苇岸的光辉将会越来越明亮。

原载《文学界》二〇〇九年第四期

苇岸去世十周年纪念专辑

林莽 一九六九年到河北白洋淀插队，开始诗歌写作。白洋淀诗歌群落和朦胧诗的主要成员。著有诗集、诗文集多部。现任《诗刊》编委、《诗探索·作品卷》主编。

哀 歌
——纪念苇岸

王家新

那是春天,树木飞向它们的鸟。
——[德]保罗·策兰

一

一九九九年五月十九日傍晚,癌症最终夺去了苇岸年仅三十九岁的生命。人们震惊于这一消息,我亦如此,虽然我知道这是早晚要发生的事。我就是不能接受这铁一样的事实。几个月前,春节刚过,当苇岸把我叫去告诉我他发现自己已进入肝癌晚期后,我就开始祈求奇迹的出现。我大概是最早知道这一可怕的秘密的人。苇岸当时的想法是不惊动任何人,悄悄离家出走,到南方或到沙漠,走到只剩下最后一口气为止,或是在途中以其他方式告别人世。我则抑制住内心的战栗,要他留下来治病,并用了维特根斯坦的一句话来强力劝阻他:"自杀是肮脏的。"大概,苇岸因为这句话受到了震动,他留了下来。一种对生命的至高信念使他留了下来。在此后的两三个月里,苇岸以惊人的镇定和勇气治病、整理文稿,甚至,他一面忍受住那可怕的折磨,一面还要用他的微笑来感染前来看望他的朋友们。到这时,我想已不止我一人在暗中祈求:命运,如果你不能战胜死亡,最起码应给这位生命的爱者和信仰者多留下一些时间吧。你怎么这么快就把他从我们中间带走了呢!

苇岸离去的时候,时间是初夏,生他养他的北京昌平正是一年中最美、最富于生命力的时候:清澈的京密运河两岸杨树吐絮、小麦抽穗,一片片桃林、杏林谢花之后正在准备累累果实,布谷鸟的动人啼唤从早到晚不时传来,苇岸所赞美过的放蜂人也即将把他们的家挪到野花绽放的山坡上……苇岸,你这大地的守望者,你怎么撇下你终生爱着的这一切就走了呢?

"春天,万物生长,诗人死亡",这不是别人,竟是苇岸自己十年前在悼念海子的文章中最后写下的一句话!让我不能相信的是这一点,让我在内心受到极大震撼的也正是这一点!五月十九日夜,我正在写什么东西,电话响了,那是苇岸妹妹的声音:"家新,苇岸去了……"我放下了笔。我再也不能做任何别的事情。我在命运的威力下战栗。然而,也正是在那一刻,一切都变了,苇岸由我所目睹的在病床上挣扎的垂危者变成了另一种存在:他的形象神采奕奕地在我面前出现,他的声音从昌平的山川风景中升起。久久地,我的耳中传来了阿赫玛托娃

在纪念帕斯捷尔纳克时所写下的不朽的诗句:

> 昨天无与伦比的声音落入沉默,
> 树木的交谈者将我们遗弃。
> 他化为赋予生命的庄稼之穗,
> 或是他歌唱的第一阵细雨。
> 而世上所有的花朵都绽开了,
> 却迎来了他的死期……

二

苇岸在本质上是一位诗人,一位以他的生活和写作向我们昭示生命之诗的诗人。人们说他是一位优秀的散文家,那是指他在文体上的贡献。实际上他的意义并不限于任何一种文类。他是属于那种在我看来在任何时代都不多见的真正意义上的作家和诗人之一。与其说他找到了散文这一形式,不如说这一自由的形式正好适合了他——适合了他那罕见的质朴,适合了他对存在的追问,以及他对生命万物的关怀和爱。

请读一读他的《大地上的事情》(五十章)、《放蜂人》、《一九九八 廿四节气》等篇章,那里面有着金子一样的质地。那种质朴、硬朗、富于警策力和诗性光泽的语言,那种对事物本质的抵达,那里面所包含的灵魂和人格的力量,应该使这个时代的许多作家和诗人自愧。

我认识苇岸的时间并不长。几年前我们在什么场合见过，后来通过几次电话，相互寄赠过作品，仅此而已。但是，在他身上和作品中体现出来的许多东西，都让我感到亲近。我知道这是一位可以信赖、可以深交的朋友。去年年中，我在昌平乡下建了一处北方乡村式的房子，并于今年年初搬了过去。这样，我与苇岸更近了。虽然我的村子距苇岸所住的县城尚有一二十公里，但一条清澈的沿着燕山山脉流过的京密运河却把两地联系在了一起（海子生前也很热爱这条河流，据苇岸的文章说，海子在赴山海关殉难的几天前曾彻夜在这条河的岸边徘徊）。

我与苇岸的交往更多了起来。他不仅使我感到亲近，感到了在当今的人际关系中已很难得的那种相互信赖和默契，而且他的为人、生活态度、朴实而高尚的人格还使我深深地尊敬。他虽然比我年轻三岁，但在许多方面我都把他视为一位更为成熟、稳重的兄长。同他接触或读他的作品，我经常意识到我对自己的要求其实还不够，同时还意识到在生活中我忽略了那么多和我们的存在息息相关的东西：大地的脉络，四季的语言，动物的秘密，历史的昭示。正是这种坚执的信仰、自我完善的要求和对生活不懈的观察使苇岸获得了很多朋友的尊敬。已经有人在说他是"二十世纪最后一位圣徒"（林贤治语）了，而我感到的是：这首先是一位为我所需要的朋友。我知道他对我的重要，也愈来愈意识到在我与他之间存在的那种血肉相连的精神上的联系。

正因为如此,苇岸的离去,使我感到在我的生活中有一种重要的缺失。海子死了,我震动得说不出话来;骆一禾死了,我好久都不相信;现在,苇岸又离开了我们。我的眼中泪水迷离,我的心中响起了一支悲歌。这一次,我从死亡中感到的是命运的必然性。命运在渐渐夺去我们这一代人中的精华。命运在夺取我们生活中的相互支援和最后一点安慰。就在苇岸离去前的一两个月,他在电话中柔弱地对我说:"家新,你看,你刚搬过来,我就……"我则抢过话头,要他不要往下说。我要他永远和我们留在一起,因为,我们需要他。苇岸,你走了,我们怎么办?如今,我独自驱车在昌平的土地上,独自穿行在春天的无边细雨、夏日的漫长黄昏、秋天的萧萧落叶和初冬阴郁欲雪的天空下,苇岸,你知道吗?我经常在同你说话。我需要把你带在我的生活里。我在忍受着你的缺席。

三

麦子是土地上最优美、最典雅、最令人动情的庄稼。麦田整整齐齐摆在辽阔的大地上,仿佛一块块耀眼的黄金。麦田是五月最宝贵的财富,大地蓄积的精华。风吹麦田,麦田摇荡,麦浪把幸福送到外面的村庄……

这是《大地上的事情》的第十一章。这就是苇岸为什么会立下遗嘱，把他的骨灰撒在他出生的村庄的麦地上。

五月二十三日上午十一时一过，苇岸的骨灰撒放仪式开始进行。在我的一生中，似乎还从未见过如此强盛、动荡的麦地，它蓄积起大地的力量，迎向一片斜坡上面那动荡的天空。而天空也显得异常，不然它为什么会把阳光与阴霾强烈地混合在一起？按照乡俗，由苇岸的侄子手捧骨灰瓮，由苇岸的哥哥、弟弟、妹妹沿着麦田撒放骨灰，上百位苇岸生前好友和同事跟着撒放花瓣。随着这哀痛的人流，凝视着那混合着花瓣的被撒播的骨灰，我在心里说：苇岸好兄弟，你安息吧。这里是生你养你的土地，山峦刚劲、河水清澈、石头善良，你在这里安息吧。苇岸，这里是你生命开始的地方，庄稼会在你的喃喃细语中生长，桃花仍会一年一度开放，你在这里安息吧。苇岸，只要高山不死、河水奔流、大地永在，有一个人就会感到你投来的目光，有一个人就会在他最孤独的时候呼喊你的名字。你，安息吧。

凝望这一片默默接纳着苇岸骨灰的茂盛麦地，我还想起了海子，想起了海子生前同苇岸的交往，想起了就在海子自杀前的半个月，我们还见过一次。那是在文联大楼，海子向我谈起了春节回老家安庆的一些感受，谈到了他的一个发现："我这次发现黑暗是从麦地里升起来的"（而不是从天上降下来的）。我

当时并没怎么在意这句话,直到海子死后,我读到这样的令我战栗不已的诗篇和诗句:

> 黑夜从大地上升起
> 遮住了光明的天空
> 丰收后荒凉的大地
> 黑夜从你内部上升

写出了这种诗篇的人,他必死无疑!因为他洞见了创世的秘密,因为他竟敢用一种神示的语言歌唱,因为他在丰收的谷仓中竟看到了"阎王的眼睛",因为他已来到了这样的境界:黑夜即安慰,丰收即荒凉!

而我相信,同海子一样,苇岸也是直接抵达了生命和创造本原的诗人。他的《大地上的事情》,不仅抒写了他对万物的观察、感悟和热爱,而且也处处透出了内在的生命的光辉。他的语言目击了创造。他把麦地、树林、冬日的小灰雀,连同他自己质朴的生命,一起带入太阳的光流之中。因此,苇岸不仅安息在丰盛的麦地之中,也将永远活在那金子一样闪耀的语言之中。这一切,用苇岸自己所热爱的布莱克的一句诗来表述就是:"你寻找那美好的宝贵的地方 / 在那里旅人结束了他的征途。"(《啊,向日葵》)

四

苇岸是北方之子。燕山山脉的赤裸、刚劲,以及从山那边时时吹过来的漠风,造就了他的质朴和正直;清澈的京密运河和浑朴的华北平原则孕育了他亲切、温暖的一面。地处北京西北和正北数十公里之外的昌平,素有"上风上水"之称,这里风景优美,天明地净。一个来访问苇岸的朋友曾这样感叹:"昌平,多么好听的名字啊。"是的,这就是苇岸终生相守的土地。方圆仅几十公里的昌平,对于他来说已足够开阔。这里形成了他生命的根基,形成了他的"大地道德",形成了他精神生活的风景,也形成了他对周遭世界和现代文明的批判。

我深深感到,如果我们没有对大地和"风景"的发自灵魂深处的挚爱,没有对环境和文明进程的沉痛体察和关切,我们就无法理解苇岸的意义。这里,我又想起了海子(的确,"我们都是昌平人":苇岸、海子、我)。海子曾把诗人分为两类:一类关注自我,"而另一类诗人,虽然只热爱风景,热爱景色,热爱冬天的朝霞和晚霞,但他所热爱的是景色中的灵魂,是风景中大生命的呼吸"(《我所热爱的诗人——荷尔德林》)。海子的这些话正写于昌平,写于一九八八年初冬。在此之前,《世界文学》请我为他们即将开设的"中国诗人与外国诗"专栏组稿,我首先约了西川和海子来写。很快,海子就把这篇现在有人称之为海子的"诗学遗嘱"的文章从昌平寄来。我当时只是惊异于海子文章中的某种语言断裂(例如"诗,和,开花,风吹过来,火向上升起,一样。"),并请编辑原文照发,不要改动,但我并不曾特别留意到海子为什么要在他的诗学中大谈风景,谈冬天的朝霞和晚霞,更不曾想到他在昌平还有一位友人——苇岸——在同他一起分担、眺望着这一切。

现在,我来到海子、苇岸生活过的昌平生活。我进入,或者说回到了一个和都市完全不一样的世界。我又感到了四季的轮回,感到了自己和乡土、和大自然的古老的联系,感到了"风景"在我们的精神生活中的重要作用。我一次次惊异于大自然赐予我们的一切,尤其是在冬日傍晚,当彤云在西天的燕山山脉上空迸放,并给远远近近的山峦、树林和平川镀上一层金子一般的夕光时,我都惊异得或感动得说不出话来。我想我不仅理解了在海子和苇岸那里所发生的生命与风景的深刻呼应,而且也几乎是带着一种战栗理解了:一个倾心朝向这一切的人,他生于此,也必将死于此!

次,在带苇岸从昌平到北京治病的路上,我边开车,边同他谈起了我的一篇散文《南与北》的构思:我出生在中部偏南的湖北,从小在南方文化的浸润下长大,后来又来到北方工作、生活,现在又移居到北京以北。我告诉苇岸我在这种变动的广阔时空中认识自己。我对他说:我有一种矛盾,我仍对南方感到亲切（比如饮食、口音），但在精神上似乎又注定属于北方。我还对他说：似乎每个人的命运中都有一个指针，而我的一直指向北方，更北……苇岸本来很疲倦，斜躺在后面的座位上，但听到这里他兴奋地坐起来，说这个想法很好，应该把它写出来。

后来我在苇岸的《路接天际之地》等篇章中也读到类似的思想。苇岸是北方之子，身上带着燕山山脉和华北平原赋予他的气质，但我发现苇岸也有着他的"北方以北"，那就是从俄罗斯文学中吸收的一切：它的风雪，它的辽阔大地，它的苦难历史，它的精神性和灵魂的力量。在苇岸的书房中，还挂有托尔斯泰的画像。凝视这幅画像时我想：在我所了解的中国当代作家中，在一个所谓"后现代"或消费文化正取得"全面胜利"的时代，能够接受这位已被很多人视为"过时"甚或"反动"的伟大作家的审视和目睹，能够始终逆流而上，坚持自己的理想、本性和道德要求的，恐怕只有像苇岸这样的人了！

我想，这就是苇岸在我们今天这个时代的意义所在。苇岸的这种坚持，在一种无助、无援的环境中，使一个人日益显得不合时宜，但也使一个人日益不同凡响。苇岸因而获得了一种对我们这个时代讲话的力量。他的田野写生或风景素描，超越了一般意义上的对乡土的爱，而包含了一种难得的道德的和文明的批判力量；他的"大地道德"，也不同于一般的生态保护主义或环境保护主义,而体现为一种更为内在的生命准则和精神维度。苇岸的意义,许多人已有很好的论述,这里我想指出的一点是:苇岸是道德主义者,但不是布道的牧师,他的精神尺度只用于个人。他其实对任何道德化的煽情都抱有警惕,他是那种朴实的、同时又永远有着严格的自我要求的人。

那是在今年三月,残冬已过。一天早上醒来,我发现窗外居然又下起了大雪。我惊喜不已,正要准备给苇岸打电话(我知道他对雪的那种发自生命深处的喜爱),他先打过来了。他高兴得像个孩子似的,告诉我他要出去看雪。我连说"去吧,去吧",我的声音兴奋,但同时我的泪几乎要涌出。我知道,这是一场上苍为苇岸而降下的雪,这也许是他在人世间所能看到的最后一场雪了!我放下电话,想象着苇岸拖着孱弱濒危的身子,艰难地从黑暗的楼道上下来的情景,我的眼睛湿润了。我在心里说:苇岸,这是为你而下的雪,这是来自茫茫天际的雪,你去看吧。你独自去看吧,这一次,我不陪你……

五

一九九九年对我来说,或者对很多人来说都是多事的一年。先是苇岸的病,继之是一场由南而北展开的诗歌论争把我也卷入其中,然后又是……然而,现在当我平静下来,在冬日的宁静和空旷中,我感到最能触动我的生命根基的,还是苇岸的离去。苇岸的离去,似乎带走了我生命中的很多东西。

我深深感到悲哀,为一代人的命运,也为我们生活中的某种致命缺失。我不明白生活为什么那样残酷,它总是使恶人当道、小人得志,而使好人多灾多难,它总是一再夺去我们生活中那些美好、温暖、给人以希望和安慰的事物。当然,我并不抱怨这个世界,因为它一向如此,我迁怒于它又有什么用?我只是感到苇岸这一走,我自己的日子也更艰难了。我只是不明白,苇岸年仅三十九岁,不抽烟,不喝酒,素食主义者,生命本该细水长流,死亡怎么偏偏挑中了他呢?在苇岸治病期间,我第一次见到他弟弟时,不免大吃一惊:他弟弟的脸色那么红润,浑身透出生命的朝气和活力,和面黄肌瘦的哥哥在一起,我真不相信这是亲兄弟!西川在苇岸的葬礼上感叹地说"写作是一个黑洞",它又吞噬了一个把自己全部交给它的人!

此外,在苇岸的生活中还有着另外的致命的因素,那就是他的婚姻、爱和离异。苇岸始终爱着他的妻子,但又眼睁睁看着她从自己的生活中离去。苇岸欲言又止地告诉过我一些事情,他没有多说,我也没有多问,但我完全可以想象这一切对他意味着什么。离婚之后,苇岸的性格愈加内向,直到死前,卧室中还挂着几幅他妻子的照片和他们在一起的合影。看到这些照片后我深受触动。在一种孤独无助中,对爱的回忆和坚守几乎成了苇岸生活中唯一的安慰。我认为，正是在这种致命的打击和不可挽回的爱中，死亡加速了。但苇岸永远是那种自我牺牲的圣徒，他对别人从来没有怨恨，有的只是爱、理解和祝福。这是在他面前我经常感到自愧的一个方面。在平时的交往中，我发现苇岸经常牵念他前妻的生活，希望能对她有所帮助，虽然在我看来他自己是最需要帮助和安慰的人。在发现癌症后，苇岸犹豫再三，最后还是决定不把这一消息告诉他的前妻。苇岸不想因此而打扰她，希望她的生活平静，但我还是感到了他那内心深处的愿望，那就是希望她能来看他一次，哪怕只有一次。

命运如此严酷，生命的安慰何在呢？

一个对尘世生活已一无所求的人，他的安慰只能在他那至死不移的爱和信仰里，在那高于一切、赋予他创作生命的上苍那里（请原谅我说出了这样一个词）。在病危期间，苇岸数次在电话中，或是把我叫到他的床头对我说："家新，我已接受了一切，我不再恐惧，我只是遗憾……"而我太知道这种遗憾。这是一种生命被赋予而又无法完成的遗憾，这是一种为了那些伟大、美好的事物而生，而准备了这么多年，却又不得不在中途结束的遗憾。五月十九日下午，在得知苇岸病情恶化被送到昌平医院后，我匆匆赶了过去。我进了病房，叫了一声"天哪"，便把头扭到一边，我不忍看他在病床上神志昏迷、痛苦挣扎的样子。一个多星期前他还在整理文稿，怎么这样快呵！

五月十九日晚六点三十四分，苇岸的心脏停止了跳动。苇岸的哥哥告诉我，苇岸死不瞑目，是他用手指才合上他的眼睛的。

苇岸就这样离开了我们，带着他生命中的苦痛和遗憾离开了我们。苇岸治病期间，我送他了一些音乐磁带，其中有一盘宗教音乐清唱。在苇岸的葬礼上人们听到了它——那缓缓升起的声音，那仰望上苍的声音，那在我们充满感激和苦难的生命中永久回荡的声音！苇岸的妹妹告诉我，这是苇岸自己的选择，把它作为自己最终的"安魂曲"。

苇岸，你就这样走了。在你走后，庄稼仍会一茬一茬生长，秋天会到来，雪会降下来，黄昏有时仍会美丽得惊人。而我将忍受你的不在，你的永久缺席。你的声音仍会响起，虽然它不会再从电话中传来。苇岸，你安息吧。你质朴、高尚的人格会激励我在这个世界上坚持，你那灵魂的力量会时时校正人们对生命和文学的理解。你会永远活在我的生活里，在我孤独时，在我倾听音乐时，在我驱车在美丽的昌平乡村公路上时，在我们内心的爱或忧伤像麦浪一样从这大地深处涌起时……

苇岸去了。苇岸的意义正被愈来愈多的人认识。苇岸的声音将超越时光，永远对那些热爱生活的人们讲述。林贤治说得很好——"苇岸的存在是大地上的事情"，而里尔克在一首诗中说得更为伟大：

若是尘世将你忘记，
就向静止的地说：我流。
向流动的水说：我在。

一九九九年五月至十一月　北京昌平
原载《青年文学》二〇〇〇年第五期

王家新　一九五七年生于湖北丹江口。诗人、批评家、翻译家。中国人民大学文学院教授、博士生导师。著有诗集、诗论随笔集、翻译集多部，另有中外现当代诗选、诗论选编著多种。曾获韩国 KC 国际诗文学奖等多种国内外诗歌奖、诗学批评奖和翻译奖。

平凡的真理（外二篇）
——纪念苇岸逝世二十周年

一 平

一

一晃，苇岸走了二十年了。二十年来，我常常想起他，他的诚恳、温暖、善良，以及他的谦卑、清苦和忧郁。他是罕有的人，清洁得透明，想到他就会想到北方的清晨和田野。放下宗教，由人性而言，他是那种以善、清苦、信念来完成生命的人。他是圣徒。

有读者将苇岸比作中国的梭罗。当然，梭罗很重要，特别是在当下，人类的贪欲正将这枚星球带向毁灭。清洁、简朴的生活，待自然如神明般敬重，世上还有什么比此更重要的吗？在这个星球毁灭之前，梭罗是永远的。但是于我，苇岸比梭罗更重要。这除了因为我们是朋友、使用汉语之外，也是因为《大地上的事情》更亲切。梭罗是苇岸的引导者，但二人的底色不同。"瓦尔登湖"是原始自然，而"大地"则寓意源远流长的农业文明；梭罗看重的是人勃勃的自然生命，苇岸则守护悠远的人文传统，比如他的谦卑、善良、悲悯、奉献；梭罗以个体生命为中心，苇岸则是大地道德的圣徒；局于美国早期文化，梭罗行文随意，较粗糙，而苇岸用语千锤百炼，简朴而优美。

我意并非褒贬梭罗，《瓦尔登湖》是永久的经典。我是提醒汉语读者，不要被"势力"所蒙蔽，要珍惜母语中那些可贵的文字。阅尽沧桑，我们方可于日常、简单中看到非凡与奇迹，懂得意义与珍贵。《大地上的事情》是汉语的骄傲，完全可以列入世界经典。二十世纪八十年代，风行写作，我们睁大眼睛盯着每年的"诺奖"，想想很羞愧，其实我们身边的事情更重要。今天再看，《大地上的事情》不远比"诺奖"的荣誉珍贵吗？

在当今贪欲疯狂之时代，苇岸为汉语奉献出如此清洁、诚朴、美好的文字，的确是个奇迹。当代汉语幸亏尚有这样一本薄薄的小书，让我们在灰暗中可以清洗精神。《大地上的事情》远远超越我们的时代，以致当代难以看清它。人们多是焦灼地追逐"现代"，而作者却倾心于被时代遗弃或遗忘的事情：大地、春秋、青草、麦粒、麻雀，是它们孕育、抚养了人类。《大地上的事情》属于永远，将被国人世代阅读。

二

苇岸在时，几个朋友相聚，做了个测试游戏，每个人选三种最喜爱的动物。苇岸颇不好意思，说他最喜爱的是驴、兔子和麻雀。他的选择让我愧疚，也让我想了好久。他活得诚实而实在，肃肃正正，一丝不苟。质朴、倔强、善良、谦卑，是他生命的本质。苇岸有段记述麻雀的文字："我把麻雀看作鸟类中的'平民'，它们是鸟在世上的第一体现者。它们的淳朴和生气，散布在整个大地。它们是人类卑微的邻居，在无视和伤害的历史里，繁衍不息。它们以无畏的献身精神，主动亲近莫测的我们。"可以说，这也是作者对自身生命的表述。

多年前，我写了《光明的豆粒》，评述《大地上的事情》，那时他尚在世。的确，他是平凡、孤寂而简单的，但他是一枚光的豆种，实诚、饱满，依属大地，结实地生长，一茬茬，它的果实是光——大地之光。一粒豆种，最终会播遍大地。

任何文明均有长有短，不在于中西，重要的是集优摒劣，将中、西文明中可贵、美好的品质集于自身。苇岸就是这样的人。套用鲁迅先生的话，无论是从东方道德还是西方道德上看，他都在清洁、良善之高处。可见"好"没有时间、地域之界限。

苇岸在近二十年前逝去，似乎是时代的寓言，即其对清洁、良善、真诚之驱逐。的确，苇岸的生命、生活、信念都与本时代背向，他以及他所代表的心灵、道德、精神是这个疯狂时代漠视的对象，如同林立兴起的城市，雾霾驱除青草、鸟鸣和清新的空气。有什么说的呢？这是大潮，世界的方向，中国的宿命。苇岸曾感叹"这是一个剥夺了精神的时代,一个不需要品德、良心和理想的时代,一个人变得更聪明而不是美好的时代"。

三

苇岸记述的都是日常的、平凡的"琐事",重要的是它们属于大地,是大地的故事。也正是这些平凡的故事,构成了大地、人类漫长的历史与意义。他特别赞成美国女画家爱迪娜·米博尔的话:"美最主要的表现之一是,人们肩负重任,高尚、有责任感。我发现,世界各地生活在田园乡村中的人们尤其如此。"

苇岸的文字来自他内心的清洁、高尚与美好,当然还有责任。他记述麦子,"麦子是土地上最优美、最典雅、最令人动情的庄稼。麦田整整齐齐摆在辽阔大地上,仿佛一块块耀眼的黄金。麦田是五月最宝贵的财富、大地蓄积的精华。风吹麦田,麦田摇荡,麦浪把幸福送到外面的村庄"。麦子供养着人类,可谁会在意我们手上日日的馒头、面包呢?当普普通通的麦子,被苇岸赋予"优美""典雅""幸福"的内涵,人类的生活、耕种、劳作便有了神圣的意义。

苇岸记述清晨,"第一束阳光,满载谷粒的色泽和婴儿的清新,照到蜂场上。大地生气勃勃,到处闪亮"。他写早春,"三月是远行者上路的日子,他们从三月出发,就像语言从表达出发,歌从欢乐出发。三月连羔羊也会大胆,世界温和,大道光明,石头善良。三月的村庄像篮子,装满阳光,孩子们遍地奔跑……"他记述秋天,"太阳的光芒普照原野,依然热烈。大地明亮,它敞着门,为一切健康的生命。此刻,万物的声音都在大地上汇聚,它们要讲述一生的事情,它们要抢在冬天到来之前,把心内深藏已久的歌全部唱完"。哦,人该有怎样的虔敬、高贵的心灵,才能由如此平凡、细微中,看到如此的美好,捧献出如此珍贵的言语,真挚、晶澈得如孩子的欢乐、泪水?

语言即命名,赋予万事万物以温度、光泽、意义;语言是人的居所,界划文明的疆域与方向。不限于世界是什么,更在于我们怎样界定它,赋予其什么样的温度、色彩和意义,也就是我们要建立、守护怎样的文明,不仅是为了我们,更是为了未来的孩子们。

苇岸在《放蜂人》里有段话:"放蜂人是世界上幸福的人,他每天与造物中最可爱的生灵在一起,一生居住在花丛附近。放蜂人也是世界上孤单的人,他带着他的蜂群,远离人寰,把自然瑰美的精华,源源输送给人间。他滞于现代进程之外,以往昔的陌生面貌,出现在世界面前。他孤单的存在,同时是一种警示,告诫人类:在背离自然、追求繁荣的路上,要想想自己的来历和出世的故乡。"可以说,这也正是苇岸的写照,他如同放蜂人,在潮流、时尚之外,辛勤、孤单地劳作,采集世上

"瑰美的精华","源源输送给人间"。在此现代世界,他是陌生的,却也是亲切的,亲切得如同城市消失的青草、儿时母亲哼唱的歌谣。

四

作为苇岸的朋友,我很愧疚。他走得竟这样早。我一九九一年即离国,他患病的事,我很晚才得知,其间我们通信,他竟未提及。

苇岸是我的一面镜子,做人为文,他都是一个尺度,我的精神向导。他会不断提醒我:不,不要在意当下,目标在那儿——苇岸的瞭望。他是榜样,孤寂、默默是写作的本分,一旦偏离即是背叛。尽管我写作了几十年,但还要从《大地上的事情》汲取光、正气及鲜活的灵性,大地、生命、青草、麦田、飞翔的鸟群、清洁的水、年轻的母亲、奔跑的孩子……它们是永永远远的,敞开你的心,贴近它们,至谦至诚。

我常常漫步旷野,起伏的山丘、森林、神女般宁静的湖泊,以及阳光清洗的草野,还有迁徙的大雁、鸥鸟的鸣叫,漫坡的雏菊、百合……它们总是让我激动不已。即使你不信上帝,也会感到大自然的神圣。是的,大自然是有神性的,生命是有神性的,人也是有神性的,人要活出你的神性。你在苍穹之下,大地之上,万物之间,受太阳、河流所抚育,你的生命要配得上它们；配得上那绵绵的青草、鲜丽的花束、清晨的露水；还有，也要无愧于苇岸清洁、优美的灵魂。

二〇一八年七月二十五日至三十日　于伊萨卡

光明的豆粒
——读《大地上的事情》

感谢这本小书，给我在纷乱中投下一些安慰和光明。它值得收藏，我将郑重地将其放上书架，唯待有暇再次阅读。固然，它还有失于简浅，但涵有一颗清洁光明的魂灵，这弥足珍贵。我将这本充满善意的小书，称之为"光明的豆粒"——那些晔晔的文字。

存在主义渗于西方文学已经长久。它对人与人事的关注及揭示无所不至，其丰富和深入亦前所未有。但存在主义也带来了很大的问题，即人对自身过分关注，而分离了人与外界（自然）的关系。人日益孤立（这与现代都市化进程同一），人不仅是其意识的中心，且成为其全部。萨特绝望地喊道"他人即是地狱"——实际上"人即地狱"。之所以是地狱，因为其拒绝走出"门外"，拒绝一个非我高于其上的世界。存在主义根本的欠缺，是将人作为一孤立现象，切断其与外部世界与生俱来的血缘关系。克尔凯郭尔最终呼吁走向宗教，因为他看到了彼岸世界对人的不可或缺。

存在主义传到中国，呼应了新一代被压抑的个性和生命本能。于是存在主义便成为新时期文学的一个时尚。当然，这已是另一种更换了背景的中国化的"存在"思想。

让我感动的是苇岸的关注：昆虫、麻雀、田野、日出、日落……有人批评他没有自我，而我恰恰认为他走出了中国当今"存在"的旋涡（他本在其外），即人心理的琐碎与阴暗。他在此之外展示了一个光明诗性的世界。

"雪意外地下起来时，人间一片喜悦。雪赋予大地神性：雪驱散了那些平日隐匿于人们体内、禁锢与吞噬着人们灵性的东西。"如果对这段文字做一点分析，就可以进入人与自然本源关系的神秘命题。这里我又想起那位印第安酋长的话："如果没有树林、云影、野牛、鸟的鸣叫，人类将怎么生活？他们将孤独地死去。"人的孤独产生于对象的丧失，使爱与被爱成为不可能。这就是人的绝望。自然是人生命之母、生命之本源对象，人之文明，是由这一对象而发生的。这是人类爱与被爱的最高体现者。现代社会的根本欠缺和病疾，即人与此对象的分离——人丧失自然。人正陷于没有外界、只有自己的可怕封闭中。

正是在这一点上，作者顽固地站在自然的一边，反对"现代"。他与卢梭、梭罗一致。在《幸福》一文中,他说:"在万物中完整地获得自己的价值和人性,是人类心灵的天然属性,也是人类的终极目的,人在其中将得到真正的快乐和幸福。"与万物共生,同荣辱,是他的基点,也是他的终极归宿,在这之间是"人"的道路。可以说这本薄薄的小书有伟大的信仰。这信仰充盈其精神,贯穿他的生活。在都市的繁华与喧嚣中,有时我就会想到这位居于小镇的可爱的"堂吉诃德"。想到他在田野慢行,在鸟巢下伫步;想象到他脱掉鞋子,登上窗台,孜孜测量檐下的蜂巢……相比摇滚大厅、股票行市,这才是一种英勇的"个人"。

苇岸曾在一封信中说,二十世纪的作家大多专注揭示人性,而放弃了对"人"的建设。这和我的想法大抵相近。仅仅是表现、揭示尚不够,"人"更需要建设。而"人"的建设应从人与自然和好开始。对自然的崇尚、敬慕、热爱,就是恢复人的崇尚、敬慕、热爱之心。这是人性的健康和光明。

作者在自序中说:"在我阅读、写作面对的墙上,挂着两幅肖像,他们是列夫·托尔斯泰和亨利·戴维·梭罗。"如果说梭罗代表了苇岸的自然观,托尔斯泰则代表了他的人世观——尽善。

"我欣赏这样两句话:'人皆可以为尧舜'、'上帝等待着人在智慧中重新获得童年'。在这个世界上,我觉得一个真正的作家或艺术家,应是通过其作品,有助于世人走向'尧舜'或回到'童年'的人。"印在封面上的这几行字，大致可以看出苇岸的文学目的。与时尚迥异，他依然坚持将艺术、文学作为改善人性、世界，使之美好的道路和方式。"从业作家都沉湎于文学本身，而托尔斯泰仅仅把文学看作自己伟大活动的一部分。托尔斯泰是罕有的、用他的人生和全部文字为人类指明正确道路的人。"这就是作者把自己置于其"阴影"之下的原因。

在苇岸的思想中，其核心是"人"的完善，而"人"的完善之核心是道德的完善。对他，道德不仅高于美，亦高于智慧。善、克制、利他、责任，这即人的崇高与高尚。《上帝之子》这篇小文说："过去，我称羊为恶的承受者。在我亲眼看了它们近乎自觉的赴难情形后，我开始感到，它们的生命有着某种人所不解的神性。我觉得我应该把它们看作基督之后的，仍存尘世的'上帝之子'。"作为一个素食主义者，他认为除了对一切生命悲悯的爱以外，自觉的素食主义本质上就是节制和自律。它天然与个人的信念和自我完善有关。而"人类长久生存下去的曙光在于：实现每个人内心的革命性变革，即厉行节俭，抑制奢欲"。在一个极为贫困的国度，当欲望瞬间像原子裂变一样膨胀起来，掠取和占有成为民族价值准则之时，这个声音几乎是绝无仅有的。

十数年中，这是我在中国文学语言中所见到的又一颗尽善之心。还有一颗，则是巴金——中国伟大的良心。当然巴金是历尽沧桑的尽善，有更广阔丰富的精神和道义。我们这位年轻的作者，还缺少生活的磨砺和内容。但他们尽善的心质是同一的，那是中华民族几千年血液中的仁爱与悲悯。在如此之时，其仍微弱、平静、不息地滴淌，使我感动。

今天的文化传播，使我们有胸怀理解、容纳世界文学的各种主义和流派。我无意命名文学道德化，仅以尽善作为其参照。但就个人观念，我依然认为在中国这样一个庞杂、混乱、贫穷、灾难不断、文化与教育又相对落后的背景下，作家应该代表良知，承负民族道义之责。这里我想转引几句尼日利亚作家索因卡的话："作家不仅仅是描写社会风俗和经验的编年史作者，他还必须起到非洲作家的作用：历史的中间人，过去的解释者、警告者、预言家和未来的设计者。"

一位诗友言及《大地上的事情》（五十则），说其"语言像诗一样精湛"。我赞同。苇岸是由诗转入散文的，他对语言的要求——以至苛求，远过许多诗人。他的小文大多是语言的精心之作，我将之视为当代汉语之短萃。

作者在自序中引用了一句话："一个用得好的词儿，比一本写得坏的书强。"他自己也说："我崇尚以最少的文字，写最大的文章。"他还有一段话："准确、清晰、简约、自然，行云流水般不现笔底的媚痕。这是一种唯生气和力量做后盾的自信，坦荡直率地面对事物本身。"这很能表现他的语言观。

准确、清晰，这是作者语言的基点。"火像一头牲口，已将枯草吞噬很大一片。北风吹着，风头很硬，火紧贴在地面上，火首却逆风而行,这让我吃惊。为了再次证实,我把火种引到另一片草上,火依旧溯风烧向北方。"这并不是一个容易记述的场面,易让人冲动,却无从下笔。但作者以冷静的笔触,将之记述得准确而清晰。他充分意识到他是以语言表述对象。一个作家需要有直抵事物本质与词语本质的两种天赋能力,这是辨别其是否应该从事写作的先决条件。准确就是把握这双向本质,使之适当、对应。准确,这个词似乎是简单的,实际上却是写作之本。

一些批评家指出现今汉语的无序与混乱。"文革"十年,语文传统和语文教育中断,大批没有语文素养,亦未经语言训练的人贸然进入写作。汉语进入自发、任意、无控——无序与混乱的表述状态。尤其是西方现代文学的引入(翻译),为之提供了虚假的合理性。苇岸的语言给我一个启示,汉语的建设要由语言的基点开始,这就是"准确"。由"准确"来校正语言的无序与混乱。"准确"就是词语与表述对象的契合,这是语言的基本意义和功能。以此为参照,便能辨识语言的空泛、错乱、虚弄以至诈骗。由之我们才能保证汉语的质量。

"太阳由衔山到全然沉入地表",这是一个简单朴素的记述句,但其行文却很用心。"衔"是古语,由之想到"衔远山、吞长江……";"地表"则是近代科学新语;"沉"平稳缓慢地移动;而传统"然"字则在语音上和谐了全句。作者有于朴素中涵精湛的语言才能。朴素,表现了作者对万物的恭谦之心;精湛,则表明了他对汉语的热爱,和精益求精之责。他的记述常常是既保持对象的生动与可爱,又褒有文字本身的魅力。

本书《作家生涯》中有一个谈比喻的片段,其中提到奥登的一句诗"那些头脑空旷得像八月的学校"。在这里我也列举几个作者的比喻:"它们(麻雀)的体态肥硕,羽毛蓬松,头缩进厚厚的脖颈里,就像冬天穿着羊皮袄的马车夫";"与其他开端相反,第一场雪大都是零乱的。为此我留意好几年了。每次遇到新雪,我都想说:'看,这是一群初进校门的乡下儿童。'"我提醒读者注意他的比喻,也注意他谈及诗人(如布莱克、雅姆、萨福)的一些短语。他严谨、刻守,却有灵性;他尊尚语言的性能,却也可带言语飞行(只是其翅膀还没有充分张开)。

现在是汉语的蜕变期,作家对此重要之至。作家可以,也应该有个人之不同的意识、道德、审美、关注对象及表述方式,但他们应有一共同的原则和基点,那就是对汉语的责任和建设。他们应在汉语之非常境况中,监护、提升汉语语言的质量,丰富它的容涵、性能和美感。这是衡量一个作家的基本准则。

大约十年前,我写过一篇小文叫《身后的田野》,此语取于艾略特《荒原》的结尾。艾氏的思想无非是现代荒原中,人唯有的希望是个人心灵的完善。我面前的这本小书《大地上的事情》,即是中国的荒芜中一颗指向完善的心:谦敬、清明、充满生命的善意与光。这是我久久期待的一片干干净净的田野,田野中撒有珍贵的豆粒——其依于土地，内中坚实，光泽熠熠。我珍惜它，之所以珍惜，因之弱小，弱小却卓尔不群——它在种种潮流、时尚之外；在于它成为种种龌龊、恶行另一端的反衬。它从其微小展示其希望。我由之看到尚在许许多多中国人心中的微小光亮。

这里，有一个问题我需要向他指出。这本书有一句谈及法国诗人雅姆的话："雅姆的诗是温善的、乡村的、木质的、心灵的、宗教的、古往的。"同样我把这句话亦看作这本小书的核心。因为它是作者自己——苇岸的本质。他更接近雅姆，而托尔斯泰只是相对他个人欠缺的一翼平衡。我不知作者自己发现这点没有。我不怀疑，他可以走至完善——个人之完善。他有信仰，亦有他喜爱的驴子的固执和耐力。我希望苇岸保持他自己"温善的、乡村的、木质的、心灵的、宗教的、古往的"本质。苇岸是罕有的，因而珍贵。我希望中国保有一个"雅姆"，在都市、现代之外。

原载《博览群书》一九九六年第九期

简单·诚实·美好
——致《大地上的事情》作者

苇岸：

收到你的信很高兴，是孤寂中的幸福。这里有个人间的情谊，亦有对真理的向往、探寻，能在真理的路上有一伙伴是多么好的事。

你的祖父过世了，为他哀悼。但死亡带走了他的痛苦，使他轻松，这也是解救。他多么让人尊敬，他是怎么做到的呢？让人心生敬意的老人，我还遇到过好几位。想到他们，我便愧疚。他们才是中国的"人"。中国文化是世俗的，但它仍孕育了如此出色的"人"。这是它的伟大。谈到中国文化，我更看重这一点，这才是它的本质。多么渴望能继承这些，恢复中国文化的光荣。你很幸运，有这样的祖父，我能想到你们之间的血缘的影响。

我过去曾想写个小册子，叫《艺术的批判》。艺术的本质是致幻，最初是伴宗教而产生的——或说与宗教共生。人通过形象的致幻而达至宗教的"神境"。比如敦煌本是宗教圣地，现在人们却将之作为艺术圣地。中国文化，宗教——神崇拜消失得较早（可将之划在周），但是在艺术分离神之后，中国文化对艺术有个"人"的限定。这就是"逸而不淫",艺术成为"人"的修养与陶冶,这是中国艺术最为精华之处。诗、书、琴、画,其意在此。西方古典主义艺术也可视为这个范畴。但是艺术再而分离,抛弃"人"的限定,这即出现问题,人沉迷于幻象,而幻象可以由任何东西构成。恶、暴行、兽性,都可以成为幻象,这是现代艺术根本的要害。荒谬的是人将之作为偶像来崇拜。严格地说,艺术崇拜即是幻象崇拜。犹太教、佛教、伊斯兰教、基督教对其都有严格的禁忌。因此,艺术崇拜是精神崩溃的文化现象,这于人类文明是有害的。西方是一个幻象过多的世界,人生活在一堆乌七八糟的幻象崇拜中,由广告到电影。而艺术家,即以制造奇僻的幻象而捕获人。如你寄来的那篇小文,现代艺术家正由社会底层的品质、才智低下的人所替代。

你没有写诗、小说,而写散文,这是明智的选择,其实是来自你的血液,你避免了"艺术"的圈套。我不将文学列为纯艺术,因为文字在致幻中是要注输意义的。

我实是强调意义性。因此,我们不仅要有对艺术的执爱,也要有对艺术的警惕和批判。

鲁迅不写小说,而写杂文,我想他是对的。在那种状态下,只能如此。从这点可以看到鲁迅是多么忠实于自己,多么有勇气。他的终极命题是"人",而不是艺术。他的文字是以血来写的,这是中国近代作家中唯一的一个。如你所说,他的文字将和这个民族共存。当然,鲁迅有些狭隘、偏执,但这不能掩盖他的光辉。他在近代无与伦比,中国几乎没有可与他同等的作家。于中国,他类似俄国的陀思妥耶夫斯基。他文字的对象、范畴都会过时,但要看他文字的质地,那是现代汉语的骨骼。读鲁迅很难。读他不能仅凭智力,尚须凭血性。没有道义、真理、人的品质的取向,大概是读不了他的。

你说这个世界并不缺少复杂。这个世界也不缺少深刻、机警,但它缺少简单、诚实和美好。就从这里开始吧,我说"简单""小"是个赞誉,因为人们一窝蜂似的拥向"伟大"与"深刻"——实际是权力。在此混乱喧嚣中,坚持"人"那最基本的一点是多么可贵。偌大中国,已经没有了它的位置。这是我写那篇文章(《光明的豆粒》)的基本动机。

像你所说,我们无论说什么,做什么,都是为了文学本身,这超乎我们个人之间的关系。这对你、我都是如此。

上周末应院长邀请,一家到林中度假。走出城市,回到树林和湖泽之间,看飞云野鹤……感受颇多。想如你在,多好,你可能会终生留在这儿。在那儿遇到一个哲学教授——一个现代之外、都市之外的老人。他多么让我尊重。我准备就之写一文。以后，你多少可知道他，我只是告诉你，你的思想并不是孤单的，在这个世界上，依然有聪睿的智慧、品质和执于简单朴质生活的人。那位教授，像一个农民，也像一个守林人。

一平　一九九六年八月七日于波兰

一　平　一九五二年生于北京。一九六五年就读北京第三十一中学；一九六九年下乡至黑龙江；一九七九年毕业于北京师范学院中文系。曾任教于波兰密茨凯维茨大学、美国康奈尔大学，现任美国某杂志编辑。

雪（外二篇）

黑大春

> 在传统中，雪是伴随着寂静的。
> ——苇 岸

一、初雪

漫无目的的茫茫雪原，雾凇朦胧
我迷恋伟大默片时代的黑白风景
在那儿，一棵喜鹊筑巢的窝脖树
两条隐隐疼痛的细砾小径和几间
磊落旧居，在映入眼眶的一刹那
都使我老泪平白无故地远远轰鸣

二、天将雪

雪天，静静地，在高处审视着人
在高处，他若有所思的灰白眼神
静静地，能猜透人小不点的心思
雪天，静静地，在高处审视着人
在高处，他近似全盲的灰白眼神
静静地，闪念间已洞悉人的私隐

三、大雪

还是在他生前我就预感到这场雪
可直到他死后这场雪才姗姗践约
身披这场雪，一掸羽绒漫天飞飚
我久伫被高速路铁网割破的田野
这场雪让女人轧花补缀叠入温存
这场雪让我深陷难以自拔的离别

大地因他的离去而突然变得空无
尽管，这是一个人口稠密的国度
没有英雄，炎黄种族庞大又弱小
没有兄长，朋友们恰似一盘散沙

大雪白白地洋洋洒洒，没有圣徒
谁又替新新人类解读这无字天书

对总是一再喋喋重复的死亡主题
我像是围抱老式火炉，昏昏欲睡
听凭咝咝叫的铝壶蒸汽机车头般
在郊外鸣笛，猜猜谁将乘夜返回
直等到噗噗拍雪后一只爱戴的手
隔着霜玻璃的重重山水叩响门扉

嘘！请压低，最好别提尊贵死者
名氏乃大雪封山之夜严守的禁忌
这不单是芦苇净化原型的敬畏
（除了神，谁配吹忆他那素食之笛）
而是雪！雪！那样欢天喜地的雪
亡魂只轻声一碰瞬间就化作哭泣

四、雪霁

尸体积压着尸体雪灾遮蔽着雪灾
悬挂的死亡谜团呵彻底真相大白
那些以土地道德为墓志的捐躯者

必将领受到天空深深报以的厚爱

那些情感浓墨般洇湿远山的随笔

天际每放晴必将焕发湛蓝的文采

原载《诗歌月刊》二〇〇一年第五期

一个令我信服的人文主义者

海子曾有过"痛恨中国文人将一切都趣味化"的过激言论，苇岸"更有一种强烈的与猥琐、苟且、污泥的欢乐、瓦全的幸福对立的本能"。而同为这两位生前好友的一平则宽容、折中，既劝谕苇岸试着归返陶渊明"欲辨已忘言"的道枢真境，又在一封发自美国的长信中吁请现代世界需要来点反艺术。当苇岸在电话中复述给我，带着七零后——八零一代那种别跟我提崇高的青皮劲儿，我本能地反诘道："反艺术？我们？现代？哪有什么艺术！"渐渐，歧见加深，我彻底蜕变成一个不折不扣的唯语言、唯形式至上的克罗齐主义者，但即使在托举美国J.M.卜润宁艺术本位盾牌——诗一开始就不是救世的工具或媒介，它是最有生趣的艺术，光辉而不实用——以抵挡文以载道的矛枪的同时，我也从未改变过数次在朋友聚会场合公开的那个一以贯之的初衷，半点也没有，即苇岸是唯一一个令我信服的人文主义者。这不仅由于他的受家族遗传，于八十年代末又受圣雄甘地非暴力影响的素食主义生活方式；也不仅因其严于律己、宽以待人的人格魅力，兼具其在原则上所体现的鲁迅硬骨头精神；包括他的土地道德中涵盖的人皆成舜尧的信念，以及他对许多外省诗人伸出的俄罗斯圣愚之手（他认为帮助了某个诗人就等于帮助了诗歌本身）；当然，还有他童心未泯的幽默感。譬如，某年愚人节，他在电话中一板一眼地对宿醉中正揉着红眼睛的我说：他赤手抓住了一只野兔……但最可靠的依据非他的文本莫属，一篇篇朴拙似魏碑的随笔实证了克劳塞维茨的诗学范式："散文不过是诗歌以另一种手段的延续而已。"随着苇岸于一九九九年病逝，一个行将就木的理想主义世纪用被吻别的泥土收回了它末代英雄的骸骨。中华大地一下变得空无，尽管这是一个人口稠密的国度。

二〇〇三年夏，答宁夏《银川晚报·文化周刊》记者问

原载《先锋诗歌档案》，重庆出版社二〇〇四年出版

大祭酒
——四季的祭祀（节选）

春：与升天的老友凭空交谈吧

二○○四年五月十九日，苇岸五周年的祭日以后，我正式实施发愿十年蛋奶素食的行为艺术。除了企图与苇岸自一九八九年到一九九九年病逝为止的十年素食做一次时空交错的应和，类似声学原理中的一种延时音效，主要还是以期在经常性的冥思中，让我们之间信息交流的口味更相投些……然我等食色性也，自然无缘跻身毕达哥拉斯信徒的禁欲行列：甘地、托尔斯泰、梭罗、弘一法师、圣帕布帕德、特蕾莎嬷嬷（现在是不是可以加上苇岸了）……但长久以来，即使在我饮血茹毛的青春期，老祖宗"饭疏食，饮水，曲肱而枕之，乐亦在其中矣"的淡泊生活方式一直令我心向往之。如果套用萧伯纳的"素食，本是英雄与圣人的食物"这句豪言壮语做上联，我则顺理成章对出唯美的下联："菜谱，原为诗家与歌者的乐谱"；横批："膳哉膳哉"。

乡愁返青，在巨变得新绿快不敢相染的故园
我日复一日地盘桓如时针回放的
黑胶木唱片：走调、低迷上，记忆的密纹

因久经刺激而划出失真的噪音
尘封的旧外套，丝丝入扣的怀念

是的！电锯般的健忘也休想止住这年轮
沿着游魂印在泥泞中一串串太空鞋的图案
条条融雪之径走起来是多么松软
引得我一路不停地咯咯傻笑
比头缠云丝踩高跷还娘的晕眩

与升天的老友凭空交谈吧！朝对岸
丧失了抒情传统的后工业时代溜溜嗓子——啊
回音的涟漪在湖面一圈圈扩展
寂静中、晶莹的浮冰咔嚓断裂
素食者的化身正掰开沾满糖粒的饼干

…………

二〇〇三至二〇〇四年

黑大春　原名庞春清。诗人。一九六〇年四月生于北京。十四岁时受郑振铎翻译泰戈尔《飞鸟集》的影响开始写诗。著有诗集多部。

异数之美：
苇岸与《大地上的事情》

刘烨园

《大地上的事情》在当代是一个质的"异数"而不是量的"少数"。"异"就是独自。独自是永远的，这是质唯一的内涵，也是许多年以后才能被人逐渐理解的原因（一百多年来，人类"发现"了梭罗，但又有几人能真正理解梭罗对人类的根本意义）。"异"不会"轰动爆炸"，但将如核电站一样，在时空中一点一点昭示其光。

而且，如果她本身足够丰富、深邃的话，时空还将为她增加后人更多角、多元地阐释其质的认知能源。她因此而永不熄灭，除非宇宙不再有大地，人类不再有自然。

《大地上的事情》似乎不可能产生于这个时代，然而她却诞生了——这就是"异"。这个留不下什么的时代没有她的功利同道、文化谱系。她翻越无数杂乱文字的崇山峻岭，孤身求索，在意义的源头凝神谛听。多么遥远的那儿，已经被我们忘却很久了。是什么重重遮蔽了我们？鲜有世人能够完成这样的灵魂穿越——她因此成了"异"。因为不可替代,因为其"增值"是那么自然而然。

其实,她本在最纯粹最朴素的童心里。然而,成年后,如果还想饱满着赤子的纯粹与朴素的话,就只有忘我而艰难的心灵还原才能抵达,才能名副其实的——在兑水的书写泛滥至灭顶之灾的沉沦时刻,这样的考验重于乞力马扎罗山脉!因此,在人生苦途的意义里,真正的纯粹与朴素,并不能虚妄地与生俱来。她得寻找,她得跋涉,她得情愿像杳无人迹的涧流藓丛中那朵蔚蓝色的"天堂花"一样,冷清却真正自由地盛开,并由衷地欣慰与坦然。

于是这时,"异"同时也就呈现出了语言的分野,以从里到外的个性,无意中为人们提供了辨识真伪"乡土文学"的界标:君不见,如今多少所谓风景、农事的文字,其文风心态,千人一面,不都竟然是拙劣的仿作,是浅薄的词藻漂浮吗?看似热爱自然却仿佛在故意污辱自然,书写本身就有违于自然的丰富多彩、生机勃勃——真是何苦来着?心不到位,"气"不溯源,实不如不写。

而生存于田园、泥土、动物、植物、季节、蓝天与青山的苇岸,却既逆于陶渊明的夸张比兴,于托物行吟中暗塞计较功名的传统私货;又有别于梭罗的事无巨细、铺陈、烦琐,即使是同样天生的忧患,也因国情、性格的不同而泾渭迥异了——梭罗将其中的一脉,向着社会的黑暗不屈抗争,为"不服从"

的人格立志，言之简单、当然，行之则决绝、彻底；苇岸却蹙眉忍咽，宁肯将它们全部转向为人类性灵大地的沦丧而痛心——这样的关怀也许更终极更深重也更漫长。然而，那亦是我们的大地，当代的自然。人类与民族之一分子的我们亦有责任，但我们却残忍地将一切践踏了，在自欺欺人的破坏里不觉昏晓，让一个羸弱的生命独自战栗、独自承受、独自轻抚千疮百孔的万物——也许并非别的什么，而正是我们的疯狂、自妄、愚蠢、平庸以及不择手段的掠取，使苇岸和《大地上的事情》痛苦地成了"异数"，一个悲剧的、遗世的"异数"。

我们是有疚的。

我们应该有自赎的警醒——为着"异数"先于、别于我们的心力献祭，为着悲剧与虚无的极美所在，为着慷慨的大地即使对罪人也无时不在默默滋奉着息息相关的一切，活着的人，应该也只能将人类的悖误递减至最低，更低……因为我们和大地都确实没有多少任意延宕的时间了。

原载《济南时报》一九九九年十一月二十五日

刘烨园　作家。著有散文集《途中的根》《栈—冬的片断》《精神收藏》《在苍凉》等。

活下去（外九首）
——给苇岸

树 才

一天又一天。它们是怎样
走近我们，又是怎样
不打招呼就离开了我们……
我们被留下来，孤零零的
望着太阳陨落时的血腥，惊呆了

这一天又一天！它们是从哪里开始？
最初经过谁的手？又是怎样死里逃生？
当我们和自己的呼吸在一起，我们
听出它们的滴答就是我们的心跳
是它们在时间的铡刀下抢救我们

明天？我们醒来时，这扇门一定开着
当欢乐满了，溢出来了，又流得空空

当那么多房屋从倒塌中逃离人类
我们只能低下头,细细打量今天

活下去吧,凭着绝望好好活下去
你那只用旧了的温软的黄书包还等着
你再搁进去一些大地上的事情
愿你能耐心地,无怨地,活下去……

一九九九年三月

习 静
——为苇岸而作

1. 街上

四月。我来到街上,
离开了公园。
公园安静,
因为我的心安静。
但十点钟以后,公园里

安静是一个谜。

这安静里究竟有什么?
街上只剩下人影、纸片、痰迹……

咝咝响的灯雾。
我在大街上瞎转。
事情,在口舌间
变得更加暧昧。

2. 桃花

四月是一个兆头。
艳肥的桃花只为自己发情。

逛动物园的,有孩子也有大人,
还有一只波斯猫
从妇人怀里
窜进草丛。

四月是一个线头,
穿过事情的针眼。

四月。动物、植物发情。
幸福的桃花在必败的途中,
忙着把自己的蕊打开。

3. 我

我迟迟疑疑,不敢
靠近桃花,更不敢
伸手去摘!

但众多桃花骤然
开屏,我结巴,我
迟疑,我我我……

我跟随一只蜻蜓,
在河沿, 圈儿
一圈儿地飞。

4. 四月

四月那么小,

像一朵桃花那么小，
四月用它低弱的呼吸
喊：嫩芽，嫩芽，嫩芽！
但四月太小了！
像一缕风，一闪，
就飞远了。

四月那么弱，
像嫩芽那么弱，
像襁褓里的婴儿那么弱，
但从嫩芽里源源不断地
分泌出小小的
青涩的愿望……

这愿望太苦了！

它秘密，胆怯。
不能告诉任何人！

5. 针

一根针刺疼了心，

又跑掉了!
像摔到地上的泪,
再也找不着影儿。

心啊它只能藏到花蕊里,
只能在蜜蜂到来之前
转移到针尖上。

心啊它颤抖着,到处寻找
它没有屋顶的居住地。

它尽情地,不为人知地,
哭!因为太纯洁,
太善。

6. 泪

一小滴泪爬出了幽深的眼窝,
在脸颊上做一次湿漉漉的长途旅行。

它摔碎了,因为太沉。
它挂不住,因为脸上没有吊钩。

一滴泪太抒情了!
后面跟着花瓣的大部队。

再也不可能返回。

7. 疾病

四月。我每天若有所思。
墙上挂着爱情,体内生长着病。
句子跟着我,到处找药。

脸,屡次被词语划破!
进城,出城,躲躲闪闪。
但还是被记忆——这个贼,
翻了出来。

一天像一把锁。
锁里活着真实。

忘光了,但又谈论。
糊涂着,因为还爱。

我总是那么含蓄，那么痛心！
唉，再说吧。

其实我再也不会去说它。
一条命从天平上折断了，
因为另一头太沉。

事情发生了！
我只好：习静。
四月，我每天真有所失。

8. 死

接到死亡通知单的朋友，
先是慌了神，然后挺直腰杆，
扳着指头掐算
命运已掐算过的余生。

远远地，我挂念着，眼看着
他的形体他的骨和他的血肉
一天天塌陷。

明天太阳还会升起。

明天还能见到你吗？

肉身是一次性的。

这个人还爱着。

这个人的心还在急跳。

这个人死后将被邻居反复提起。

但很快，心跳就弱了，

弱下去了……

在五月的一天。

掀开内衣，时间

并无身体。除了疼痛

他，比活着时还活着。

9. 默想

我以前常默想垂危者的心境，

后来我东南西北地跑，到处是风景。

我翻开一本书,就再也合不拢,
我的内心迷茫,先是海,后是浪花……

我手中拎着草药,忘了目的地。
碎土覆盖骨灰,我拎着一双空手归来。

四月清楚四月是要过去的。
麦田躺着,哭泣着:松弛,柔软。

我和我们,又回到日常生活的喧闹中,
喧闹——这日常生活的肥皂泡!

一九九九年四月至二〇〇〇年十月

树　才　原名陈树才。一九六五年生于浙江。诗人,翻译家。现就职于中国社会科学院外国文学研究所。著有诗集、随笔集、译诗集多部。获首届"徐志摩诗歌奖"、首届"中国桂冠诗歌翻译奖",获法国政府授予的"教育骑士勋章"。

我的一个朋友(外二篇)

周新京

我的一个朋友

信奉素食主义

他从所有悸动的生命身上

嗅到灵魂的气味

他是一个对灵魂过敏的人

就像很多人

沾上花粉就皮肤生痒

身体发烫那样

他的炉灶上云雾升腾

青菜、谷类

植物的块根等等

洁净而安详地摄食

原则像瓷具闪闪发光

星空在头顶无语地蔓延着

像鼠一样捣洞

一点点接近世界

苦涩的深处

他贮藏的坚果

那些伟大的头脑在幽暗中

亲切地发芽

然而阳光雪白地

照在病榻上

他将细长的脖颈弯过来

像一只恐龙看着自己

的体内,那珍爱的

小心呵护的星球

正在一点点肿大

一点点变得恶毒

他的目光有一些悲哀

他的本子上有许多签名

麻雀、胡蜂、驴子等等

窗外是春天

窗外是震动耳鼓的

骚动的声音

咀嚼的声音

快乐呻吟的声音

欲望的链条旋转

而他是一个

被摘除的环节,他的身体

发烫、发烫、直到冷却

这个问题你想一想

然后再回答

是世界不能承受

这份重量

还是上帝

播种的庄稼熟了

到了收获的时候

写于一九九九年五月

我认识的苇岸

二十世纪八十年代初,以"白洋淀诗派"为主体的现代诗已在青年人中广泛流传。暑假期间,我、马建国和另一位同学,怀着朝圣般的心情去白洋淀游览。那时我们仅仅是站在诗的花园外面羡慕地向里张望而已。

当时的白洋淀以外地是干涸的,湖底呈现着原始草原般的荒芜与辽阔，我和那位同学在草丛中摔跤，马建国当裁判，但是不一会儿他就撇开我们，站到旁边的土堤上眺望去了，"苇岸"这一笔名便是在那习习的熏风中悄然生成的。

尽管这笔名含有"伟岸"的谐音，但在生活中，苇岸始终是一位旁观者。命运将他安排在喧嚣的都市和宁静的田野之间的一座小城，给予他一个有着较多闲暇的教师职业，使他同日渐疯狂的时代保持着一段距离，他可以专心构筑自己精神的蜂巢，并不断加固它。

一旦需要对尘世的人或事做出反应，他那几乎转化为本能的原则便会顽强地显现出来，留下令一些人觉得亲切有趣，却令另一些人讥诮不屑的言辞和行为。按照大部分人的常识，某些词是用来在嘴里含一含的，将它们当作可食的东西吞下去，未免痴迂。

然而，即使不赞同他的人，也认为他的善良和执着是可信的，他是那种将自己无保留地服从于某种理念的人，他的肉体仅仅是理念的奴仆。他虽然较少介入社会生活，却不能自拔地沉陷于人类的整体生活当中。

对那些以整体的方式发生的人类行为，比如盲目破坏和无度挥霍不可再生的地球资源，现代工商业社会对人的道德天性的损害等，他都会深切地感到痛苦。他因理念而与众多的人和事相抵触，却又顾忌不妥的言辞会伤害他人，多以缄默回避冲突。

苇岸食素，他认为这习惯可以使人较少地具有侵略性，并使人与大地上的众多生灵保持一种互敬的关系。但在性好酒肉的友人面前，他则说自己食素是缘于体质和遗传，以免在强调自己信仰的同时，无意间具有了贬责友人的含义。

实际上，在他病重时，曾听从医生和友人的劝告，少量地摄入了一些肉食。为了这小小的妥协，他竟深深地愧悔，可见他是十分看重这个长期践行的习惯的。

苇岸游历很广，但大都在国土北部，他对北方大地怀着极深的眷恋，这或许与他生长在北方乡村的幼年经历有关。北方的辽阔、雄沉、苍凉和肃穆，不仅令他激动不已，也铸就他内在的精神气质。

他不喜欢过于秀丽的东西，他长期的精神父兄是托尔斯泰和梭罗，一个以神祇般的胸襟包容人类的苦难，一个则以苦行僧般的坚毅体验大自然的纯净，他们对苇岸的影响不亚于北方大地对他的感染。在苇岸的心目中，他们的精神是像北方大地一样坚实可靠的，可以立足其上和可以依赖终生的。

都市对于苇岸，如同他精神上的郊外，他每次进城都把日程安排得很满，逛书店、看展览、参观博物馆，然后在友人家中彻夜长谈，就像城里人偶尔到郊外恣肆放纵一般。除了文化和友人，都市对他毫无意义，他从骨子里睥睨那种"布尔乔亚"式的油滑与粗鄙。

与他同行是一件很累的事，如果不是太远，从城市的一处到另一处,他总坚持步行,这是他在多年游历中养成的习惯。他走起路来像一只鸵鸟,从容、惬意、步幅很大,且不知疲倦。他曾构思写一篇《徒步行走》的文章,从哲学和人本学的角度,阐述行走对于人类的美妙意义,却未来得及动笔。

苇岸的字一直保持着少年的原型,没有圆曲,没有潇洒的飞舞,全是长短不一的直线,我曾戏称它们就像许多柴棍拼成的篱笆。这篱笆自律着他的内心,抵御着外面凶悍的世界,也辟出一片淳朴明净的天地。

在那样长的时间里,他的文风几乎毫无改变,文中始终含着恬淡的诗意,充满虔敬与悲悯的温情(在较早的一篇评论中,我称他的散文"充满虔敬与悲悯的温情",他十分地认可)。

苇岸的写作很慢,很辛苦,往往每千字耗时数周。他将作者分为两类,即侧重感知的"知性"类和侧重思虑的"智性"类,他认为自己属于后者。每写一文,他都要查阅大量资料,以求精准完备。后来他终于对这种写法感到疲倦,有意向知性的方面扭转。《一九九八 廿四节气》就是这个时期他的精彩构思之一。

每个节气当天的早晨,他都要到田野的同一地点观察大地的细微变化,然后对现场图片和文字记录加以整理,逐一写出对它们的感悟。我感到这时苇岸的心灵和想象都骤然变得活跃起来,好像重新被母亲搂抱的孩子。

有时,他会把刚刚观察到的事情用电话告诉我。比如,他发现树上的鸟巢从高处移到伸手可及的枝头，他认为这意味着鸟类解除了对人类的戒备，这不凡的迹象令他欢欣鼓舞。

又比如，他接连两个节气都看到一位穿黑衣的老人站在地头念报纸，另两位老人坐在田埂上听着，他对此感到十分诧异，认为含有某种不祥的暗示。

不久，那暗示便真的应验了。一天夜里，我接到苇岸的电话。他以缓慢的、衰弱的、克制的声音对我说，他想找一个安静的地方悄悄消失掉。那是他知道自己患上绝症后的最初反应。他谈到顾城和海子，他们曾与他有很深的交往，并在写作上给予他很大的帮助。两个先后激烈自绝的伙伴，似乎在对他施以最后的影响。

那夜接到他电话的几个人，都劝他鼓起勇气接受治疗。后来得知他肝部的恶瘤竟有拳大，稍有常识的人对此都无法再抱生的幻想。但他依然选择了生，任恶瘤一点点将他侵蚀，这也许需要更坚韧的品质。

在最后的时刻，他仍将自己精心构思的《一九九八 廿四节气》向前推进了一篇，那篇是《谷雨》，是春天的最后一个节气，盛大的夏天和秋天还没有开始，冬天就降临了。他回答我的最后一句话，是孤苦无奈的叹息："唉，这个春天呀……"

我看到他的最后一眼，他已在透明的棺盖下，小城殡仪馆的整容师傅，为他的面颊涂上淡淡的红晕，这是我认识他以来，第一次在他脸上看到健康的颜色，好像生命在他的身上刚刚苏醒。

他回到了大地,以元素的方式散落到他的生身之处,友人们依照他的期望,为他抛撒鲜美的花瓣,愿他随泥土和麦子的香气,随蒸腾的云雨升入天堂。

但是我不愿像构思文学作品那样,将他当作某种理念的衍生物,我知道他为自己的纯粹付出了怎样的代价。他甚至对友人说,他几乎没有生活过。

如果有来世,我希望他能够远离诗文,希望躲在他身后的快乐,都像不朽的节气一样轮转到他的眼前,让他饥渴的心得到满足。我无法评价他的作品将有怎样的价值,在这个相互缺乏倾听的耐心的时代,他此生留给友人的文字已经足够。

一九九九年五月

春天去看苇岸

每年春天,朋友们都要借苇岸的名义聚一下,因为向前追溯,许多人都是通过他互相认识的。他为朋友们彼此介绍时,总是压低嗓音,小心而郑重地说出名字,好像他们都是伟人。他虽然住在郊区昌平,朋友却异乎寻常地多。在他遗留的明信片中,能看到近百人的笔迹和性情闪烁的妙语,这与他包容生态的范围是一致的。

宁肯开车，带着树才和我，陪美国学者穆润陶去苇岸故居。老穆是研究生态文学的，对苇岸作品中强烈的生态倾向有些不解，不断追问苇岸是否笃信某门宗教、是否参与环保组织活动、是否有同类型作家相互交流等。我们和苇岸的家人一同回顾，发现在这方面，苇岸一直是单独的一个人，这令我们有些惊讶。

同类型作家中，只能想到杨朔。虽然不属于同代人，作品却大都涉及人与自然的关系。老穆也说，他存有杨朔的多部作品。然而比较两人的文思，区别还是很明显的。杨朔继承了中国文人的传统，以自身为主体，将自然当作言志、寄情和赏玩的对象；苇岸则将自然视若神明，自身采取了谦卑和赤诚的膜拜姿态。

老穆又问到苇岸的政治立场，他当然是崇尚和平仁爱的，但作品中涉及很少。他更鲜明的立场，是反对工业化和商业文明。在他看来，那是对地球生态和内心良知的更直接的破坏。而且，政治的破坏来自政府，工业化和商业文明的破坏则来自每一个人，涵盖多种政治组织和社会形态，涵盖每一种不检点的行为。

苇岸的去世，也许有误诊的原因。起初不适，是当作感冒来治的，拖了近两个月。与工业化伴生的现代医学，终未惠及他，如同宿命的抵触。由于虚弱，他曾买了个篮球锻炼身体。冬天，他系着围巾，在空荡荡的球场上打球，肿瘤在他体内悄悄长大。如今想起他,就像还能听到咚咚的回响声,有一点狰狞。

说到最后时刻,朋友们为他奔波忙碌。树才作证,苇岸吃了宁肯送的甲鱼,恢复了一些气力,把二十四节气中的《谷雨》写完了,成就了一个完整的春天。宁肯得知后好生欣慰。我想起苇岸曾说想吃我做的饭,我却开玩笑说只会摊鸡蛋,买了些现成的去看他。现在才明白是辜负了他,十分伤感和遗憾。

苇岸的遗产,有些是精神性的,有些则延伸到日常生活层面,其中包括友情。一个人做人很纯净时,他的一切都是通透的。就像从这个玻璃房间,可以看到那个玻璃房间一样。所以趁活着的时候,我们真应该多珍惜友情,像关爱生态一样关爱朋友,像关爱朋友一样关爱生态。因为这两样东西,随时都在被侵蚀、被改变着。

工业化和商业文明的惑人之处,就在于把人们已知和未知的欲望都挖掘出来,加以放大,吸引人们在一条狭窄的路上争逐。当人们越过去一段后,才发现生命的美质皆被抽干。那一路的风尘和骄阳,如同木乃伊制作过程。尽管对将腐未腐的气息深感不适,在趾高气扬的优胜者面前,人们仍不禁心怀怯惧、面露谄媚。

这时,那位曾在我们身边絮叨的友人,那位执拗的、单薄的、清洁和安静得近乎不真实的智者,便显得醒目起来,他的重要如同他的孤独。他也许并非情愿,把自己珍贵的生命,锻造成一枚指针，停留在一个刻度上，作为前工业化的最后坚持者和后工业化的最初觉醒者，标示出一个时代空缺的方向和可能。

二〇一四年

周新京　一九五六年生于北京。大学经济学专业毕业，高级经济师。曾在医院、党政机关、科研机构、媒体和公司工作。一九七九年开始发表诗歌、散文、文艺评论，著有长篇小说等。

敬重，愧疚，微妙的心理障碍
——纪念苇岸

高　兴

冯秋子是我敬重的散文家。平日里，我更愿称呼她为秋子姐。这么多年，秋子姐一直在孜孜不倦地协助苇岸家人整理、编辑已故散文家苇岸的遗稿，并想方设法促成苇岸作品与更多的读者见面。今年七月的一天，秋子姐打来电话，希望我能写些纪念苇岸的文字。苇岸是秋子姐和我共同的朋友。按理说，我早就该写点纪念文字了。唯有我自己明白，我迟迟没有写出纪念苇岸的文字，同某种微妙的心理障碍有关。但这一回，我无论如何不能辜负秋子姐的期望。

谈论苇岸，还得从我所供职的《世界文学》说起。那是鲁迅的杂志，是茅盾的杂志，是冯至的杂志，是一个特殊时代的"风中之旗"。几十年的风雨历程中，《世界文学》曾影响过一代又一代的中国作家。诗人沈苇在一次研讨会上说："我愿意把中国作家分成两类：一类是读《世界文学》的作家；一类是不读《世界文学》的作家。"他的言外之意是：《世界文学》完全可以成为衡量一个作家水准和境界的坐标。我同意他的说法。

读《世界文学》的作家有一份长长的名单。但不知怎的，每每想到这份长长的名单，我总是会第一个想到苇岸的名字。大约是一九九七年九月，在诗人林莽和时任《世界文学》副主编的许铎的努力下，《世界文学》杂志曾和中华文学基金会共同举办了"世界文学与发展中的中国文学"研讨会。记得不少著名作家、翻译家和评论家都应邀参加了那场研讨会。会上，我第一次见到了散文家苇岸。那场研讨会分外热烈，有几位小说家还在昆德拉话题上发生了争论。作家们大多坐在圆桌旁，而苇岸却低调且安静地坐在后排，瘦瘦高高的样子，神情严肃，同时又极为朴实，发言时，说话语速极慢，慢到同会议的热烈程度形成巨大反差、有时甚至让人着急的地步，真正是字斟句酌，仿佛要为每个字、每句话、每种观点负责。后来，进一步了解他的为人作文后，我才充分意识到，苇岸真的是那种要为每个字、每句话、每种观点负责的作家。当今时代，这样的作家还能找出几个？会后，他主动对我谈起了自己对《世界文学》的喜爱和看重，甚至告诉我他只订两份杂志，《世界文学》就是其中一份。几乎从那一刻起，我就对苇岸油然而生一种尊敬，感觉他是我接触过的最纯粹的作家、圣徒般的作家。《世界文学》能得到如此优秀的作家的认可，在某种意义上，也证明了它存在的理由。我自然为此而感到骄傲。

《世界文学》向来特别注重同中国创作界和美术界的联结。

这是鲁迅和茅盾确立的传统，缘于他们作家和翻译家的双重身份。从一九八九年起，我一直在主持与中国作家互动的栏目，先是"中国诗人读外国诗"，冯至、陈敬容、海子等中国诗人都曾为此栏目撰文，后来栏目进一步调整，最终固定为"中国作家谈外国文学"。在我的郑重邀约下，苇岸答应为《世界文学》写稿。我一直期盼着。过了差不多半年时间，他终于给我寄来了《我与梭罗》一文。这倒是符合他的节奏，缓慢却扎实的节奏。

从文中我了解到，苇岸遭遇梭罗并终生以梭罗为楷模，实际上同海子有关。苇岸以他特有的准确和细致如此写道："梭罗的名字，是与他的《瓦尔登湖》联系在一起的。我第一次听说这本书，是在一九八六年冬天。当时诗人海子告诉我，他一九八六年读的最好的书是《瓦尔登湖》。在此之前我对梭罗和《瓦尔登湖》还一无所知。书是海子从他执教的中国政法大学图书馆借的，上海译文出版社一九八二年的版本，译者为徐迟先生。我向他借来，读了两遍（我记载的阅读时间是一九八六年十二月二十五日至一九八七年二月十六日），并做了近万字的摘记，这能说明我当时对它的喜爱程度。"接着，一反文章开头的客观和冷静，他以近乎热烈的笔调描述了初次读到《瓦尔登湖》的巨大幸福感："我对梭罗的文字仿佛具有一种血缘性的亲和和呼应。换句话说，在我过去的全部阅读中，我还从未发现一个在文字方式上（当然不仅仅是文字方式）令我格外激动和完全认同的作家，今天他终于出现了。"梭罗的出现，对于苇岸，是命定的、历史性的，具有革命性的意义，完全改变了他的文学生涯。从此，他便从诗歌转向了散文。

实际上，在《世界文学》一九九八年第五期正式发表的《我与梭罗》，已与苇岸最初寄来的稿子略有不同。在初稿文章的开头，他还以详尽的笔调记录了他收藏的各种版本的《瓦尔登湖》，详尽到每个版本除了标明出版社和出版时间外，还加上了印数。但在编辑加工时，我觉得罗列所有版本的出版信息，显得有点啰唆，还会让人误认为是在为出版社做软性广告。打电话同苇岸商量后，他稍加思索，便同意对文章这一部分进行修改和精简。之后，他在发来修改稿时，又特意附信，表示修改和精简是必要的、妥当的。但随着时间的流逝，尤其是在苇岸辞世之后，我反而为此越来越感到不安和愧疚，总觉得当时并未深解苇岸的心意。详尽罗列出版信息，其实只能说明他对《瓦尔登湖》和其作者梭罗的喜爱程度。而苇岸正是那种善于以细节不动声色地表明自己心情和态度的作家。

与苇岸的交往从此开始，常常是通过电话，常常是他主动打来电话，语速一如既往地慢。与苇岸交流是需要有耐心的。与所有出色的、独具个性的作家交流可能都是需要耐心的。同苇岸的交流，让我学会了倾听。他缓慢地说着他读的书、他读的文章，说着他对某些作家某些作品的看法，声音低沉却又温和，一般不动声色，有时略显沉重。只有一回，他稍稍提高了嗓门，流露出些许激动和生气的口吻。那是在他刚读到一篇某位著名作家写的有关托尔斯泰的文章之后。那位作家深受托尔斯泰的影响和启发，对托尔斯泰绝对怀有真诚的敬意。可是有一天，偶然读到一篇质疑托尔斯泰道德水准的文章后，那位作家先是大为惊讶，随后经过激烈而又痛苦的思想斗争后，又接受了那篇文章的说法。苇岸对此不可理解，更不能理解和原谅那位作家竟然在自己的文章中大段大段地引用了那篇质疑文章，用苇岸的话说，这等于是帮助扩散流言。除了梭罗，苇岸同样热爱托尔斯泰，他不能容许任何人哪怕是以无意的方式如此轻率地抹黑他心目中神圣的作家。

还有一回，他又打来电话，说他要进城，想同我见见面，并邀我一同去看一位朋友的画展。他居于偏远的昌平，进一趟城不容易。我无论如何都该抽出时间去同他见见面的。然而，当时，我正陷于某种低谷，明显地自闭，怕出门，怕同人见面。尤其是苇岸，略显沉重的苇岸，圣徒般纯粹的苇岸，既让我敬重，同时又令我胆怯、怕见，形成某种微妙的心理障碍。我觉得我完全没有相应的境界来面对苇岸。就这样，原本该多几次的见面永远地错失了。

再次见到苇岸，已是在昌平，已是在他罹患重症之后。我同几位朋友多次去看望过苇岸，同林莽、树才和蓝蓝去过，同宁肯和田晓青去过。苇岸其实第一时间就知道了自己的病情。在他朴素却整洁的两居室里，他平静地接待着每一位来看望他的朋友,平静地安排着他自己的后事。有一个温暖的细节至今让我难忘和感动:他请每一位来看望他的朋友选一张他摆在书桌上的明信片,写上几句话。我因此看到了不少动人的句子:

相知是永远的,永远叫人无法开口。苇岸兄珍重。(周所同)

我会在西南想起这京郊春天的傍晚并为您祝福!杨树上那些红的嫩芽是我在北方看到的最动人的风景,让我们共同为充满生机的希望祝福。(潘灵)

树才告诉我,他把雅姆的诗译出来了——我能想象得出,你读到这些诗时的心情,因为我同你一样热爱雅姆朴实动人的诗篇,所有这一切,雅姆、你、梭罗、朋友们、天公、大地、雨水,都在我身上,心中。(蓝蓝)

苇岸,如你一样全心全意关怀"大地上的事情"的作家,又有几人?(于君)

…………

从这些句子中,从这些特殊的"临别赠言"中,我分明能感到朋友们的默契:大家都在祝福苇岸,为苇岸祈祷。而苇岸却已在以特别的方式同朋友们告别。这是世上最美丽、最温暖、最深情、最动人心魄的告别!我愿意称之为"苇岸式告别"。

"苇岸式告别"还在持续。几乎是在生命最后的时刻,苇岸执意要请几位好朋友游览康西草原,由他的弟弟负责接待。印象中,田晓青、周晓枫、宁肯、树才,还有我,相约在积水潭长途汽车站,一同去了。好像还有文联出版社的某位姓薛的女士。苇岸那时已十分虚弱,几乎走不动路,躺在宾馆的床上同我们短暂见了见面,说了几句话。他说得更慢了,断断续续地说,每说一句,都仿佛要付出生命的代价。我们都不忍心看他那么累,嘱咐他快快休息,赶紧跟着他弟弟走出房间,来到了康西草原上的牧马场……

苇岸凝聚并影响了一批朋友,林莽,冯秋子,周晓枫,田晓青,宁肯,彭程,孙小宁,蓝蓝,树才,等等。他们大多活跃在文学领域。看到他们,或读到他们的文字,我都会不由得想起甚至看到苇岸。是幻觉吗?我问自己。有一点是确定的,苇岸正以种种方式活着呢,这才是生命的奇迹,我时常这么想。

如今,苇岸离开人世快二十年了。但每每想到他的为人和为文,我都会想到他的朴实、本真、宁静、真挚、善良和纯粹。苇岸是面镜子,对照苇岸,我常常为自己感到羞愧。我愈加地明白我迟迟不敢写纪念苇岸的文字的微妙心理了。我一直在想,自己该更朴实些,更本真些,更宁静些,更真挚和纯粹些,才配写纪念苇岸的文字。换句话说,纪念苇岸,需要不断提升自己、完善自己,已具有心灵和精神性质。从这一意义上说,纪念苇岸,将是我和我们一生的事情。

是幻觉吗?此刻,我分明又听到了树才为苇岸翻译的,并且在告别苇岸时朗诵的雅姆的诗篇《为同驴子一起上天堂而祈祷》：

> 该走向你的时候，呵我的天主
> 让这一天是节庆的乡村扬尘的日子吧。
> 我希望，像我在这尘世所做的，
> 选择一条路，如我所愿，上天堂，
> 那里大白天也布满星星。
> 我会拿好手杖，我将踏上一条大路，
> 并且我会对驴子，我的朋友们，说：
> 我是弗朗西斯·雅姆，我上天堂去，
> 因为在仁慈的天主的国度可没有地狱。
> 我会对它们说：来吧，蓝天的温柔的朋友们，
> 亲爱的可怜的牲口，耳朵突然一甩，
> 赶走那些蚊蝇、鞭打和蜜蜂……
>
> 愿我出现在你面前，在这些牲口中间
> 我那么爱它们因为它们温驯地低下头
> 一边停步，一边并拢它们小小的蹄子，
> 样子是那么温柔，令你心生怜悯。
> 我会到来，后面跟着驴子的无数双耳朵，
> 跟着这些腰边驮着大筐的驴子，

这些拉着卖艺人车辆的驴子

或者载着羽毛掸子和白铁皮的大车的驴子，

这些背上驮着鼓囊囊水桶的驴子，

这些踏着碎步、大腹怀胎的母驴，

这些绑着小腿套

因为青色的流着脓水的伤口

而被固执的苍蝇团团围住的驴子。

天主啊，让我同这些驴子一起来你这里。

让天使们在和平中，领引我们

走向草木丛的小溪，那里颤动的樱桃

像欢笑的少女的肌肤一样光滑，

让我俯身在这灵魂的天国里

临着你的神圣的水流，就像这些驴子

在这永恒之爱的清澈里

照见自己那谦卑而温柔的穷苦。

二〇一八年九月二日夜　于北京

高　兴　诗人、翻译家。一九六三年出生于江苏省吴江市（今苏州市吴江区）。现为《世界文学》主编，"蓝色东欧"丛书主编，多种大型图书主编。出版文学专著、随笔集、诗歌和译诗合集多部。

时间和大自然的诗人——苇岸

蓝 蓝

昨晚接到家人从异域打来的电话,那边正是下午时分,我听到了鸟儿清脆的叫声,还有狗吠。有一刻,我陷入沉默,只是在静静听着,听那些鸟和狗对我说着世界的存在。

不知从什么时候起,我们的生活已经远离了这些事物。我连麦田现在该是什么样子都想不起来了。而在童年的时候,麦地和田野是我的天堂,是孩子可以盛放一切的真实的故乡。自然万物以及它们的象征指向的意义,参与一个人灵魂的获得,也参与一切我们称之为"生活之希望"的建设。若非如此,一个靠感受和想象力活着的诗人绝对不可能拿起笔写作。

简单地把苇岸仅仅视作"自然保护主义者"的观念,于当下而言不仅仅是轻薄的,也是令人无法忍受的。固然,他写到了大地,写到了胡蜂、蚂蚁如何筑巢生活,写到了华北各种动人的植物和动物,以及人在自然中的劳作,但显然苇岸是那种密切关注人在大自然中与万物如何建立深刻联系的作家,尽管他谦卑地自称是一个"观察者"。然而,如果在他的精神深处没有一个宇宙的整体感,没有"土地的道德"这样一种既朴素善良又坚信万物生而平等的视域,他不可能写出诸如《大地上的事情》《太阳升起以后》等感人至深的作品。

我从未见到过有谁能像苇岸那样专注地观察和描写中国古老的二十四节气,并以优美的文字记下时间与大自然的变化。不仅仅是那些越冬小麦的返青、拔节,不仅仅是天况、时辰、温度、风力的准确记录,也不仅仅是燕子、毛驴、青草和杨树如何随着节气呈现出它们各自不同的生命特征。关注时间本身,赋予了苇岸作品深厚的哲学意蕴:

在二十四节气的漫漫古道上,雨水只是一个相对并不显眼的普通驿站……在传统中,雪是伴着寂静的。

二十四节气令我们惊叹和叫绝的,除了它的与物候、时令的奇异吻合与准确对应,还有一点,即它的一个个东方田园风景与中国古典诗歌般的名称。这是语言瑰丽的精华……

在我的经验里,清明多冽风、冥晦或阴雨;仿佛清明天然就是"鬼节",天然就是阳间与阴界衔接、生者与亡灵相呼应的日子。

…………

在苇岸看来，时间呈现的状态是古老的、轮回的，是苍天和大地自然的节律，而每年分成的二十四个时令，又是类似宗教节日般的时间。前者时间在无限的周而复始中，几乎是静态悬置的；后者每个节气的到来，又是时间开始的象征，时间是可经历和可诉说辨识的。在苇岸笔下，随节令到来的所有生物，包括人和大地、天空本身，都沉浸在一个非尘世的巨大时间环流中，它是生生不息的，又是历史的，但唯独不是钟表发明后矢量的线性时间。苇岸的时间观，吻合着古老大自然给予人类的永恒启示，给我们提供和再现了一个充满象征意味的人生参照系统，以免去我们面对死亡、破碎的人生片段时带来的惊惧和绝望。

在古典主义时代，人们目力所及的任何事物，都携带着强烈的象征意义，它们在神话和宗教中形成某种特殊的符号语言，神学家、诗人、哲学家们都会借用此种语言符号表达对人生、对自然和超自然现象的理解。天地万物，山川河流，草木虫蚁，一系列的象征事物，催发人们的想象力，使人与他人、与自然发生联系，以达到人与社会、人与宇宙的和谐同步。正是这些事物生发的象征，给予了人类精神和情感所渴望的抚慰力量，这恰是科学理性所不能做到的事情。苇岸的散文语言克制而简洁，大多以细腻的白描手法呈现事物的客观状态，但并未降低其强烈的象征意味，这种看似朴素无华的文本，恰恰避免了使事物彻底抽象化，以至于割裂象征意义与事物之间的真实联系。也就是说，象征既能够使人的认知行为与对事物的感受力和表达发生联系，同时也有着走向另一个极端的、"象征暴力"所带来的不及物、空洞和拒绝交流的后果。在这里，苇岸的道德感更多表现为个人的自律，而非应和绝对的象征主义者替代神媒所攫取的话语权力：

我有时喜欢从原始的意义来看待和理解事物。我觉得后来的变化不足以改变一个事物的固有本质。

太阳的道路是弯曲的。我注意几次了。在立夏前后，朝阳能够照到北房的后墙，夕阳也能照到北房的后墙。

我希望我是一个眼里无历史、心中无怨恨的人。每天，无论我遇见了谁，我都把他看作刚刚来到这个世界的人……我不用偶然来看这个问题，我把它视为一种亲缘。

苇岸敏感地觉察到纯粹的象征系统有可能割裂人与事物关系的危险，他在论述好友、诗人黑大春的诗歌时，提到了某位俄国批评家对亚历山大·勃洛克的看法："近代的俄罗斯文学，出现过一次以都会文学取代以往田园文学的转折；这一转折过程中的巨星，就是亚历山大·勃洛克。"苇岸指出，若这种说法成立，则黑大春与其挚爱的勃洛克恰好相反："在他的诗里，没有任何与生命和自然相隔离的东西。"这段话，我也视作对苇岸文学观念的一个注解，即在他笔下出现的大地上的事物，既持续建立着事物之象征对人类的启示，同时也修补着早期象征主义把象征驱赶进虚构和想象所带来的人类精神与世界发生联系的缺失。盖因完全抽象化了的象征系统，既没有获得大自然给予我们的时间性感受，也将丧失事物的可感知性，正如我们当下的生活——麦田、原野、星辰和吹过树林的风，仅仅是几个干枯的字眼，几个言不及物的符号，不再对那些丝毫没有现实体验的人们的生活产生一丝影响，也不再给他们带来真实的安慰。

或许我们可以说，苇岸作品中那些闪烁着光辉的大地上的事物，连接着原始初民们对天地运行的感悟，这一点从他阅读古希腊诗人和哲学家作品的大量书单中可以看得非常清楚。在他的散文里，曾提到萨福、伊索、柏拉图、普鲁塔克、卡利马科斯、毕达哥拉斯、亚里士多德、希罗多德、苏格拉底、修昔底德、赫西奥德、西摩尼得斯，等等，以及当代的诗人埃利蒂斯。他写道："《古希腊文学史》是我读过的最引人、最富文采的一部文学史。"他熟读《希腊罗马名人传》，并认为"它是每个时代杰出之士成长期的必须书目"。就在不久前,我重读吉尔伯特·默雷的《古希腊文学史》,曾写下这样一段话:"什么时候起,露天的祭坛慢慢被庙宇替代了?披星戴月、光芒灿烂的神们,被关在有屋顶、四壁是墙的屋子里,远离了风霜,被人的蜡烛照耀。我想我渐渐明白了山巅、大海、火山、面对高大丝柏、沐浴在阿波罗阳光下的赤裸——什么是神迹?'力避走在有人迹的去处'(荷马语)。"

多神的古希腊人的自然观,使得即便在希腊人信奉东正教的今天,也依然可以看到自然神无处不在的身影——我亲眼看见一座当代希腊教堂的大门上,赫然绘着太阳神阿波罗的神像。在远古祖先那里,大自然源源不断地为人类提供饱含意义的象征事物,尤其当人们的内心枯竭、希望萎靡之时,它以生生不息的力量,补充着人们内心精神的缺失,并切实可感地作用于人们最日常的生活、信念和信仰。自波德莱尔始出现的象征主义,鉴于对神话和宗教的失望,反对现实主义和自然主义的创作理念,强调在虚幻中构筑意象,以构建社会性批判的乌托邦,但这 行为不幸地与革命者改变世界的行为在历史中相遇而合一,后者迅速抛弃了前者期望重新创造用于救赎的形而上神话意愿,在现实中以暴力成为历史的行为主体,这恐怕是当初象征主义者始料未及的。而抛弃了宗教感和信仰的代价,就是我们今天的世界极权话语仍处处可见、人与自然不断分裂和隔离的现状。我愿意在这样一个现实处境中重提苇岸作品对当下的意义，我愿意称他是一位时间和大自然的诗人，正如他在读完《古希腊抒情诗选》后记下的——"远古传来的清晰而亲切的声音。朴素之源。表饰未生的原质。到达事物核心最短的路程。"

原载《新京报》二〇一四年五月

<u>蓝　蓝</u>　诗人。出版诗集、中英文双语和俄语诗集、童话散文随笔集多部。作品被译为数十种语言出版。获第四届诗歌与人国际诗歌奖、袁可嘉诗歌奖、华语文学传媒年度诗人奖、天问诗歌奖、三月三诗歌奖、维拉国际年度艺术家奖等。

大地守望者（外一篇）

宁 肯

我知道《瓦尔登湖》很晚，那已是一九九七年八月，在《大家》编辑部，海男谈起散文写作时，提到了《瓦尔登湖》。我还记得海男描述此书时那种赞赏的语气，大意是说梭罗的语言在现实和自然界如鱼得水，世上的一切都不过是语言的材料，等等。我不知那时《大家》正准备发起一场"新散文"写作运动（它的推动者是海男、韩旭、马非诸人）。从后来"新散文"的写作面貌看，《瓦尔登湖》无疑是这场运动的重要背景之一。

时隔一个月，第二个跟我谈起《瓦尔登湖》的人是散文家苇岸。文坛如此推重《瓦尔登湖》，我全然不知。也难怪，我已告别写作多年，若非一九九五年初天才歌手朱哲琴的《阿姐鼓》，至今我恐怕仍在另一途中。我是到过西藏的人，《阿姐鼓》一举击穿甚至引爆了我，将我这个已充满业报的东西从精神上拿回西藏，让我回到已经陌生的写作上来。我所在的公司管理开始荒疏，差不多完全靠惯性自转。这时我对文坛已恍如隔世，"不知有汉，无论魏晋"，以致当有一天苇岸突然把电话打到我家时，我对他的名字竟毫无反应（海男是我那次出差昆明才认识的）。苇岸打电话到我家是因为散文家史小溪的缘故。小溪要来北京，准备住在我家，因行程复杂，到京具体时间定不下来，他写信给苇岸告诉了我家的电话。小溪是一九九二年以来我与文坛唯一的一丝联系，他时而来封信，偶尔提及一下我当年的写作。

小溪迟迟未来，我也把这件事忘得一干二净。一日在前门一家书店偶然看到一本《蔚蓝色天空的黄金》，书名有点怪，一看编者署名是苇岸。莫不是前些天打电话的苇岸？翻开书，编者在昌平任教，没错，我买下了这本书。这是一本"新生代"散文集，集中选了十位六十年代出生的中国代表性散文家，都是陌生面孔，我一个都不认识。一九九七年我又认识谁呢？

《蔚蓝色天空的黄金》收了苇岸的《观察者》《大地上的事情》《一个人的道路》等文。我先读了《观察者》和《一个人的道路》，还未读他的名作《大地上的事情》就迫不及待给苇岸拨通电话。我告诉他我读了《一个人的道路》的感觉。我们结识了，约好我去昌平拜访他。我不知道别人如何评价《一个人的道路》，这篇不长的自传震动了我，这是《阿姐鼓》之后对我的又一次震动。如果说《阿姐鼓》是对心灵的一次引爆，那么《一个人的道路》则不啻是对灵魂的一种切入和照耀。这种照耀不是在强光之下，而是在太阳升起之前或刚刚落下之后，这时蓝色山脉还未消逝，或者刚刚升起，在"华北大平原开始的地方",一个人讲述着自己洗尽铅华的一生。我真的似乎看到了他,听到了他,他语速缓慢,文字纯净、朴素、深远,世上竟有这样的心态和文字!我的心也静下来,感觉洗去了一身的浊气。

我去了昌平。昌平真是个"天明地静"的地方,我看到了山脉、河流、京密引水渠的烟波(一年后,我、苇岸、诗人高井曾一同于夕阳中畅游此渠,苇岸夏季常独自到渠中游泳,漂泊,他的寓所距此仅一公里,高井曾称此渠为"瓦尔登湖的水渠")。我见到了苇岸。苇岸个子很高,态度谦逊,一身浓重北方人的书卷气使人想起俄罗斯作家的某种气质。我想起了蒲宁、普里什文和电影中的高尔基。这是我见到苇岸的第一印象。我们谈得很投入。像这样与人倾心愉快地谈论文学和写作,是我多年来的第一次。我觉得过足了瘾。我记得我特意到他的书房看了一下,因为在《观察者》中我读到这样的文字:"在我阅读、写作面对的墙上,挂着两幅肖像,他们是列夫·托尔斯泰和亨利·戴维·梭罗。由于他们的著作,我建立了我的信仰。我对我的朋友说,我是生活在托尔斯泰和梭罗的'阴影'中的人。"我看到了两个伟人的肖像。苇岸送了我他的一本书:《大地上的事情》。我认真拜读了他的书,这里我愿引用我当时的第一感受(给苇岸的信):"你和你的作品近日一直在我头脑中,我想对你说什么,但又不知能说什么,我理不清脑子中的头绪,但有一点我可以告诉你,我见过各类人,但从未见过你这样的人。或者可以这样说，你所拥有的正是我所缺乏的，你震撼了我。""你的书我全部看完了，看了不止一遍，你主流性的创作《大地上的事情》更是看了多遍，我知道这是多么独特而成功的写作，这仅是一生写作的开端，它的成功之处在于它的纯粹的写作、它的写作心态；在于作家面对人以外世界，对生命和人的追问和思考。字字千斤，我感到了它短小形式巨大的力量。《放蜂人》是完美的写作，但它的感人力量已不能用完美来概括。它是有着充分素质准备可遇而不可求的写作。你是有着世界文学视野的人，因此自然会在世界文学视野中写作，这篇文章放入任何一个世界级作家的文集中都是上乘之作。"

这是一个初读苇岸散文的人的记录，当时我觉得这只是个人感受性的文字，别人未必这样看。但前不久出差沈阳与散文家鲍尔吉·原野通电话后改变了我的看法。原野因为一件与我有关的不愉快的经历在电话里火气很大，但说到苇岸，钦佩激赏之情溢于言表，他称苇岸为"梭罗二世"，说苇岸是最好的散文家，他的作品虽然量不多但重要的是他写出了最好的作品。我认为原野的话反映了所有诚实读者的第一感受。苇岸作品写得冷静，读者读来却十分激动，由不得要击节赞叹，这是苇岸散文魅力所在。

古人说"文如其人"，这话用在苇岸身上已非常贴切。但我觉得仍然不够，于是倒过来一想，"人如其文"，觉得才真贴切了。我想说的是，人与文的统一苇岸做到了极处。通常人与文的分离是普遍现象，正如人常常言行不一，这是一种客观存在，是人类天生的弱点，谁都会以此原谅自己，并不以为过。但苇岸却不这样看，他是个极认真之人，并且对所有人都抱有美好愿望。苇岸说："我希望我是一个眼里无历史、心中无怨恨的人。每天，无论我遇见了谁，我都把他看作刚刚来到这个世界的人。"（《一个人的道路》）这是一种多么天真的目光、婴儿般的目光，但不也是上帝的目光？这目光一旦进入作品会怎样？无疑会形成一种照耀。我读苇岸之所以感到照耀，正是因为《大地上的事情》布满了这种神奇的目光。苇岸的一切语言都被这种目光深深地打量过。

写作是一份孤独的事业，没有朋友的写作就更加孤独，这点我在一九九二年以前的十年写作生涯中体会非常深，苇岸在许多场合叫上我，在他朋友的画展，在诗歌朗诵会，在北大，在诗歌酒吧，在他家的聚会，很快我结识了许多北京写作圈的朋友。我认为这是非常重要的帮助，它坚定了我的写作信念。正是在这期间我完成了我的《沉默的彼岸》的写作，并把初稿给了苇岸。苇岸看后打来电话，说是情不自禁打电话，说我做公司实在可惜了。于是，我决定辞去公司的职务，并同苇岸商量过这件事，去年三月终于如愿以偿。苇岸是一个富于感召力的人，应该说我是在苇岸影响下才走出这决定性的一步的。我失去车、手机以及所有的职务之便，我还原为一个人。我曾存在过的人。

我敬重苇岸。我们接触频繁,一起去美术馆看画展,逛三联书店,去一个叫"菲菲"的饮食店喝茶。这个店就在三联边上,是苇岸通常进城会朋友的地方。在这里苇岸曾把我介绍给诗人林莽和评论家刘福春。在"菲菲"我们经常谈的是梭罗。梭罗对于苇岸有着不同寻常的意义,那时候他正准备给《世界文学》写一篇叫作《我与梭罗》的文章。《读书》和其他媒介上有人撰文对"梭罗热"以及梭罗本人提出浅薄的质疑,苇岸对这种文章很有看法,我说物极必反,总有人站出来出风头,写一些反调文章,这种无聊文章和猥琐文人大可不必理会。但苇岸认为不能置之不理,于是以书简方式写下了《梭罗意味什么(致树才)》,发表于《中国文化报》《美文》。稍后又写了《艺术家的倾向(致宁肯)》,发表于《光明日报》和《美文》,文章结束时他有意提到我的《沉默的彼岸》,给予精当的评价。我知道他的用心,他希望我的作品有所反响。

苇岸待人诚恳,乐于助人,特别是对写作者他抱有一种一般人难以理解的情愫,他说:"即使今天,如果我为诗人和作家做了什么,我仍认为,我不是或不单是帮助了他们,而是帮助了文学本身。"他对食指(郭路生)的帮助最能反映这种情愫。一代先驱诗人食指长期住在沙河精神病院,沙河相对来说距昌平不远,苇岸因此认为自己负有某种当然的责任(谁又认为他一定有这责任呢)。他定期去看他,聊聊天,带去食品、书报,请他到外面饭馆吃一顿,改善一下伙食,几年就这样坚持下来。

都说与诗人交往最难,而苇岸似乎与诗人有着不解之缘,他的笔名与北岛有关,他与已故诗人顾城和海子过从甚密,当今最活跃的诗人与他有着良好的交往。

文学是苇岸的宗教,他的虔诚、热忱、充满爱和庄严让人感动,他没有丝毫的调侃、猖狂、作势、言不由衷,他是当今市井习气、后现代语境中的一道风景、一座孤岛,是当今文坛真正的"另类"。他的寓所是书籍和写作的殿堂。读书和写作是他生命的全部方式,就其纯粹性而言,我无法不想到博尔赫斯的写作。然而,从精神和生命态度上他更接近梭罗。博尔赫斯在书中玄想,制造迷宫,苇岸决不,他的写作始于户外:观察,爱,追问,悲悯自然界中的弱小,爱土地,爱那些初始的事物,像树木、草、光线、农事。

苇岸的写作不仅没有玄想、迷宫,有时甚至像十九世纪自然科学家那样严格,为写关于二十四节气的散文,光是户外观察他就用了一年时间。一九九八年初他在他居住的小区东部田野选了一个固定的基点,每到一个节气都在这个位置,面对同一画面拍一张照片,写作一段笔记,时间严格定在上午九点,风雨无阻。这一固定点,我,还有另外一些人都曾要苇岸引领前去观瞻。去年年底,苇岸开始了这一继《大地上的事情》后又一重要的、我愿称为"大地上的写作",如今我们已看到立春、雨水、惊蛰、春分、清明、谷雨等篇章。

因为二十四节气,一九九八年苇岸没有像往年一样去外省旅行。苇岸有假期，这以前每逢假期他都要自费乘火车或汽车远行（我觉得汗颜）。他已走过黄河以北中国所有省区。他的《上帝之子》和《美丽的嘉荫》就是这些旅行结出的优秀的果实，请允许我最后引用这两篇作品的片段：

……两个孩子，徒手赶来一只高大的公羊，走进屠场。血腥气息的突然刺激，使公羊警醒。它本能地转身欲退，一个孩子伸手一拦，又使它恢复了镇定。它走到悬挂同胞尸身的横梁下，一个屠师猝然将它扳倒，头扭向血坑，然后操刀。它没有踢蹬，没有挣扎，甚至没有哀叫，它承受着，大睁柔弱的、涵义深远的眼，阵阵抽搐的壮硕身躯，渐渐平静……新疆的这幕，刻进了我的脑子，我终生难忘。它时常让我想起人类尚未放弃的一种脆弱努力。（《上帝之子》）

嘉荫，这是一个民族称作北方而另一个民族称作南方的地方。站在黑龙江岸，我总觉得好像站在了天边。对我来讲，东方、西方和南方意味着道路，可以行走；而北方则意味着墙，意味着不存在。在我的空间意识里，无论我怎样努力也无法形成完整的四方概念。望着越江而过的一只鸟或一块云，我很自卑。我想得很远，我相信像人类的许多梦想在漫长的历史上逐渐实现那样，总有一天人类会共同拥有一个北方和南方，共同拥有一个东方和西方。那时人们走在大陆上，如同走在自己的

院子里一样。(《美丽的嘉荫》)

这些文字不用我多说什么了。苇岸漫游四方,守望大地,沉思默想,他本质上是个行吟诗人和浪漫主义思想家。他属于十九世纪。某种意义,正像某些物种,他在我们这个物质时代已显得那样稀少,但事实上又凝结着人类最后的希望。

原载《美文》一九九九第七期

还 乡

一九九九年五月十九日,病中的苇岸溘然长逝。五月二十三日上午九点半,朋友们来到昌平为苇岸送行。诗人林莽致辞,泪湿衣襟,散文家冯秋子拿着各地来的唁电,泪流满面。诗人黑大春朗诵了一首给苇岸的旧作。树才朗诵了雅姆的诗。雅姆是苇岸生前喜欢的诗人,苇岸患病期间曾要诗人树才专门译了雅姆的十四首祈祷诗,苇岸希望在他的遗体告别仪式和骨灰撒放大地上时,听到莫扎特的《安魂曲》和树才朗诵的雅姆祈祷诗。致辞和纪念仪式持续了四十分钟,人们手持鲜花,向苇岸遗体做最后告别。十点三十分,遗体火化。在京及从外地专程赶来的六十多位诗人、散文家、学者参加了遗体告别与骨灰撒放仪式。午时，汽车载着苇岸的骨灰，向北京昌平北小营村驶去。苇岸生前遗愿：不要墓地，不留骨灰，骨灰撒在他出生地的麦田、树丛和小河中。

北小营村是苇岸的出生地，一九六〇年苇岸出生于此。苇岸在《一个人的道路》中曾这样描述他的家乡：

这座村庄，位于我所称的华北大平原开始的地方。它的西部和北部是波浪起伏的环形远山，即壮美的燕山山脉外缘。每天日落时分，我都幻想跑到山顶上，看看太阳最后降在了什么地方。

……

那时村子东西都有河。村里的井也很多，一到夏天，有的只用一根扁担就能把水打上来。每年，麻雀都选择井壁的缝隙，做窝生育。雏雀成长中，总有失足掉进井里的。此时如果挑着水桶的大人出现，这个不幸的小生灵便还有获救的可能。

北小营村像苇岸生前描述的那样朴素、大方，富于北方五月乡村大地的饱满与生机。麦浪如烟，正值盛季，田垄下的小河生满碧草、树木，底部清水涟涟。看到他的家乡、麦田和水源，苇岸的选择是对的。这是典型的北方乡村，具有季节全部的朴素、美和一切感人的东西，这是世界共有的北方乡村。这里初始的元素性的自然乡村风貌具有经典和永恒性质,这是人类的家园,它产生了《大地上的事情》不是偶然的。莫扎特适合这里,雅姆适合这里,梭罗和普里什文适合这里。朴素的北小营村从来没来过这么多人、这么多车,但村子并未受到打扰,她默默地接纳了她的儿子:大地之子回来了,他应该回来。

正午时分,骨灰开始撒放。诗人树才站在高高的田埂上,下面是小河和树丛,莫扎特的《安魂曲》低回于田野上,树才朗诵雅姆的诗。诗人王家新面对五月盛季的麦田,朗读了他写给苇岸的最后几句话。昨天他专程进山为苇岸采撷了芦苇,他静静的泪水和诗人的声音如一曲大地流淌的挽歌。苇岸的骨灰合着花瓣、阳光、溪水、诗歌和音乐进入麦田,融入土地。麦浪滚滚,瞬间,苇岸似乎变成了大地的麦浪,麦子的年龄正像苇岸的年龄。苇岸没有死,他活在大地之上,他会年年生长。长长的队伍排成一线,人们手持花瓣,走在长长的田埂上……诗人西川无限感慨,他一定是看到了什么,才几乎是愤怒地说:"写作不是件好事情,写作就像个黑洞!"西川曾痛失好友海子、骆一禾。毫无疑问,他还会不断失去。

这是一个如此悲观而又深具古典精神的葬礼。一个人离开土地,后来又强烈地回到土地。苇岸走了,年仅三十九岁。散文家张守仁说,苇岸是以少胜多的散文家,他继承着《瓦尔登湖》的作者梭罗、《林中水滴》的作者普里什文的传统,致力于描绘生机勃勃的大自然的生活,是不可多得的大自然的观察者、体验者、颂赞者，他的离去，是艺术散文的一大损失。评论家楼肇明先生说，苇岸的主要贡献是《大地上的事情》，在这个喧嚣的工业文明社会里，很少有人关注自然生态，苇岸是其中优秀的一个。

王家新认为，称苇岸散文家是不恰当的，他本质上是个诗人。诗人邹静之早在一九九五年造访苇岸时，就在苇岸寓所留下这样的诗句：

读你时
心里刻满了字

一个赢得诗人尊敬、在诗人心里刻下字的散文家，世上有多少呢？我们应当深深感谢北小营村，感谢那片土地。我相信，我们对北小营村的敬意是持久的，甚至是永恒的。

原载《武汉晚报》一九九九年八月四日

宁　肯　一九五九年生于北京。作家。著有长篇小说、散文集多部。散文集《北京：城与年》获第七届鲁迅文学奖。

回归大地
——怀念苇岸

彭　程

一

我是在毫无心理准备的情况下得知苇岸病情的。那天是四月十二日,星期一,下午我去报社资料室查一篇文章,看到文艺部的宫苏艺,想起不久前他任责任编辑的《文荟》副刊上刊发了苇岸的一篇《春分》,联想到苇岸曾说过有意写一写二十四节气,便问他是不是很快会读到第二篇。宫苏艺显然很感意外:"你不知道苇岸的情况吗?"如雷轰顶一般,我这才知道苇岸查出得了肝癌,且已属晚期,正在协和医院接受化疗。

震惊之后,我的第一个反应是自己太粗心了。去年年底我出新书,给苇岸寄了一本,春节前半个月左右,他打来电话,说书收到了。我问他最近在写什么,他回答说身体不舒服,感到疲倦,晚上睡觉盗汗,吃了十多服中药,也未见效果,想停掉。我当时只以为这不过是写文章的人容易患的神经衰弱一类病症，没很在意，只是劝他好好休息调养，并要他继续坚持吃药，说中药不是一时就能够见效的。他答应了。因为有别的事，这个电话打得不长。春节也未再同他联系，倒是动过等春暖花开时到他住的昌平小城郊外去踏青的念头。但万万想不到的是，几个月后，听到的却是这样的消息。

宫苏艺讲苇岸可能第二天出院，第二天我没时间，心想只能过后去昌平看他了。到星期四中午，从一个写散文的朋友那里得知，苇岸因为低烧不退，又多住了两天，那天下午将出院，还来得及见一面。那天是今年第一个炎热的日子，加上堵车，一路上我的衬衣都汗湿了，心里却是一片冰冷。

在协和医院的病房里，苇岸远比我想象的要镇定，保持了一个勇敢者的尊严。他讲到病情确诊后，他把自己关在屋子里整整四天，什么都想过了。他考虑过放弃治疗，也曾考虑仿效诗人海子的做法，并同诗人林莽谈起过，但最终打消了这些念头，"维特根斯坦说过：自杀是肮脏的"。他深知这种病的严重性，说已经给自己选好了"一块很干净的地方"。谈到这里时，他想笑一笑，但脸上流露出的是一种被意志强行抑制住的痛苦。我的心一阵颤抖。

他的哥哥和弟弟来接他出院。收拾好简单的衣物后，他向住同一病房的两位病友告别。那两个人，一个刚做完阑尾切除的手术，一两天后就能出院，一个即将做手术。他祝前者尽快恢复，祝后者手术成功。一只脚已踏在死亡的边缘，他依然保持着一向的善良和对他人的关心。坐进车里，他讲，回家休息几天后，再请朋友们过去。

我知道，苇岸的每一句话都是认真的。五月三日，在他的安排下，我们十几个人先分头从城里赶到昌平，再由此乘车去延庆区康西草原旅游区。苇岸不顾劝阻，坚持要陪大家一同前往。我猜想，对于他来说，这在很大程度上，是一次为了同朋友们告别而举办的聚会。这个念头让我心里十分难受，但表面上还不能流露。估计大家的心情也都是这样。到了目的地后，他的弟弟和妹妹安排、陪同我们活动，并预备了一顿丰盛的午餐，他则躺在宾馆里休息。那天他的精神不错，为众人做了相互介绍，还到宾馆的院子里走了一圈。而且，持续多日的盗汗几天前也消失了。虽然知道这种病极其险恶，但大家都生出一种幻想，盼望能够出现奇迹，使他彻底恢复健康，至少能够有充足的时间写完他的二十四节气，为大地献上一首完整的颂歌，实现他长久的心愿。这一心愿，他曾向好几个人说起过。

然而大地太急于召回这个他挚爱的儿子了。奇迹终于没有出现。半个月后，苇岸离开了我们。"春天，万物生长，诗人死亡。"他在《海子死了》一文的结尾写下的话，不幸成为一句谶语。二十三日，在向他的遗体最后告别后，几十位友人来到他出生地村庄外的一块麦田和一片树林里，有几位是从外地专程赶来的。麦子已经高可没膝，茂密茁壮。在手提录放机播放出的《安魂曲》中，他的亲人将骨灰撒进他生前反复歌唱过的麦田里，我们则跟在后面，撒上一捧捧的花瓣。那是一个优美的、诗人的葬礼。安息吧，我们的长兄！

那天夜里，下了一场丰沛的雨。这一定是大地的一个仪式，用雨水为他洗尘，迎接他的魂魄进入最安详、深厚、宁静的地方，在那里继续他的吟唱。

二

和苇岸的交往，其实只有寥寥的几次。

最早也是通过宫苏艺君。一九九四年下半年的一天，他告诉我，苇岸正在为一家出版社编一本青年散文作家的合集，有意将我列入。我按他给的号码拨通了苇岸家里的电话，问了他有关的要求、该书的体例，等等。这本书，就是第二年由中国对外翻译出版公司出版的《蔚蓝色天空的黄金》。电话里，对于细节的认真、他显得有些迟缓木讷的字斟句酌，给我很鲜明的印象。那之前我只读过他有数的几篇散文，但十分喜爱，特意剪下保留，这在我是很少的举动。我好像明白了他写得少、然而却篇篇精粹的原因。

那以后也并没有更多的联系，记得打电话问过他到哪儿可以买到利奥波德的《沙乡的沉思》、雅姆的诗国内有没有译本，以及德国自然派诗歌运动的背景材料。这些都是他在自己的散文集《大地上的事情》中，以赞赏喜爱的口气谈论过的。我还在自己任编辑的一份刊物上,选发了他的《幸福》一文,并在一封信中表达了对他的作品的喜爱。他回信表示感谢,并援引了某位诗人的一句话:"诗使人们成为兄弟。"但由于我对待信函的处置一贯漫不经心,这封信连同其他几封,都已找不见了。回想起来,这些信中,他分别谈到了自己的散文观、正在读的书、正在写或打算写的文章,并在其中一封里,附了海外的友人写给他的信的部分内容,是对某个话题的探讨。几年间,通过的电话更多一些,但就内容而言,也只是信函的延伸而已。

和苇岸第一次见面,是在一九九六年的初夏,应他邀请,我来到昌平他的家中。同行的有诗人黑大春、写散文的杜丽、写思想随笔的张卫民,还有另外两个人。苇岸的瘦削出乎我的意料。坐下不久,我提出看看他的书房,他带我进去,还拿出自己去新疆等地旅游时拍的照片给我看。我那一时期的兴趣是搜集八十年代的外国文学译本,苇岸的大多数藏书正是这一类,这让我如入宝山,目不暇接。后来便是餐桌旁的几个小时的漫无际涯的放谈,恍若回到当年的大学宿舍。素食的苇岸,自己吃得很简单,却专门买了一只烤鸭招待客人。记得谈到文学界的"二王"之争,谈到索尔仁尼琴,谈到布罗茨基(仅仅在几天前他因猝发心脏病死在纽约的寓所),还有我不熟悉的一位外国电影导演。作为主人的苇岸,却更多是在一旁听着,偶尔插上几句话,也很简短。寡言,认真,谦和,温善,处处为人着想，是这次见面中他留给我的深刻印象。

不久后，在青年政治学院张卫民家里，我第二次见到他。头一天，卫民打来电话，说第二天苇岸要进城，说好了下午来这里，希望过去聊聊。那天黑大春也去了。苇岸因为还有事，走得较早。在不长的时间里，我们谈论的主要话题，是一个人的行为和他的主张是否应该区别看待。一位作者在《读书》杂志上发表文章，指责梭罗言行不一，一方面在《瓦尔登湖》中鼓吹简朴的生活，一方面经常地而且是十分主动地去不远处的爱默生家享受丰盛的晚餐。从作者披露的材料看，不好简单地说他是捕风捉影。我们几个人都是热爱梭罗的人，而以苇岸为甚。这当然不足以动摇我们的信仰，但确实给人带来一些触动，让人想到有关人性、人格的复杂与分裂等涉及心理学范畴的话题。轮到苇岸发表看法时，他口气里有些犹豫和不确定。看得出，这让他感到意外。他是一个严谨的人，一种见解、议论经他的口中说出，从来不会是随意的。事实上，正如我所预料的，这对他同样只是一个无关紧要的插曲。在一九九八年第五期《世界文学》上，刊发了他的《我与梭罗》，将近六千字的长文，全面阐述了梭罗对于他所具有的无比浩瀚和深远的意义。在他的作品中，除了《大地上的事情》，这样大的篇幅可谓是绝无仅有。还是在这篇作品动笔前，他曾对我说过，写完这篇，对梭罗的研读将告一段落了。

还有一次,西安的《美文》杂志在京举行座谈会,他作为作者、我作为新闻记者都参加了,没有来得及多谈。然后就是最后一次,在《蔚蓝色天空的黄金》丛书的发布会上,地点在出版社大楼旁的一家餐厅里。那次去的人很多,包括多家新闻媒体、丛书所属的三本书的部分作者,以及一些文学评论界的人士。作为散文卷的编者,苇岸简单介绍了成书的情况。活动结束后,作者们有个聚会,我因有事早走了。告别时,苇岸向我介绍了陪同他前来的妻子。

去年十月份,在北大西门外的一家酒吧,有一次散文朗诵会,由作者自己登台,朗诵自己作品的片段。苇岸是积极的策划人和组织者。我本来说好了要去的,不料因临时被派去参加中山公园的报刊发行宣传活动而取消。在所有这些交往中,有共同的一点,那就是除了书籍和写作,我们没有谈起过别的。

三

但即使我们没有更多的交往,也并不妨碍我写下对他的纪念。作品就是作家的一切。

苇岸为数不多的散文,篇篇值得用心去读,它们的汇集则成为一处独具特色的景观。他曾经撰文评价诗人海子的作品:"环顾四处,没有一个人能够走来,代替海子,把他的黄金、火焰和纯粹还给我们。"这话同样适合他自己。

他用一种和季节的递嬗更移一样的速度,艰难缓慢地写作。每一个字都要反复斟酌,每一个句子都要再三修改,而每一篇文章的完成,都不啻一次艰难的历险。他是我见到的写得最苦的人。我想,这固然与思维的某种特别方式有关,但更是出诸他对自己的特殊要求。唯其如此,他才能够感知土地的脉跃、植物成长的节奏、雪花飘落和鸟儿飞翔的姿态。或者说大自然的内在韵律影响到他的写作,使他发愿让每个字都生动、准确、朴素,和土地的原态一样。记得有一次,在电话中,我说到对他早期的作品《美丽的嘉荫》的喜爱,希望他继续写一些那样的情采并茂的文字,他却表示,他已经跨越了那个阶段,现在追求的是一种更加朴素的风格,它们集中体现在《大地上的事情》一文中。在一九九六年六月二十一日的信中——落款中他特意注明那天是夏至——就这个问题他进一步写道:"我敬重的一平,希望我的文字进一步具备容纳黑暗的深厚。我深思了这个问题,《美丽的嘉荫》那样的文字,也许适宜展示光明和美好,如果触及真实(这是我至今不愿走的一步),文字的方式必然有变。所以我说让其自然演变吧,如果写作真有鲜明的阶段性的话。"

就其努力来讲,应该说他达到了为自己确立的目标。《大地上的事情》,这不但被用作他的唯一的一部散文集的书名,不但是书中字数最长的一篇,更是贯穿他全部作品的一条主线,是开启他笔下世界的一把钥匙。数十则简短的文字，每一则都是对大地上初始的、最本色的、未曾受到玷污的事物的深情的一瞥，令看惯了陈词滥调的目光一亮，仿佛由冬日晦暗的幽禁中，直接走进初春蔚蓝的天空下。

像他这样写雪："下雪时，我总想到夏天，因成熟而褪色的榆荚被风从树梢吹散……雪也许是更大的一棵树上的果实，被世界之外的一场大风刮落。"他这样写冬天空旷的原野上啄木鸟啄击树干的声音："它的速度很快，仿佛弓的颤响，我无法数清它的频率。冬天鸟少，鸟的叫声也被藏起。听到这声音，我感到很幸福。我忽然觉得，这声音不是来自啄木鸟，也不是来自光秃的树木，它来自一种尚未命名的鸟，这只鸟，是这声音创造的。"他还写下了日出日落的过程，阳光与阴影的道路，盘旋的鹞子，逆风而行的野火，蚂蚁筑巢的方式。他的文字，集中地体现了诗的特质：为存在命名。

经由那些简短的文字，他给人们看到事物的原初的美，它们或者已经或者即将毁灭于人类永无餍足的贪欲，或者被高科技时代的声光电遮蔽，无法传递出丰厚的蕴含。他的目标，便是用笔替它们开出一条道路。他要恢复大地的完整，在现代文明的进程中保存"世界最初的朴实和原质"。这种原初的面貌，是人类幸福的保证。这样，他很自然地将主张返归自然的梭罗、主张"根据资源许可来生活"的罗马俱乐部，和宣扬"土地伦理"的美国生态学家利奥波德,引为自己的同道。他不止一次地表示,要将写作"大地上的事情"作为终身的目标。

不知他是否明白,他瘦弱的躯体,担当起了怎样的一种艰难?可以说,西西弗斯的努力也不过如此。在工业化进程一日千里的今天,他所选择的是一条过于幽僻的道路,他的努力很可能徒劳,毕竟人们关心利润远过于诗意。我想,他是太清楚这样的后果了,但更清楚如果没有人为之呐喊告警,大地的荒芜就将更快地降临。他的声音在物欲的喧嚣声中是微弱的,但却绝对是必要的。

作为一名大地的守夜人,他自愿选择当一个现代的堂吉诃德。他的意义将随着时间的推移而进一步显露。

四

在苇岸书房的墙上,挂着亨利·戴维·梭罗和列夫·托尔斯泰的肖像。作为一名土地的歌者,他选择他们作为自己的精神导师,也是一种必然的逻辑结果。

自然之外,道德完善是他关注的另一个维度。利他,责任,自我克制,抑制贪欲,凡此种种,都要通过主体有意识的追求才能达到。这一点,按托尔斯泰的说法,便是"自我完善"。梭罗则以其对于"人的完整性"的崇尚和倡导,将关注引向这个范畴。

所有这些美德，无不同土地的蕴含有关。自然的观念和人的观念在这里重合了。秋天，他到田野里散步，结满籽粒和果实的植物使他思绪连绵："看着生动的大地，我觉得它本身也是一个真理。它叫任何劳动都不落空，它让所有的劳动者都能看到成果，它用纯正的农民暗示我们：土地最适宜养育勤劳、厚道、朴实、所求有度的人。"他赞同并援引苏联作家阿勃拉莫夫的农村永存的观点："因为人性的主要贮存器之一，就是土地、动物和人同它们的交往。"这一类的感悟充满他的作品，就像绿色和鸟声充满树林。

也正是在道德完善的意义上，苇岸推崇素食主义，并且成为一名笃行者，因为素食主义的本质就是节制和自律，其中体现了对于一切生命的悲悯的爱。在一九九七年二月十五日给我的信中，他写道："人皆有弱点，但人如果不是借此放任其弱点，而是节制、克制一些，那么人会理想得多。"在《四姑》中，他深情地歌颂自己的四姑，这个普通乡村妇女以其善良和勤劳、忍让和奉献，让人看到传统人性的温暖美好，是"乡村用它的历史和全部美的因素，塑造的最为合乎它心愿的人"。

除了这些身边的人和事，苇岸还把赞美给予了一切其生存同土地息息相关的人。是一种共同的对于道德底蕴的贴近（虽然后者自己未必清楚），将他与这些散布在大地四方、素昧平生的人们系连在一起。《放蜂人》中，他写道："他孤单的存在，同时是一种警示，告诫人类：在背离自然、追求繁荣的路上，要想想自己的来历和出世的故乡。"这是《本土诗人》中的描写："他们知道大地的脉络，河流的走向；他们熟悉劳动的姿态，农事的细节；他们了解普通人的尊严，简朴的内涵；他们懂得家园的意义，人类全部生活的根基。"

苇岸孜孜不倦地探寻一条通往大写的"人"的道路。他的存在，是消费时代的一个卓异的例外，体现了一种圣徒的气质，一种一贯性、坚定性和自觉的删繁就简。

一个人常常就是他所爱的对象。苇岸热爱十九世纪的法国诗人雅姆，这位终身生活在阿尔卑斯山脚下的小镇上的诗人，歌唱日常生活的谦卑和欢乐，赞美牲口和田野。尽管他只有很少的几首诗作被译成中文，却深深地赢得了苇岸的心。苇岸称"雅姆的诗是温善的、乡村的、木质的、心灵的、宗教的、古往的"，他从中听到了自己灵魂的回声，那便是罕见的谦和、向上和洁净。

> 天主啊，既然世界这么好地做着自己的事情，
> 既然集市上膝头沉沉的老马
> 和垂着脑袋的牛群温柔地走着：
> 祝福乡村和它的全体居民吧。

你知道在闪光的树林和奔泻的激流之间，

一直延伸到蓝色地平线的，

是麦子、玉米和弯弯的葡萄树。

这一切在那里就像一个善的大海洋

光明和宁静在里面降落。

…………

苇岸治疗期间，诗人树才特意为他赶译了一组雅姆的诗。在遗体告别仪式上和骨灰撒放前，他朗诵了其中的两首，让我热泪盈眶。

告别苇岸已经两个月了。这段时间里，那片接纳了他的骨殖的茂盛的麦地，已经由碧绿变为金黄，沉甸甸的麦穗垂向地面。然后，在一个平常的日子里被收割，大地呈现出一种朴素的空旷。季节轮回，一年后，同样的事情还会发生，就像过去千百年来曾经发生过的那样。

两个月里的许多个夜晚，差不多都是在临睡前的静寂中，我断断续续地阅读了能够搜集到的苇岸的全部作品。在沉静的心情下，聆听亡者灵魂的声音。这些绝大部分属于多次重读的作品，进一步确证和强化了我的认识——它们必将长存，如同大地上的麦子、花朵、胡蜂、麻雀，雪花和雨水，河流和山脉，如同大地本身。苇岸用文字记录和表达的是超越时间的存在，它们在他的笔下，获得了真实朴素的色调和质地。这些永恒的事物，必然也会将自身的特性，赋予与其日夕相向的、使其得到了另一种存在形态的创造者。

那么，在深深的、温暖的寂静里，苇岸应该感到慰藉了。就像在寂寞的一生里，从大自然和诗歌中得到的一样。

写成于一九九九年七月二十二日，苇岸两月祭前夜
原载《散文天地》第六期纪念专刊

彭　程　作家、评论家。一九八四年毕业于北京大学中文系。光明日报社高级编辑。出版散文随笔集数种。获中国新闻奖、报人散文奖等。曾担任鲁迅文学奖、茅盾文学奖评委。

苇岸在哪里向我们微笑（外一篇）

鲍尔吉·原野

六月十六日，我躺在邮电医院的病床上，听妻子读一篇怀念苇岸的文章。我的左眼做了一个小手术，双眼蒙了三天。眼睛在纱布里无论闭着或睁开，都是无边的黑暗。人们只习惯夜里的黑暗，也就是说，造物主总要在黑暗之后还给你光明。而持续的黑暗，譬如七十二小时的黑暗会引起恐慌，这是最重要的信息源——视觉中止工作后，大脑所引起的混乱。

妻子在读报的时候，我感觉她是用声音把一个人从文章里挖出来，或者说是写文章的人突然向我们大声说话，不可思议，这和阅读有很大的不同。

这篇林莽所写的文章说了苇岸的善良与清净。这我都知道。就在妻子朗读这篇文章的声音里，我脑海里突然加入冯秋子在电话里的声音："苇岸临终的话，是他妹妹记录下来的。他说，我恐怕刚活到寿命的一半，我刚刚掌握表达题材的方法……"冯秋子的声音一如往日的诚恳，又迫急，如在掩饰着难过。

妻子读道："……亲友们把苇岸的骨灰掺入花瓣，撒在他所深情描写过的故乡——昌平北小营村的麦田……"

麦田?苇岸在《大地上的事情》中说:"麦子是土地上最优秀、最典雅、最令人动情的庄稼。麦田整整齐齐摆在辽阔的大地上,仿佛一块块耀眼的黄金。麦子是五月最宝贵的财富,大地蓄积的精华(静之说:那些麦子等待倒下/像一些遥远的朋友/走过来倒进怀里。《割麦人》他说:阳光的神辇下/庄稼是最结实的道路/你的头颅在麦子之上/毛发和麦芒一起摇摆。《庄稼》)。风吹麦田,麦田摇荡,麦浪把幸福送到外面的村庄。到了六月,农民抢在雷雨之前,把麦田搬走。"

妻子读:"……大地和河流里。"

"你说什么?"我惊异于我的这位朋友的归宿,由我妻子告诉我,仿佛她已经看到了,用一种清亮的、近乎朗读的声音说出来。

妻子又读了一遍:"……撒在……北小营……麦田……河流里。"

那些轻轻一碰就碎的、银灰色的矿物质,和花瓣一起,由亲友们的手抓起来,在风中撒开,纷落在北小营村的大地上。这里是华北大平原开始的地方,它的西部和北部是波浪起伏的环形远山,即壮美的燕山山脉的外缘。苇岸在小的时候,常于黄昏痴想太阳落在了山里的什么地方。

而苇岸仍然笑着,他的笑有些沉吟的意思,有些抱歉的意思。他说话前的口头禅是"就是说",然后说下面的话。我们第一次相见是在翻译出版公司门前，黄面的在北太平桥大街上驶来驶去，一些北京人隔着马路高声应答。苇岸穿一件茶色翻领短呢衣，个子很高，说完话，还笑着，是一个谦和而矜持的人。而他的笑容在宁静里带着坚定，或许也可以说是执拗。

"原野，就是说……"他仿佛边说边想，垂下了眼睑。

在我思绪的天幕上，苇岸的笑容浮现在他的撒骨灰的亲友们的上方，仿佛在观察他们怎样撒，撒在哪些地方，他常常是挑剔的。然后转脸说："就是说……"

我的左眼一阵辣疼，当含盐的泪水爬过眼球的创面时自然会疼。妻子停止诵读，取一块纱布为我擦，说："泪里还有血呢，别念了。"

我摇摇头，其实这和文章无关。

有些人死了之后，我回忆，是他安详合眼的情形，他生前的表情声音举止全消失了，怎么也想不起来，这个人的确是死了。而有的人，比如苇岸，你想不出他阖目而逝的样子，在记忆中，是他的笑和话语。因此苇岸也不相信自己会死去。

勃洛克说．"我们中间许多人，那些年轻的、自由的、英俊的，都由于没有爱而死去／啊，在你辽阔的大地上，给我们荫蔽吧！"（《秋天的意愿》）没有爱不是缺少爱，而是缺少得到爱，如同早夭的诗人雪莱、叶赛宁、荷尔德林以及海子和骆一禾。苇岸是个充满爱的诗人，他的内心如同他脸上流露的柔和笑容。他说："我希望我是一个眼里无历史、心中无怨恨的人。每天，无论我遇见了谁，我都把他看作刚刚来到这个世界的人。"这如同惠特曼说过的："我想凡是我在路上遇见的我都喜欢。"苇岸热爱土地、庄稼和天空，推崇谦卑精神和干净的生活方式。事实上，人对人的态度不见得能完整透露人的天性，而对自然的态度，却在展示人心深处的悲悯。苇岸在《大地上的事情》中写道："麻雀在地面上的时间比在树上的时间多。它们只是在吃足食物后，才飞到树上。它们将短硬的喙像北方农妇在缸沿砺刀那样，在枝上反复擦拭。麻雀蹲在枝上啼鸣，如孩子骑在父亲的肩上高声喊叫，这声音蕴含着依赖、信任、幸福和安全感。麻雀在树上就和孩子们在地上一样，它们的蹦跳就是孩子们的奔跑。而树木伸展的愿望，是给鸟儿送来一个个广场。"

显见，这是一个心地纯净的北方诗人所流露的对生活的深爱，这种爱与朴素都是当今一些作家最需要然而最缺少的。

"……两只麻雀蹲在辉煌的阳光里，一副丰衣足食的样子。它们眯着眼睛，脑袋转来转去，毫无顾忌。它们时而啼叫几声，声音朴实而亲切。它们的体态肥硕，羽毛蓬松，头缩进厚厚的脖颈里，就像冬天穿着羊皮袄的马车夫。"。

"挡上窗帘吧。"我告诉妻子。人的眼睛遮蔽二十四小时之后，会畏惧光。从纱布与墨镜后面逼来的红光使眼球发酸。就是说，苇岸因病去世一个月了。年初，我在辽宁文学院讲课时曾说，在二〇二〇年左右，在中国应该出现的文学大师当中，应当包括苇岸,如果他始终坚持自己的操守,始终在文体和诗意上努力,始终怀有对大地的饱满的爱。我说这番话的时候,没有想到,一个人成长的所有因素有时会归结到另一个因素上,即健康。苇岸一直瘦弱,我对他的素食,在尊重之余曾有隐忧。他痛恨暴虐、欺诈、贪婪和安逸。但他是个容易被欺负的人,也是个不通顺变的人,或许还由于固执自己的信念而变得孤愤。然而这些都没有使他放弃用辽远的目光和朴素的爱日夜倾听大地心脏的声音。当他把清澈的思想如根须一样延伸到土地深处的时候,一切却突然静止,像里尔克所言:"我所歌唱的一切都已变得富足,唯有我自己遭到它的遗弃。"

这一切委实不是我们所能洞悉的。

我觉得,被撒在昌平北小营村的苇岸的骨灰,一些已经生长到麦子的身体里面,另一些被河水带到了更远的地方。对此,朋友们要说什么呢?我在黑暗中想了好久,那是叶赛宁的一句诗:"在大地上我们只过一生。"苇岸最喜欢这句话,他如果知道,会浮出没有矫饰的微笑。

一九九九年六月十六日

惊蛰的大地含义

"惊蛰"两个汉字并列一起,即神奇地构成了生动的画面和无穷的故事。你可以遐想:在远方一声初始的雷鸣中,万千沉睡的幽暗生灵被唤醒了,它们睁开惺忪的双眼,不约而同,向圣贤一样的太阳敞开了各自的门户。这是一个带有"推进"和"改革"色彩的节气,它反映了对象的被动、消极、依赖和等待状态,显现出一丝善意的冒犯和介入,就像一个乡村客店老板凌晨轻摇他的诸事在身的客人:"客官,醒醒,天亮了,该上路了。"

我极少大段引述别人的作品,这回则不同,上面的文字,出自苇岸笔下《廿四节气·惊蛰》,写于一九九八年三月六日,农历二月初八;天况:晴;气温:14℃—2℃;地点:北京昌平。抄在这里为的是纪念我的朋友,一位故去六年的优秀的中国散文家。

苇岸喜欢大地。大地虽然如此之大,但许多人早已对此感到陌生。他们的相关记忆是:道路、地板、车、写字楼、卧房和厕所。大地在哪里?人们影影绰绰觉得它在乡下,或者藏身于五十年之前的诗集里,它的一部分暂存在公园,其余的被某些房地产商人暗算了,至少给修改了。

如果不记得大地，人们上哪儿去体会惊蛰、雨水的含义与诗意？农历的节气，仿佛谈天，实则说地，说宽广的大地胸怀呼吸起伏。节气的命名非在描述，而如预言，像中医的脉象，透过一个征候说另一件事情的到来。

苇岸写道："连阴数日的天况，今天豁然晴朗了……小麦已经返青，在朝阳的映照下，望着满眼清晰伸展的茸茸新绿，你会感到，不光婴儿般的麦苗，绿色本身也有生命。而在沟堑和道路两旁，青草破土而出，连片的草色已似报纸头条一样醒目。"

而在我的居住地，惊蛰时分，草还没有冲出来用新绿包围从冬日里走出的人们，盘桓已久的街冰却稀释为水，像攥一个东西攥不住漏汤了。南风至，吹在脸上，是风对脸说的另一番话语，不只温润，还有情意。天气暖了，人们仍然喊冷。此际"冻人不冻水"，人的汗毛眼开了，阳气领先，反而挡不住些微的春寒。汗毛眼是人体九万八千窍孔之一，何故而开？因为惊蛰嘛。

惊蛰不光是雷的事情。雷声滚过来，震落人们身上的尘埃，震落草木和大地身上的尘埃。惊蛰不光是小虫的事，虫子终于在这一天醒了。谁说冬眠不是一种危险？醒不过来如何？以及到底在哪一天醒呢？惊蛰有如惊堂木，握在天公手里，"啪"的一声，唤醒所有的生命。其实这一切是为春天而做的铺垫。春天尊贵，登场时有解冻、有返青、有屋檐冰凌难以自持、有泥土酥软、有风筝招摇、有人们手里拿着白面饼卷豆芽、有杨树枝上钻出万千红芽。是谁摆这么大的排场？春天。而惊蛰不过是迎接它的候场锣鼓，好戏在后边，像苇岸说的："到了惊蛰，春天总算坐稳了它的江山。"

鲍尔吉·原野　蒙古族。作家。出版《掌心化雪》等作品集六十多部，曾获第七届鲁迅文学奖、第十六届百花文学奖。与歌手腾格尔、画家朝戈并称中国文艺界"草原三剑客"。

大地的歌者——苇岸

张守仁

一

我第一次见到苇岸,是一九九四年六月在京东北怀柔雁栖湖畔召开的"当代散文创作研讨会"上。那次盛会,名家云集,发言精彩。刘锡庆博导、楼肇明先生从各个角度分析了散文文体的特征。林斤澜畅谈了鲁迅《野草》中的梦幻散文和周作人《乌篷船》等篇章中的聊天散文的区别。顾骧、张锲、张颐武、张同吾、赵玫等论述了孙犁、汪曾祺、贾平凹、周涛、余秋雨等人对当代散文的贡献。诗评家吴思敬教授的话——"散文是散步,诗歌是跳舞;散文的情,如小河流淌;诗歌的情,像瀑布飞溅",给我留下了深刻的印象。

苇岸在会上沉默内敛,只是倾听。当晚,我约他出去散步,踱到湖边,夕阳正贴近远山顶部,红霞满天。被晚霞染红的湖波,有节奏地轻拍着堤岸。远处湖面上游弋着三五野鸭。岸边,停泊着一只小船,静静地、轻轻地摇荡着。

我看一眼夕阳下的湖光山色，对苇岸说："我写过一篇《黄昏速写六则》，记下我在西双版纳、兴安岭南麓、飞机上、海轮上、黄山上、密云水库边观察到的六个黄昏。我发现天南、地北、空中、海上看到的黄昏，是各不相同的。"

苇岸望着对岸，低语道："黄昏是白昼向黑夜的过渡，由于它包容着前者和后者，因而显得丰富多彩。"

我听了这富有哲理的话，便把目光投注到他那清癯的、戴眼镜的脸上："听说你是学哲学的，怎么爱上了文学、爱上了散文呢？"

苇岸说："七十年代末我在人民大学哲学系读书时，校园里正流行朦胧诗，我便喜欢上了诗歌。到昌平执教以后，和你们《十月》的编辑骆一禾的好友海子比邻而居，结识了顾城、黑大春、蒋蓝等诗友，继续写诗。一九八六年冬，诗人海子向我推荐《瓦尔登湖》，我一连看了多遍，爱不释手，还做了近万字笔记，自此兴趣从诗歌转向了散文。"

"那你是从什么时候开始写散文的呢？"

"大概是八十年代后期吧。《去看白桦林》《美丽的嘉荫》就是那时写的。一九八七年八月，我旅行到了黑龙江边上的小镇嘉荫。江对岸有一簇白房子，偶有狗吠和歌声传来。这是一个分界点。它被中国称为北方，而俄罗斯却称它为南方。我望着越江而过的飞鸟，感到自卑。我想，总有一天人类会像鸟类那样自由，共同拥有不被边界阻隔的北方和南方、东方和西方。

那时人们走在大地上，如同走在自己的院子里一样。"

我告诉苇岸，我也有过类似的情感体验。一九八六年八月，我西行到了新疆伊犁霍尔果斯，抵达边境口岸。对面就是哈萨克斯坦的山林、田野。我发现霍尔果斯两侧有着相同的地形，长着相同的向日葵，两边林子里鸣叫着相同的杜鹃。我看见天上的白云，在边界上空无阻挡地飘来飘去；界河里的鱼群，没有中心线概念，悠闲自在地游到这边、游到那边。和它们相比，人类显然少了自由，多了樊篱。听说欧盟已经成立，以后可以从这国开车到另一国，无边境阻碍，长驱直入，如进自己的家园一般。

苇岸说："一九九三年欧盟正式成立，是人类历史上的进步。在遥远的将来，也许真的会出现大同世界吧。让我们一起为人类的未来祝福。"

暮霭垂落，群山如黛。晚鸟归林，湖水入眠。夏日雁栖湖畔的黄昏，凉风习习，舒爽宜人。

那次散步闲谈之后，我和苇岸成了文友。

二

一九九五年九月的一天，苇岸来我家中，请我推荐他加入中国作家协会。我欣然允诺。

坐下之后，我问他想喝什么饮料："茶？可乐？咖啡？"

他说:"只要一杯纯净水。"

他总是那么俭省。苇岸归属于"生活简朴、内心丰富"的那类知识分子。

我递给他一杯清水。他送给我一本由楼肇明先生主编、中国对外翻译出版公司出版的"游心者笔丛"之一的散文集《大地上的事情》。扉页上用工整的钢笔字写着请我指正的话,还郑重钤了一方阴刻的篆体红印章。我知道,他的作品就是他的生命,因此特别珍惜。

交谈中我对他说:"自从雁栖湖畔见面之后,我一直关注着你发表的作品。我发现,你的作品不多。"

苇岸告诉我:"我有看不完的书,再加上写得很慢,对朋友们的委托又不会说'不',所以产量极少。"

我接过他拿出来的申请表,在介绍人一栏,写了几句推荐的话:"苇岸是真正意义上的散文家。他秉承着《瓦尔登湖》作者梭罗、《林中水滴》作者普里什文的传统,倾全力描绘生机蓬勃的大自然的一切。他热爱大地上的动物、植物,怜惜一切生命。他的散文像他赞美的白桦树那样,淳朴、正直、简洁。他在当代散文中最早地、创造性地表达了土地伦理学的先进思想。作品虽少却精致,给人善意、温暖和博爱,因此我乐于介绍他加入中国作家协会。"他拿过去,看了看,说:"过奖了。谢谢您对我的鼓励。我能否跟您一起照一张相?"

我说:"当然可以。"苇岸的谦卑和自律总使我感动。于是他拿出带来的相机，我俩站在我书房中的一排书架前，合影留念。

另一位介绍人，是中国社科院文学所研究散文美学的楼肇明先生。苇岸于一九九七年五月加入中国作家协会。

三

一九九八年深秋，著名的"蓝月亮酒吧"举办散文朗诵会，苇岸邀我参加。

那年十月十一日下午二时许，我从城里北三环路寓所出发，在北京大学西门下车，越过马路，经蔚秀园往南不久，看见路边有一个"BLUE MOON BAR"的店面，便下了斜坡走过去。瘦高的苇岸，站在店门前迎接我。他回身引领着，绕过吧台，把我带到靠边一张小桌旁。楼肇明和黎先耀先生已经先到，我便与他们握手问好。

苇岸告诉我，他也邀请了北师大教授刘锡庆先生，但刘教授感冒了，特地派了两个研究生代表他到会。

坐下之后，我听见室内有小提琴声像水一样轻柔地滋润着、伴奏着簇拥在那边的周晓枫、冯秋子、胡晓梦等年轻散文家的谈话。酒吧间后墙上，装饰着巨幅艺术摄影作为背景——静静的湖面，密密的树林，一棵高高的松杉，树冠顶着夜空里一轮皎洁的月亮。我在脑子里搜索：摄影师抓拍下的是世上哪个美丽之湖的月夜呢?

苇岸用盘子端来三杯热茶,请我们品茗。楼肇明吹吹热气,抿了一小口,说:"菊花茶。菊花是诗人的花,'采菊东篱下,悠然见南山'。"他的话引发我的感慨:"近十多年来写花写得最有灵气的,恐怕要算福建唐敏写水仙的《女孩子的花》了。"肇明说:"唐敏擅长巫性思维,时有禅宗的顿悟。这是其他散文家所不及的。"当过北京自然博物馆馆长、多识于鸟兽虫鱼花木的黎先耀兄,认为"五四"以来,徐蔚南写的紫藤花、冰心笔下的樱花、宗璞赞赏的丁香花,应该算是群芳中的名篇了。肇明把思路引到国外,说:"托尔斯泰笔下的牛蒡花,坚韧不屈;德富芦花描绘的芦花,朴素平凡。德富还以芦花作笔名,可见对它很钟爱。"我补充说:"日本女作家壶井荣写的《蒲公英》,寓意挺深。蒲公英趴在地上,屡遭践踏,屡被蹂躏,仍能顽强地存活下去。"

那次散文朗诵会,依年龄大小排序。最年轻的元元首先上台。

元元那时还没调到中央电视台,是北京电视台"都市阳光"节目的主持人。我看见她站到台上,头发上别着一枚精致的发卡,穿着时尚,确是都市里一道阳光丽景。肇明小声对我说:"她当主持人之后不怎么写散文了,很可惜。"

元元用目光扫视了大家一下,像当今中央电视台董卿主持的节目《朗读者》的嘉宾濮存昕、乔榛、蒋雯丽字正腔圆地朗诵那样，口齿清楚地、满怀深情地朗诵她写自己失恋的那篇成名作《好大的雨》："……你走后，我让眼泪悄悄流下来。说实话，我很希望你能回头看我一眼。从此以后，时间会在我们之间筑起高墙。记得吗，今天我穿红色的衬衫、白色的裙子，再见面，我绝不会有今天的青春和美丽……"会场沉溺在元元早恋失败的哀伤氛围之中。

接着由周晓枫背诵她长篇散文《鸟群》中的《鹦鹉》。她平时思维敏捷、伶牙俐齿、语速极快，你很难跟上她说话的节奏。那天她为了让大家听清楚，故意放慢速度，改变说话习惯。对口腔和舌头的人为控制，给她带来了鹦鹉学舌般的不便，绝不像隔了十多年她成为张艺谋文学策划之后的老练和成熟。

冯秋子眉宇间总透出忧郁，脸上带着苦难阅历的印痕。她写作，她跳现代舞，是因为她悲伤，因为她柔肠寸断。她带给大家的是《蒙古人》的片段。朗诵的语调低沉、苍凉，蕴含着心灵的忧伤，让人情不自禁肃然谛听。秋子长调般叙说着草原上无限延伸的小路，蒙古高原的冬寒夏旱，马背民族生存的艰难，牧童因为寂寞向放牧的羊群讲述故事；静静的午后，老额嬷晒着太阳，唱着苍郁的古歌，感动得发脾气的母羊平静下来，泪流满面，重新用乳汁喂养它才生下几天的幼羔……

祝勇、洪烛、胡晓梦在会上贡献了什么作品，印象不深了。

那次文学聚会，最难忘的是苇岸朗诵他那篇《我的邻居胡蜂》。他用缓慢的语速、淳厚的声音、诚挚的文字，记述他对胡蜂这种小生命的感恩之情。

那篇散文描写的是，胡蜂们筑巢在他窗下，他深为感激。为了不打扰它们的活动，他自觉封闭了一扇窗子。他坐在书房里，观察胡蜂们如何扩大巢穴，建设与繁殖和谐地同步推进。幼蜂破巢而出后，立即投入工作，为新生命的诞生继续建设。到了十月，小精灵们依依不舍地告别蜂巢。"它们为我留下的巢，像一只籽粒脱尽的向日葵盘或一顶农民的褪色草帽，端庄地高挂在那里。在此，我想借用一位来访诗人的话说：这是我的家徽，是神对我的奖励。"

屏息聆听的整个酒吧，变成了安静肃穆的教堂，悄然无声。静默里隐藏着感动。人们被苇岸博爱、平等的精神所感染，慨叹于他对大地上弱小生命的尊重、关怀和怜惜。朗诵已完，感人的气氛弥漫扩散，像水波似的溢出室外。入定般的听众突然爆发掌声，纷纷站起来欢呼。刘锡庆博导派来旁听的、北师大两位研究散文史的年轻姑娘，扯出桌上的餐巾纸，擦拭她们眼角暗流的泪水……

散场时重新凝视吧墙上的大照片，我忽然判定摄影师拍下来的是美国马萨诸塞州瓦尔登湖畔林梢上那轮美丽的蓝月亮。

四

苇岸从小心软、善良，悲悯万物。童年时看见河边簇拥着一群人围观宰牛，他吓得逃离现场，脸上淌着同情的眼泪。他绝对不能看屠宰牲畜，连杀鸡也不敢看。他是个素食主义者。面对社会弊端，他因内心痛苦而自伤，身体日渐羸弱。他预测自己活不到二十一世纪。

一九九九年春，他果然发现得了肝癌。进入五月，病情迅速恶化。他抓紧时间整理、修订自己的全部作品。正在写作中的《一九九八　廿四节气》可能将成为未完篇的绝笔，这是他最大的遗憾。

临终前，他让他妹妹马建秀记下他最后的忏悔："我平生最大的愧悔是在我患病、重病期间没有把素食主义这个信念坚持到底。在医生、亲友的劝说及我个人的妥协下，我没能将素食主义贯彻到底。我觉得这是我个人在信念上的一种堕落。保命大于了信念本身。"他叮嘱亲人等他死后把骨灰撒在家乡昌平他出生的北小营村麦田、河流里，和大自然融合在一起，助万物生长。他请求他的文友们在撒骨灰时为他朗诵他喜爱的诗人弗朗西斯·雅姆的诗《为他人得幸福而祈祷》：

天主啊……
把我未能拥有的幸福给予大家吧，

愿喁喁倾谈的恋人们

在马车、牲口和叫卖的嘈杂声中

互相亲吻，腰贴着腰。

愿乡村的好狗，在小旅馆角落里，

找到一盘好汤，在阴凉处熟睡；

愿慢吞吞的一长溜山羊群

吃着卷须透明的酸葡萄。

天主啊，忽略我吧……

一九九九年五月十九日下午六点三十四分，苇岸平静离世，年仅三十九岁。

啊，在中国，在当代，有哪一位年轻作家能用虔诚祝福他人的方式迎接死亡，告别人世？

苇岸把爱留在人间，因为他思考过："在我之前，这个世界生活过无数的人，在我之后，这个世界还将有无数的人生活；那么在人类的绵延中，我为什么就与我同时代的这些人相遇，并生活在一起了呢？我不用偶然来看这个问题，我把它视为一种亲缘。"因此，他把他遇到的人，都视作自己最宝贵的亲友。

南方的林贤治评价说："苇岸是二十世纪最后一位圣徒。"

五

苇岸去世之后,诗人林莽精编了他的文集《太阳升起以后》,在他逝世一周年之际出版。他和冯秋子、周晓枫一起,分别邀请了全国各地的散文家参加二〇〇〇年五月十九日在北京六铺炕中国工人出版社会议室召开的"苇岸逝世一周年纪念会暨《太阳升起以后》首发式"。这个民间集会,参会者空前踊跃。与会的有远自广东的林贤治、从山东赶来的刘烨园、从郑州北上的张若愚、从西安东来的陈长吟、自武汉专程赴京的袁毅,更有"蓝月亮酒吧"散文朗诵会的参加者,以及北京市作协的几位负责人。福建的散文新秀楚楚因故未能来京赴会,她托人送来了一个大花篮,端放在主席台中央。

会议主持者林莽走到我身边,要我首先发言。我推辞不了,便站起来对一百多位与会者说了如下一席话——

"文友们,苇岸离开我们整整一年了。随着时间的流逝,我们越发感到他的离去的损失,目前还没有哪位散文家能够弥补这种损失。我坚信,在未来的岁月里,京北昌平不仅因为有了十三陵而著名,更因为它诞生、培育了苇岸这样一位大写的'自然之子'而感到自豪。北京文坛有了苇岸,就证明了它存在着崇高、圣洁的亮点。当代散文界有了苇岸,就让人们看到其中个别卓越者所达到的那种如泥土般纯朴的境界、似野草晨露那样没有受到污染的洁净。

"苇岸敬畏大自然，钟爱农耕文明。他对于工业文明的负面带来的污秽、喧嚣、放纵、奢侈、竞争，怀有天生的厌恶和抵拒。在不到四十岁的短促生涯中，他热情歌颂田野上的蚂蚁、蜜蜂、喜鹊、野兔、麦子、桦林以及白雪、阳光、星星、月亮。大地上每一个角落的细微变动，都给他带来不安和牵挂。苇岸是大地母亲忠贞不渝的歌者。

"笔友们，俄罗斯诗人叶赛宁说过，在大地上我们只过一生。人的生命只有一次。生命的质量和价值，不在于人寿的长短，而在于思想的贫富、精神的高卑。我们这位早逝的挚友，像一株善于思考的、岸边的芦苇：正直谦恭，平凡朴素；身处郊野，严谨自律；出淤泥而不染，耸苍翠而不炫。苇岸热爱大地，观察大地，书写大地，他写了《大地上的事情》之后，早早走了，但他的精神却与大地同在。

"朋友们，我相信我们今后会在心中珍藏着这位圣徒的形象和品行，会常常怀念他、想起他。常常怀念他、想起他，会促使我们自己变得更好一些，更善一些，更诚实一些，多一点爱心，多一点责任，多一点约束，多一点节制。让我们大家都像他那样，为他人的幸福而祈祷；像他那样，为我们这个星球的现在和未来而自觉俭朴，节省资源，造福后代……"

六

二〇〇五年春天玉兰花开放的日子，我又去北京大学西门外蔚秀园南侧二百米外的地方，寻访那间因苇岸朗诵《我的邻居胡蜂》给我留下难忘记忆的"蓝月亮酒吧"。令我感到遗憾的是，那酒吧已消失得毫无踪迹，原址变成了一片凌乱的土地。我停下脚步，懊丧地坐在路边一块石头上，怅然若失，仰问苍天：为什么世上那些美好的人、物，总是存在得那么短暂，消逝得那么迅疾？这到底是为什么？

写于二〇一七年三月五日惊蛰

张守仁　一九三三年九月生，上海市人。一九五七年考入中国人民大学新闻系，精通俄语、英语。曾任《北京晚报》副刊编辑，后到北京出版社工作，与同事创办《十月》杂志。著有散文集、译作多部。

告慰苇岸

谢大光

时光的宽容大度，使人常常会忘记它的存在，这种时候劈头一声断喝也许是最好的馈赠。炎夏时节，日子过得昏昏懵懵，多时未联系的秋子打来电话，她正在重新编辑苇岸的文稿，她说苇岸离开我们快二十年了。我倏忽一惊。二十年！怎么会？苇岸那绵厚地道的北京口音分明就在耳边。我急急忙忙翻找起苇岸的来信，想多少冲淡一些时间流逝的残酷，记得五封信单独包在一个封套里，和其他人的信没放在一起，却怎么也找不到。有两天时间我泡在一堆又一堆书信文稿中，所有能藏下一封信的地方都翻了一遍，当年北京朋友们谈苇岸的信件都找出来了，偏偏没有他本人的，我几乎要放弃了，坐下来擦汗，一扭头竟然发现那五封信就夹在案头一角的书中：二十年来他安静地在那里，从没有离开我的左右。

一九九八年六月间，在河南焦作一次散文研讨会上，苇岸有个简短的发言，和其他人的发言不同，他几乎没有涉及散文的具体问题。他说,十八世纪瓦特发明蒸汽机,人类社会从无"机"过渡到有"机",与此同时,在精神领域,人们的文字表述却逐渐从"有机"蜕变为"无机"了。他说,他喜欢写《瓦尔登湖》的梭罗,梭罗的文字就是"有机"的,他的思想表述不是直陈,而能够找到自然的对应物,文字本身是活的。而我们今天的语言越来越趋向抽象、晦涩、空洞,缺乏质感。苇岸操着标准的男中音,说起话来不紧不慢,他说出的应该是他思考很久的话,带有深深的忧虑。我在本子上只记下了几句,我更愿意闭上眼睛听他说话,那声音像是从远处传来,有一股淡远的吸引人的力量,一种感召力。这是我第一次与苇岸相识,他的个子高,又瘦,却不招摇,嘴唇和下颚很有特点,宽厚中似乎夹着一点刻薄(后来的经验表明,苇岸素以宽厚对待他人,那一点刻薄留给了自己)。我希望能与他多一些单独交流,和他在一起我会是个好的倾听者,我相信我们有不少共同语言,可惜会议安排紧,没找到这样的机会。那个时候谁也想不到,上天这一次竟如此苛酷,留给我们的时间只有不到一年。

回到天津,很快收到苇岸来信,他和我原有同样的愿望,只是出于对长者习惯上的谦恭,怯于当面交流,信里写来满是歉意,"我拙于表达,这次焦作没能更多地同您交谈(更多地同刘烨园、穆涛他们聊天了),您走时也没能送您"。他说,"这封信原想多写一些,后我想再等等,等我将手里一篇东西月底前写完，我想给您写封公开性的信，谈谈百花社对散文建设的贡献和意义，及我提的（从个人角度）还应出哪些域外作家散文集的建议等"。

苇岸的信证实了我的判断，我们的心确实是相通的。出版域外作家散文集，是我和同事们苦心经营了十多年的事业，这期间工作岗位几度变更，世风政情冷暖交替，不少编书的设想中途夭折，唯独编选外国散文的想法从没有放弃过，促使我们坚持下来的一个信念，就是对读者中像苇岸这样志趣相投者的期盼。同声相应，同气相求。我打电话向苇岸表达了由衷感谢，没想到苇岸对我们的出版物如此熟悉，谈起德富芦花的《自然与人生》、列那尔的《胡萝卜须》和英美一些博物学家的散文如数家珍。他说他在写《大地上的事情》时，常常对应地想到外国作家笔下的大自然，他偏爱赫德逊写鸟的散文，赫德逊时代，工业化快速拓展，鸟的品种开始大规模减灭，赫德逊笔下的鸟，许多在生活中已经看不到了，一百多年后的今天，这样的趋向愈演愈烈，减少的不只是鸟的品种。苇岸说，生物多样化的逆向发展，不止影响到人的生存环境，更严重地隔绝了人与自然的联系，从而肢解了人的完整性，人的一部分或大部分变成了机器，甚至成了机器的机器。很明显，苇岸对散文的欣赏与写作，不止于审美，他有自己的诉求与依托。应苇岸要求，我介绍了百花文艺出版社出版散文的历史沿革，寄去今后几年计划出版的"外国名家散文丛书总目",并提出为他补全这套丛书已出部分的想法。七月间,苇岸复信,"看了您附寄的'总目',就已出的书目看,我缺的不多(个别未碰到,有些是我买时带了选择性)。承蒙您的盛意,我也产生了补齐这套书的意愿:除阅读外,还具有珍藏的意义。但条件是我以打折的方式(像通常作者从出版社买书那样)向贵社邮购(因不是一两种),这要麻烦您一些。待我清点了我的书后,再信呈您所缺书目"。信里又提及,"关于这篇书信体文章,时间上可能比预想的稍晚些。写出后即请您指教"。

结识这样一位稳重又有独到见解的年轻朋友,我感到庆幸。待人接物处处为对方着想,答应过的事时时记挂在心,这些古来被誉为君子之风的品性,现今于人已属苛求,在苇岸却是理所当然的习惯。虽然吝于一面之缘,通过书信与电话我们很快像老朋友一样,谈读书出版,也聊一些闲话,焦作会上拍了几张合影,两人都认为拍得不太好,对短暂的相聚感到遗憾。事后想来,不免愧疚,适意而畅快的交流中,我没有留心过苇岸的健康状况。十二月间,苇岸随信寄来了刚刚完成的书信体文章,说"《散文的殊荣》终于写完了"。信中有一种如释重负的感觉,"写这则书信体文的起因,一是当时我写了几篇同类文字,《美文》陈长吟也希望我能多写一些(这种文字表达观点,看起来更随意些,是正式文章不及的);二是出于一个从贵社收益很大的写作者的良心。贵社和您应该受到应有的赞美。当然也还为了我给您推荐的这些作家"。苇岸研究了我们的丛书,提出应该补充的十五位外国作家,以他感性的方式悉心加以介绍,不少是我过去所不了解的,苇岸阅读面的宽广超出我的预期。读着信和文章,欣慰之余也隐隐地感到一些不安:与以往的洁净清整不同,这一次信纸上勾画删改得有些凌乱,不像出自洁癖如苇岸者的手笔。似乎预料到我的猜度,也是在这封信中,苇岸第一次提到自己的身体状况,"您能看得出,我体质不强,我已深感这制约着写作。我写得少,这也是一个原因,写作意愿和进度,往往也不能得到保证"。信的末尾注了一行小字,"我现在只在午十二点至一点半接通电话"。签名后又赘上一句:"请您恕我对您的随意,如信的零乱等。"种种迹象显示苇岸的生活在什么地方脱出了常轨,有可能健康出了问题。电话打过去,依旧是往日平静的语气。苇岸说他的身体一直比较弱,近来精力大不如前,医生说肝有些不好,正在调理,还要进一步检查。他觉得时间不够用,计划写的《一九九八 廿四节气》,每个节气七八百字、千字左右,平均一周写一则,刚写出"立春""雨水",脑力又出了问题,睡觉不好,不能再想东西,停顿十天后才恢复。现在比较顺利了,全文写完,恐怕要到五月了。一九九九年元旦过后,苇岸寄来树才译的法国勒韦尔迪的散文诗。外国散文翻译是费力不讨好的事,不少译者忙于小说名家、名著，宁可一再重译也不肯垂青一下安静的散文。我曾向苇岸征询合适的译者。苇岸说，"我和从事翻译工作的人交往不多，最熟的是树才。他是青年诗人，也是不错的法国文学译者。他答应译雅姆散文集《野兔的故事》，另外他手里现译出的有法国大诗人勒韦尔迪（被称作'诗人的诗人'）的一百多则散文诗，他给我看过一些，极具现代主义或当代气息，我喜欢。附您几则，您看是否欢迎。因为我想既然格言可以当作散文出，大概人们也可以宽泛地接纳'散文诗'"。那一段时间，我受十月文艺出版社委托，为他们一套"建国五十周年文学作品精选丛书"编选"散文卷"，苇岸的散文自然要选，我又请他介绍一些青年作者，我知道，苇岸的周围因他的人格魅力聚拢起一批新生代诗人、作家。苇岸思虑周详，只提出一个参考名单，建议我直接和他们联系，除一平在国外，苇岸代他选了一篇《辽阔俄罗斯》，冯秋子、周晓枫、杜丽、于君等经苇岸介绍与我建立了联系，他们的作品为这部散文选的完善提供了支持。我和苇岸拥有了更多共同的朋友。

春节以后，从北京传来的消息越来越不好，虽然都很含蓄。三月二十一日树才来信，苇岸遵医嘱卧床休养，委托他给我回信；四月二十八日秋子来信，说苇岸体力不够，在屋里走动一会儿，就想躺下休息。王家新约几个朋友去看他，他一时高兴就跟大家下楼了，这是苇岸出院后第一次下楼，竟也能走不少路，不过上楼刚走到一楼体力就不支了，朋友抬他上去，他说看来得增强毅力，硬相信自己可以走；五月十五日秋子来信，她和穆涛十日一同去看苇岸，他眼睛比较有神，但体力不够，长时间躺在床上，起来喝药，很吃力的样子。他自己正在编书稿，已大致完成。做得太多太累了……记不得最后一次通电话是哪一天，苇岸劝阻我去北京看他，说话已经气力跟不上，我知道如果坚持这样做他会很不安，我说我听他的。他说，他最感愧悔的是，病重期间没有把素食主义坚持到底。

就这样，三十九岁的苇岸带着愧悔，在他的文稿和朋友们相伴下，走过了最后的时光。

我不相信什么"天妒英才"之类的话。人走了就是永别。苇岸不该走得这么早。面对这个世界，他还有很多话要说。而将信念当作自己的责任扛在肩上，由"我"开始去身体力行，在我认识的人里，苇岸是独行者。我唯一能告慰苇岸的是，二十年来没有中断过域外散文的编辑和出版，苇岸托付给我的作家，萨克雷的《势利鬼文集》和拉布吕耶尔的《品格论》已经问世；从百花社退休后，应花城出版社之约，在"慢读译丛"的名义下，我和同道者继续着他生前所推重的事业，每当一部新的散文译著出书，比如黑塞的《书籍的世界》，或是伍尔夫的《存在的瞬间》、叶芝的《凯尔特薄暮》，我会拿在手里反复欣赏，想想苇岸也会喜欢的，我就满足。

二十年了,当年出生的婴儿,已经长成攻读专业的大学生,或者在创业的路上奔波,他们如果爱好读书,也会遇到苇岸。苇岸的思考,苇岸的忧虑,似乎更切近他们的精神世界。人类面临的处境,没有什么比今天更加需要迫切的忧虑。

二〇一八年八月五日星期日

谢大光 祖籍山西临猗。多年从事散文期刊和散文书籍编辑工作,主持编辑散文丛书、译丛多种。曾任《小说家》《散文海外版》主编、百花文艺出版社副总编辑。出版《谢大光散文》。

飘逝的苇岸

耿林莽

"动荡的帘子,波动的芦苇之岸,漂泊柔弱之躯,顶得住风雨摇撼吗?"这原是我的一章散文诗《芦苇岸》中的句子,写的是岸边的苇草。当我读过苇岸的富有清新朴素美的散文,追念这位早逝的诗人型的散文家的时候,发现这竟成为一种不幸的谶语了。他三十九岁即被癌症夺去生命,创作生涯不足二十年,一介柔弱身躯,未能够顶住"风雨摇撼"。

苇岸当是一个笔名,这名字清晰地表达了他对大地、河流、优美绿色植被的钟爱。这一点,也正是他的散文最突出的亮色。我所以怀着无限敬意写下《飘逝的苇岸》这个题目,着重点不是文章,而是其为人,是他的圣徒形象对生活于物欲包围下的现代人的启示。

他的散文集叫《大地上的事情》。大地,庄稼,鸟与昆虫,草,花和果实,胡蜂的飞去与季节的转换,一句话,人与大自然的亲缘联系,涉及天地万物无所不至的人道主义关怀与爱心,是他的笔墨光照所触的世界。这使人想到陶潜、王维以来古典诗文中虚静美学追求的传统，和农耕社会背景形成的环境渊源，这些当然都与之有涉。但是，苇岸毕竟生于二十世纪，他接受的文化影响，主要来自现代：爱默生、梭罗、利奥波德、托尔斯泰、雅姆等，都是他常念及的。林贤治先生说："爱作为观念，对苇岸来说是完全来自西方的，不是'三纲五常'的衍生物，这是博爱。"人文精神，对于生命的爱，才是他人格的中心和美学思想的精髓。

"我希望我是一个眼里无历史、心中无怨恨的人。每天，无论我遇见了谁，我都把他看作刚刚来到这个世界的人。"苇岸正是以这样一颗爱心，一种善良的、孩子般纯真的心看待人与自然、与天地万物、与人之间的亲和关系的。他细心观察一窝胡蜂、一只麻雀、一棵白杨，他在自家居所旁的田野，选了一个固定的"点"，为一年二十四个节气拍照立档，以之领略"东方节气的准确、奇妙和神秘"。他不是气象学家，也不是昆虫学家，而是深怀爱心的诗人型的散文作家。他说："我欣赏这样两句话：'人皆可以为尧舜'. '上帝等待人在智慧中重新获得童年'。"他正是在智慧中葆有天真童年直至生命最后一息的人。所以，林贤治称之为"二十世纪最后一位圣徒"。这赞誉中隐含着些许的悲哀："最后一位"，意味着稀有、罕见，以至于"不再"。也许，苇岸的飘逝不过是二十世纪中国文坛一颗流星的陨落，他的闪光过于短暂，且并不为社会公众和知识界、文学界所熟知。但抓住它，珍视这一点人性美的闪光在当今物欲昏昏中可能激发的一点点"照明"作用,又未尝不是可以一试的呢?

苇岸说这是"一个人变得更聪明而不是美好的时代"。他帮助我们理解,在现代物质文明、商品化和科技化的时代背景下,一个人钟情于大自然,热爱大地、河流,爱屋及乌、及虫、及兽,与田园牧歌的"桃花源"时代陶潜、王维们士大夫隐居生活的情趣与追求,又自明显不同。环境污染、生态恶化,成了全球性的公害,"恐怖"已上升为一种"主义",威胁着每个人的安全。悠哉游哉的富有者远离故土到发达的"西方乐土"去做寓公,或者酒足饭饱地在人流如织的风景名胜地走马观花地过一下"旅游瘾";而都市中的幸运人陶醉于声色犬马,贫穷者受困于柴米油盐,一概与山川田野自然风光遑遑乎远矣。功利主义的人,实用主义的人,手持"大哥大"穿行于市场内外的人,工具化的人,物化商品化的人,鼠目寸光为一点点日工资月工资或蝇头小利牵着鼻子转的人,有谁还关心那大地上的旧事情呢?

"麦子是土地上最优美、最典雅、最令人动情的庄稼。麦田整整齐齐摆在辽阔的大地上,仿佛一块块耀眼的黄金。麦田是五月最宝贵的财富,大地蓄积的精华。风吹麦田,麦田摇荡,麦浪把幸福送到外面的村庄……"这是苇岸留下的文字,如此质朴又如此优美。他的骨灰已被撒在故乡昌平的麦田里了,他的文字,一个"圣徒"对于大自然和人类充满爱意的赞美诗,则撒在了精神枯萎时代的大气层中,将不会轻易飘逝了吧?"在仇杀成风的年代,爱是一种斗争;在物欲横流的社会,精神是另一种物质。"林贤治评论中的这两句话,或也可作为苇岸人格价值的概括,得到我们的认可,引发我们的思考吧,我想。

原载《翠苑》文学双月刊二〇〇七年第二期

耿林莽 一九二六年生,江苏如皋人,现定居山东青岛。作家,编审。以创作散文诗和散文为主,已出版有散文诗集、散文集、文学评论集多部。被授予"中国散文诗终生艺术成就奖"。

从苇岸到苇草

蒋 蓝

一个人的气质,会选取气质同属的土地与植物相衬;这气质甚至会悄然改变自己的长相。

清初文人李绂,写有一篇《无怒轩记》,说:"吾年逾四十,无涵养性情之学,无变化气质之功,因怒得过,旋悔旋犯,惧终于忿戾而已,因以'无怒'名轩。"这让我很自然想起燕丹子的话:"血勇之人,怒而面赤;脉勇之人,怒而面青;骨勇之人,怒而面白;神勇之人,怒而色不变。"我想,作为散文家的苇岸,并不属于以上几种。苇岸引用过林肯关于"四十岁以后的相貌自己负责"之说,脸颊修长的林肯患有马凡氏综合征,帕斯捷尔纳克也属此类,苇岸庶几近之。他青年时节的几帧照片,已昭示了一种安静、自然、向内行走的言路。

记得是二〇〇四年前后,我找到中国工人出版社我的责任编辑,从她那里要到了苇岸的散文集《太阳升起以后》,连同海子的两本书,它们很长时间占领了我的案头。海子一诗到底,苇岸由诗彻底转入散文。在我看来，唯有从蹈虚折返大地，方能企及"诗人哲学家"的心路历程。苇岸的文体不是回环陡转，绵绵无尽。他是寓目敞开接纳流云与飞鸟、然后向内用力采撷隐喻的散文家，辅之以知识的储备不断对阅历予以查漏补缺，这为他的大地思考提供了一个展翅的空阔地域。分野在于，大地的根性往往缺乏诗意，缺乏诗意所需要的飘摇、反转、冲刺、异军突起和历险。也可以说，诗意是人们对大地的一种乌托邦设置；而扑出去却忘记收回的大地，就具有最本真的散文性，看似无心的天地造化，仔细留意，却发现是出于某种造物的安排。一百多年前，黑格尔曾断言："中国人没有自己的史诗，因为他们的观察方式基本上是散文性的。"这是特指东方民族缺少史诗情结，却道明了某种实质：让思想、情感随大地的颠簸而震荡，该归于大地的归于大地，该赋予羽翅的赋予羽翅，一面飞起来的大地与翅下的世界平行而居、相对而生，成就了苇岸的散文。

有关苇岸散文的属性，标之以"自然主义""生态主义""土地道德"的叙述已经很多。在《放蜂人》的结尾，苇岸说："在背离自然、追求繁荣的路上，要想想自己的来历和出世的故乡。"他的"土地道德"恰是在"来历"与"故乡"的向度上打开的。苇岸的散文本质上并非纯粹文学史上乡土文学的继承者，因为他的精神动因是"拿来的"。或者说，在利润的欲望春心大动的时代，苇岸是自觉在散文里醒悟过来的理想主义者。

在他不多的散文篇章里，我们可以发现，一个作家置身大地丛林与燕山环抱的凹陷处，他书写天空的笔触非常之多。鸟道在天空铺排，流云的巢穴渐次敞开。我听到的啄木鸟是一直在用永动机的发声与时间角力，苇岸的耳朵听到的却是亮音："相对啄木鸟的鸣叫，我一直觉得它的劳动创造的这节音量由强而弱、频率由快而慢的乐曲更为美妙迷人。"

海子在麦地里发现一个物象的浑圆生成，他在《黑夜的献诗》写道："黑夜从大地上升起／遮住了光明的天空／丰收后荒凉的大地／黑夜从你内部上升／／你从远方来，我到远方去／遥远的路程经过这里／天空一无所有／为何给我安慰……"毫无疑问，黑夜首先从大地上升起。他的诗行里遍布逐渐生成的"黑暗"。我认定"黑暗"是"黑夜"的升级产品，黑夜里的谷仓深处，黑暗堆积，重床叠屋，因为压力与密度而熠熠生辉，是从黑丝绸上跃升的辉光。我们或者可以说，黑色是物理性质的，黑夜是时空性质的，而黑暗是精神性质的，黑暗才是黑夜的温床。一言以蔽之，黑暗是黑夜的神品。同一时刻的苇岸写道：

太阳降落后，约15分钟，在西南天空隐隐闪现第一颗星星（即特立独行的金星）。32分钟时，出现了第二颗，这颗星大体在头顶。接着，35分钟时，第三颗；44分钟，第四颗；46分钟，第五颗。之后，它们仿佛一齐涌现，已无法计数。50分钟时，隐约可见满天星斗。而一个小时后，便能辨认星座了。整体上，东、南方向的星星出现略早，西、北方向的星星出现略晚。（注：1995年8月18日记录，翌日做了复察修正。）

从太阳降落到满天星斗，也是晚霞由绚烂到褪尽的细微变化过程。这是一个令人感叹的过程，它很像一个人，在世事里由浪漫、热情，到务实、冷漠的一生。

我不能确定苇岸是否借助了望远镜。望远镜是光的接生婆，望远镜无法洞悉黑色、黑夜、黑暗的生发。苇岸的视域是可见光的空间，昭示了他的中年心性，他没有抽刀断水，他没有以瓢破水，如博尔赫斯所言"就像水消失在水中"。星光的分布，是道生万物的寓言，是一点一点锥破黑夜的过程，昭示了人穿行于茫茫黑夜的稀微路径。与其说这是海子与苇岸的不同，不如说是诗人与散文家侧身而立的对望，是"寺之言"与"地之说"的分野。这些迷人的观察，构成了杰作《大地上的事情》的思想构架；从观察到内省、从喜悦到凋谢、从浪漫热情到务实冷漠。

苇岸的散文不是诗意的散文，而是典型意义的诗性散文。

诗性是以智慧整合、贯穿人类的文学概念。作为人类文学精神的共同原型，诗性概念属于本体论的范畴。回到诗性即是回到智慧，回到文学精神的本原。作为对感性与理性二元对立的超越努力，诗性是对于文学的本体论思考，"它也是一种超历史、超文化的生命理想境界，任何企图对文学的本性进行终极追问和价值判断的思维路径都不能不在诗性面前接受检验。"（王进《论诗性的本体论意义》，《吉林师范大学学报·人文社会科学版》二〇〇五年第四期）在此意义上生发的诗性精神是指出自生命原初的、抒发情感的元精神。我认为，在现存汉语写作谱系下，诗性大于诗意，诗性高于诗格。诗性是诗、思、人的三位一体。这同样也是汉语散文的应有之义。

回到土地。回到有关土地的书写。

"你想：野地里的百合花怎么长起来；它们既不劳苦，也不纺线。然而我告诉你们，就是所罗门极荣华的时候，他所穿戴的，还不如这花一朵呢。"这样的观察是俯瞰式的，人与花均是蚂蚁。汉语的眼睛在眼镜的加盟下目光如炬，尤其善于洞穿表象直捣本质。杨朔回首，透过小蜜蜂之翅，看到了劳动人民的伟大；郭沫若一见老农民，来了一个高难度的精神俯卧撑，高呼"把他脚上的黄泥舔个干净"。但苇岸似乎被"表象"迷住了。或者说，他是安心于、醉心于"表象"的。与其说，苇岸从亨利·戴维·梭罗、奥尔多·利奥波德、海尔达尔等作家的叙述里找到了进入汉语土地的散文方式，不如说他接通了抵达陶潜、苏东坡、柳宗元、杨升庵、三袁散文的那条幽径：让人回到大地散文，让散文回到叙述，让叙述回到名物呈现，让呈现回到散文对名物的重新命名。与厚德载物的大地相仿、相宜、相依，他的散文说出就是照亮。苇岸的每一次说出，又是对大地、对山水的赋形与赋性。恰如苇岸所赞美的那样："凭鲜花取胜。"

"林中路"绝对不是一个人可以从容选定的。一九七〇年初期，贫病交加的陈子庄在成都龙泉山写生。有人问："龙泉山既无嵯峨之势，也乏奇树诡云，有啥子风景可画？"子庄先生说："我画的不是风景，是内心的山水。"只有意识到，人不过是天地之间的一个导体，心绪点染，撒豆成兵，人与自然永在相互赠予、相互保管的维系下守望，才配为山水画家，才配为大地的散文家。在我看来，苇岸恰是一位穿越了纸风景而获得了山水气韵的散文家。与陈子庄一样，谁又能说他们倒在路上，没有"成了"？

就心性而言，我更珍爱苇岸的三十九则随笔——《作家生涯》，这是他随笔中的巅峰之作。苇岸把描述花朵、流云、蝶翅、星斗、蜜蜂、大鸟、小鸟的笔触收回了，笔锋如芒似寸铁，勾勒了这些事物投射于思想的精神镜像。苇岸以反问的语式强调了自己的决绝："可以说我目前写作中面临的困惑，就是在相对主义似乎已经到来的时代，作家在写作中还应不应体现自己的立场或倾向？一个作家怎么可能完全摆脱他的立场或倾向呢？"于是，在《作家生涯》里他不再娓娓道来，而是毫不讳言自己的爱与憎，展示了一个作家追求自由、正义、公平的价值向度。

无论是置身铁幕还是竹幕，才华都不是千磨万击之后的崛立和振翅依据，而是一息尚存、创新命名不止的独立精神，以及拥有"与大地相同的心灵"的人格，这才是苇岸步出现实迷宫的阿里阿德涅之线。

换句话说，如果没有随笔的隆起与支撑，苇岸，就只是散文家。

这样，在我心目中就出现了"两个苇岸"：文学的宽厚君子与思想的决然起身者。就像一个人无论如何也抓不住自己的影子，或者用卡尔维诺的话说，是"分成两半的子爵"。

我在《一个随笔主义者的世界观》一文里，是这样描述散文与随笔的分野的："散文是文学空间中的一个格局；随笔是思想空间的一个驿站；散文是明晰而感性的，随笔是模糊而不确定的；散文是一个完型，随笔是断片。这没有高低之说。喜欢散文的人，一般而言比较感性，所谓静水深流，曲径通幽，峰岳婉转；倾向随笔者，就显得较为峻急，所谓剑走偏锋，针尖削铁，金针度人。"

再做一个比喻性的比对。苇岸也是散文的植物。散文会对这棵草的生长、开花、果实、色泽、气味等等进行全方位描绘，并勾连自己的情感记忆，从而得出情感性结论；随笔呢，是掰开这棵草的草果或草茎，品尝味道，让它们在味蕾上找到那些失去的往昔，并获得理性品析的结果。而且，苇岸的随笔已逐渐出现一种趋向"打通散文与随笔"的努力，这出现在二十年前，足以佐证苇岸的写作价值与潜在意义。

其实，在大地上我谈论这些分野也许是幼稚的，"分成两半的子爵"乃是我设置的谜面，苇岸就是一根液汁饱满的思想的苇草。他希望自己是"人类的增光者"。他为汉语散文、随笔的纯度与深度，付出了破风观察、逆风写作、顶风思考的代价。

不能结果的花，自然是花；但剑身的锈，却不能叫锈。

我鹦鹉学舌套用现象学的一个句式，散文、随笔的最为原初和决定性的问题，乃是散文、随笔自身。苇岸意识到了这一系列问题，他不能不以命相托。

我不能确定"×××是20世纪最后一位××××者！"的句型最早出自苇岸自己，还是林贤治老师，在我看来苇岸一直是"折下肋骨做火把"（泰戈尔语）的举火者。

不同的语境里，读一读回到海洋的诗人孙静轩的诗《在海滩上》，就能看见一番穿越般的奇景：

黄昏，我爱一个人在浅滩上游逛／看那海水的幻变，听那波涛的喧响／我爱透过那玫瑰色的黄昏眺望海的尽头／看那白色的海鸥追随着帆船飞翔／直到那汹涌的巨浪把红日吞没／我才向大海告别，恋恋地回到岸上……

这个岸，不是彼岸，是此岸。
是苇岸。

二〇一八年三月二十八日　成都

蒋　蓝　诗人、散文家、思想随笔作家、田野考察者。人民文学奖、朱自清散文奖、四川文学奖、中国新闻奖副刊金奖、中国西部文学奖、布老虎散文奖得主。

只此一生

施战军

今天中午,接连而来的喷嚏过后,电话铃骤响,话筒里传来周晓枫急促而稍有沙哑的声音:"苇岸在昨晚六点过世了。"

外面是少见的艳阳,屋里却依然如昨天雨夜里一样阴凉。在出门的瞬间,在幽暗的楼道,我仿佛看见那一张瘦而长的脸,而这个木讷而苍白的形象曾经那么丰富地展示在近年郁郁葱葱的文学森林里。苇岸,在那个被叫作"新生代散文"的最繁茂的林带,曾经是多么峭拔的一株白桦!如今,他的生命如同他的文字,已经永远地化为"大地上的事情"中的绝景了。

一个月前,晓枫就告诉我,苇岸被确诊为肝癌,为了得到更好的治疗,也为更大限度地节省开支,晓枫负责将他安排到她母亲所任职的京城大医院。后来又从散文家刘烨园先生那里得知,北京的爱文文学院已以适当的方式帮助解决了部分医药费。在京郊任教的苇岸靠文学活着,也得到了来自文朋诗友的关爱。他三十几岁的肌体却难以承受病魔的袭击,他的朋友们只能用忆念来慰安这份永远的丧失了。

苇岸是打算用一生的时间来写成一部中国的《瓦尔登湖》——《大地上的事情》的,在苇岸的散文里,他爱所有健康的生命。他以这种热切而坦荡的爱企盼生命的恒常和自然的原乡永驻。显然,苇岸没有梭罗那样享有足够的悠然的时间和境遇。他比同在京郊昌平居住的海子多出些许包容,也显出更广的思虑。周晓枫曾在作品里称颂他有着"最无辜的牙齿",他的素食主义,不是来自某种宗教,确实体现着自然的信仰——这一个有着纯真无邪的信仰的作家,就这样被大限的巨掌攥进了生命的手心,从此,他只能以精神与遗文的方式活着。可是毕竟,他还年轻,昨天还活在世上——

十年前,苇岸在《海子死了》的结尾写道:"春天,万物生长,诗人死亡。"十年后的又一个春天,苇岸笔下的《一九九八廿四节气》刚刚排到小满,竟也远别了万物生长的世界。

朋友们都要尽量好好地做世上的活者。小说家夏商曾经半开玩笑地说:我们要比冰心、巴金长寿。江苏一位青年作家朋友查出了败血症,我们告诉他:不要怕,可治的病,把它制服就是了。吉林一位青年评论家排除了肺癌的可能,在天堂之门归来的人应该没有可畏惧的了。

我们极有可能随时被噩耗击中,但向往永恒的队伍里不会有走失的伙伴。艳阳下呼吸的朋友争取去做阳光的一部分,而夜晚的星辉,有苇岸们银河般的眼睛。

一九九九年五月二十日于山东大学南院

原载《济南时报》一九九九年五月二十六日

施战军 评论家,《人民文学》主编,中国作协主席团委员。

永 远

王剑冰

1. 你在声音的那头

每次拿起打来的电话,或拨通一个号码,都听到你善良如苇的声音:"是剑冰兄呵——"那声音不急不缓的,像船儿在靠岸。

知晓你得了病,不敢打电话,写了一封信去。不敢明着说,绕着圈子鼓劲。春节前还互致了问候,怎么就突然到了生命的晚期?这消息来得实在让人叹息。电话由那边打来,还是那样的声音,说接着来信,很高兴也很兴奋,说朋友给了几个甲鱼,刚吃了一个,感觉不错,有了点儿力气。但听你的口气,那封信比甲鱼更增力气。

人其实是最脆弱的。你曾经宣称"任何长眼睛的东西都不吃",你对大自然充满了独特的爱心,你以"大地上的事情"作为终生写作的话题。我们在一起吃饭,满桌的山珍海味无法使你下箸,你看着和吃下去同样心痛。你一直想以自身的行为保护一切有生命的东西，然而自身却因长期的虚弱而走向生命的尽头。

那次邀你来参加中国当代散文创作研讨会，你乘坐的车子晚点，半夜一点去接，你正在出口处惶惶不知所措，说既不知在哪个宾馆，又忘了记联系电话。握你的手，细如女子，人高却马瘦，与你名字的谐音一点儿并不到一起。其时你正观察着一个节气。二十四节气，必到一个地点采风、写作，那是一片土，麦穗正歌唱于五月。为两不耽误，我们互通了好几次电话商议。我知道你对生活过于认真，对自己过于认真，对爱情也过于认真。基于认真你才过于柔弱，经不住打击。你想不到爱情会从家庭中走失，更不会想到因不适去检查会查出肝癌晚期。你认真地对医生说，说吧，我有思想准备。有谁会时刻准备着去赴死呢？这时你非常想念你的朋友，想念爱情，你的意志很刚强，心理却像个孩子，你太需要这个世界的呵护。

从二月发现病症到五月告别尘世，短短三个月的金贵时光，苇岸，你饱尝了何样的人生滋味呢？

真想拿起电话，再拨通那个号码，一个声音还会传来吗……

2. 生命的另一种方式

已经夜了，窗外正下着雨。

忽就想起了一片麦田，此时一定又染了一层新绿。朋友来电话，你的骨灰，昨日已撒在了那里，是你经常与之交谈的地方。你在那里观察二十四节气，高兴或者寂寥时，常待在地边，以一个生命对另一群生命对视与交流。

得知生命将去的时候，你仔细地计算过如何运用最后的时光。你甚至把自己的后事都安排得井井有条，好似即将逝去的不是自己的生命，而是一个要出远门的孩子，你在以自己的细心与慈爱为他打点行装：换洗的衣服、洗漱用具、雨伞与书籍……是的，你一点点都考虑得那么仔细，包括最后关怀一次可爱的麦子。你的告别仪式上，有人朗读着《把我未曾得到的幸福赐予他人》，这是你送生命上路时最后的交代吧。

在生命离你而去的最后时刻，剧烈的疼痛折磨着你，你的邻床病友全部都在痛叫着，而你却蜷腿坐在那里，紧紧拥抱着你的生命坚持不语，你知道生命的缆绳正一股股断裂，你实在割舍不下三十八年苦痛的生命。那生命随你来在世上过于单调，过于清贫，过于无奈。"大地上的事情"太多太多，你终是无法述说完尽，你把自身化作一抔骨灰，让最爱你的人撒入大地。那骨灰连同一朵朵小花纷落在麦田里，麦子已抽穗，正念叨着一个好的收成。你的骨灰撒落的时候，麦子们惊喜地你欢我拥着。

你的生命换成了另一种生命的方式。

想起你离别生命的最后一段文字："麦子拔节了……就像一

个十二三岁的男孩开始显露出了男子天赋的挺拔体态。野兔能够隐身了，土地也像骄傲的父亲一样通过麦子感到了自己在向上延续……"

原载《大地之子》湖北美术出版社二〇〇一年版

王剑冰 河南省作家协会副主席，河南省散文学会会长。出版散文集《绝版的周庄》等三十四部。

苇岸,在天国是快乐的

王开林

一九九九年五月二十日下午三时,我接到冯秋子从苇岸家打来的电话,她告诉我:"苇岸昨天离去了。"这个噩耗无异于一记惊雷,震骇从天而降,哀伤接踵而至,薄昧的言辞委实难以形容。

此前不久,我打电话给山东的好友刘烨园,他问我是不是知道苇岸病了,我说不太清楚详情。他随即停顿了一下,似乎有点迟疑,就那么两三秒钟的间歇,我脑子里便电光石火般生出不祥的预感。

"苇岸得的是什么病?"

"是肝癌晚期,这消息我也是辗转得来的,打电话过去安慰,起初他什么都没说,后来他哭了。苇岸的性格你也清楚,过于自抑,过于内敛,这么大的事他都不肯告诉大家。诊断结果出来后,他一度万念俱灰,不打算治病,准备带着仅有的七千元存款,独自出门找个地方,静静地度过最后的日子,幸亏朋友们及时发觉,将他拦在家里。他现在的精神状况还算稳定。"烨园的语气还算平静,但我的内心已掀起波澜。

一九九四年春夏之交,我因十二指肠穿孔,动过一次手术,侥幸逃回生天。苇岸打电话过来问候,谈到饮食,他说自己吃素已有一段时间,身心都感到很适应。听了这话,我即刻起了担忧,像他那样苦心孤诣的人,用脑过度、耗神的直接后果将是大伤元阳,长期吃素,营养不足,很容易生病。我说,我已有了血的教训,你可别掉以轻心,把它当作前车之鉴吧。他当时出声笑了笑,列举历代高僧均以寿终为例,坚信吃素无害于健康。在这个话题上,他十分固执,谁也说服不了他。

我接触苇岸的文字,最早是在一九九一年秋天,某个天空蔚蓝的日子,我收到老愚寄来的《上升》,径直浏览下去,于是在《美丽的嘉荫》道上,跟苇岸有了不期而遇的初逢,他告诉我许多《大地上的事情》和"海子死了"这一悲剧发生的前因后果。其诗意丰沛的文字,犹如莫奈早期的油画作品,饱蘸热情的笔触总在幻想的半径滑行,那种有的放矢的爱,无论是针对大自然,还是指向现实人生,弦响之处,都从未落空。苇岸那时的散文已具有 种近似于果熟的"期待之美",令我心折,令我心仪。同年冬天,我在冻手的北窗下,铺纸给苇岸写信,起头一句便是:"我是那种往寒冰中寻觅热火的人,但愿你不会认为我刚从疯人院里逃出,或者认为我是摔伤了脑袋的傻瓜。以寒冰指世界,以热火指文学,这比喻也许相当蹩脚,那么我等待你宽容一笑。"

苇岸既没有认为我是疯子，也没有认为我是傻瓜，他回了信，用倾盖如故的口气说："说到底，我们都是那种人，往最苦的地方求快乐，往最冷的地方求温暖，世俗要说这是疯，这是傻，我们又何必分辩？"在那封信中，他用多半的篇幅大谈梭罗的《瓦尔登湖》，称赞那位美国圣人的书远比耶稣手中的麦饼更为神奇，"一张饼吃饱三千人，只能算作小奇迹，现代人的心灵也许并非饿着，而是像河床一样积满了淤泥，梭罗立愿要疏浚人类精神河道里几千年腐臭的垃圾，丝毫不逊色于佛陀立愿要将世人度出无涯苦海。思想的力量究竟有多大？我认为我已经找到了一个相当满意的答案。"

梭罗是不折不扣的素食主义者，这一点尤其使苇岸大为心欢。他在另一封信中重点引用了梭罗的一句话："人类已经成为他们的工具的工具了，饥饿了就采果实吃的人已经变成一个农夫，树荫下歇力的人已经变成一个管家。最杰出的艺术作品都表现着人类怎样从这种情形中挣扎出来，解放自己。"苇岸深受梭罗的影响，用心去寻觅和发现大自然内在的诗意，以使焦渴的人心找到获救之水。有一次，他在电话中告诉我，他平常很少看电视，但有个节目从未错过一集，那就是《动物世界》。他以心灵体贴大自然，包括了对朝晖夕阴的观察，对草木虫鱼的关爱，对鸟语花香的听闻，对风雨霜雪的感受，所有这些努力使他成就了《大地上的事情》那本精粹的散文集，也使他成就了最精心的遗作《一九九八 廿四节气》中的前六篇。苇岸坚守信念，至死不渝，当他在天国与自己的夫子——美国圣人梭罗相会时，那种热烈拥抱的场面，我完全可以想象得出。

苇岸是典型的完美主义者，在为文方面，这一点更是达于极致。迄今为止，我还从未见过第二位同辈作家像他那样慎之又慎，精益求精。他曾在信中说："这一代应该有一个新的起点，而且是以前一辈人的终点为起点，这就难了，也许是我们的才赋不够，或者是位置不当，站在一座小山顶，根本就没有上升的路可行。那么我们目前最紧要的不是下笔，而是下山。"具体到个人的创作，他说："我的手很慢，大体一月一篇，能这样就不错了。"又说："写作在时间上真是一件脆弱的事情，它需要最好的心境，有点杂事，一段时间就过去了。这包括写信。"他还告诉我，每篇文章少说也要改上十遍，小到某个标点如何安家落户，某个词语如何刮垢磨光，都煞费心神。苇岸弃诗从文业已十年，总共只有不到三十万字的作品，并非他不够勤奋，而是严谨得近乎苛刻的创作原则极大程度上制约了他才情的展示和发挥。读者有福了，读到了一篇篇千磨万琢的精品；而作者却深受其害，以心血浇花，结果总归是花好人亡！

苇岸是真诚的，在我与他八年的交往过程中，不曾从他口中听到过一句花巧的假话。谈到我的散文，他的批评一针见血，认为我近年来心态和笔调都有滑归传统的迹象和倾向，这是一种不应有的软弱和妥协。此外，他还认为我寄兴于所谓的文化随笔，是反认他乡作故乡。他中肯的批评令我反思，有这样一位诤友，无疑是我莫大的福分。苇岸为人以赤诚追求完美，他曾说："在这个世界上，我觉得真正的作家或艺术家，应是通过其作品，有助于世人走向'尧舜'或回到'童年'的人。"然而，自我完善之路永无尽头，他渴了，饿了，累了，苦了，病了，都不肯停下脚步来歇息，更别说掉头另寻安乐的地方。其旷日持久的精进超越了极限，在某一时刻，生命便如同大雪后不堪重负的树枝一般猝然断折。

我与苇岸缔交八年，却始终缘悭一面，其间我有两次去北京，都是匆匆往返。去年他到过一趟张家界，原打算折道从长沙返京，也因旅途过于疲惫而改变了主意。长期以来，我心中有一个与众不同的想法，真正的朋友能有一份书信上的高情厚谊，已是天赐之福，不必非要晤谈，以免书生意气，言语疏失，彼此反生嫌隙，故而我与一些远方的朋友，互相早已熟稔了声音和文字，却从不谋求一会。苇岸走了，现在我终于为自己的怪想法付出了第一笔惨痛的代价。去年母校百年华诞，苇岸问我是否赴京，我说今日的北大已不是当年的北大，我还是别回去找一份失望了。他说，也好，反正不愁没有机会。我开玩笑道，干脆等你五十岁吧，我专程去为你祝寿。他在电话那头也笑了。谁能料到我的这个心愿已永远成空！

苇岸在《海子死了》一文中写道："我说死无论如何应是五十岁以后的事情，否则天堂不纳，地狱不容。"那时，他是想劝转二十五岁的海子放弃自杀的念头。现在，三十九岁的苇岸走了,我的唁电中有这样一句:"苇岸志行高洁,上帝必开天堂正门接纳!"对此我深信不疑:他不入天堂,谁入天堂!

"春天,万物生长,诗人死亡。"这是苇岸纪念海子时写下的一句不露声色的痛语。十年后的暮春时节,苇岸的肉体已奄然物化,他的灵魂也抛别了尘世的朋友,追随上帝的钟声,翼然归去。或许,有圣人梭罗在,有诗人海子在,苇岸在天国是快乐的,也未可知。

原载《散文》一九九九年第十二期

王开林 湖南长沙人,一九八六年毕业于北京大学中文系。出版散文、随笔集多部。现供职湖南省作家协会。

落日故人情（外一篇）

周晓枫

每个人都离去得过早，假设他的胸腔还哽着一句尚未出口的话。假设他年轻、善良，假设他是作家，拥有最美好的语言，那么死亡的悲剧色彩就更得到强化——假设，他还是你的朋友。春天的大地上，破裂的陶片闪着朴素的微光——当我们告别而去，谁也不知道，在打碎之前，那母腹一般圆润而温暖的坛罐里，盛着多么干净的骨灰。

一九九九年五月二十三日上午八点半，北京马甸桥的东北角，身着素衣的人们手捧鲜花，等车前往昌平殡葬馆。马甸桥下是个农贸早市，小贩们高声叫卖着菜蔬和水果：莴笋青绿，草莓艳红，结实的土豆上沾着新泥。一切都在继续，并生机勃勃。市场上方一个拉开的条幅让人迷惑："高兴来，高兴去，把钱拿在手里最安全。"停了一下我才反应过来，它的意思是提醒人们警惕扒手。但是，看起来这句话也可理解为祝贺小偷行窃成功。太多问题没有对错的界限划分，有时善与恶甚至可以借助同一个载体来表达自己。生机和死讯，圣洁之物和污迹，歌唱和饮泣，理想和阴谋……我们活在其中，努力或是徒劳地加以分辨。现在，苇岸终于离这个黑白交错恰如昼夜循环的世界而去。

与其他开端相反，第一场雪大都是零乱的。为此我留意了好几年了。每次遇到新雪，我都想说："看，这是一群初进校门的乡下儿童。"雪仿佛是不期而至的客人，大地对这些客人的进门，似乎感到一种意外的突然和无备的忙乱。没有收拾停当的大地，显然还不准备接纳它们。所以，尽管空中雪迹纷纷，地面依旧荡然无存。新雪在大地面前的样子，使我想象一群临巢而不能栖的野蜂，也想象历史上那些在祖国外面徘徊的流亡者。

第一场秋风已经刮过去了，所有结满籽粒和果实的植物都把丰足的头垂向大地，这是任何成熟者必至的谦逊之态，也是对孕育了自己的母亲一种无语的敬祝和感激。手脚粗大的农民再次忙碌起来，他们清理了谷仓和庭院，他们拿着家什一次次走向田里，就像是去为一头远途而归的牲口卸下背上的重负。

刚刚翻开《大地上的事情》的前几页，不期而至的美瞬间将我截获。善良而微小的事物被关注，被爱，被提示给疲倦的奔行者，令他突然看到寓含其中素朴又博大的真理——而这，正是他最初踏上征程的理由，却在中途被消耗和遗忘。我回忆起《荆棘鸟》中的情节,麦琪独自站在光线穿越的宽阔而幽暗的谷仓,感到上帝就隐藏在高高摞起的金黄的稻草后面。我忍不住猜测,这样匀净的、诗意的、和平的、满含关爱的文字出自什么样的人。其后我与作者苇岸有过数次电话联系。一九九五年,我在昌平第一次见到他本人。苇岸有几分异人相,与我的想象有些出入。他个子很高,奇瘦,矩形的脸让人想起羊的面貌。他声音低沉,语速非常之慢,带有修辞和用字上的考虑。我语速比常人快,且口无遮拦,因此在和苇岸的谈论过程中常常尴尬:不是抢话,就是冷场,因为我把握不好他的话何时结束,何处仅仅是逗号。同去的还有其他的朋友,苇岸和我们聊了一会儿就默默走出书房,长时间没有返回。我疑惑地前去侦察,才发现他正在厨房仔细地切着白菜,戴着一顶高高竖起的白帽子,类似于化学剂师做实验用的。我大叫:"你一声不响就溜了,还戴着这么顶奇怪的帽子,到底是给我们做饭呢,还是来加砒霜的?"苇岸解释,这样头发里就不会混进油烟味儿了。一个细节,我初次看出苇岸的严谨,以及他的洁癖。随后的日子,我很快了解到,这种致命的洁癖包括生理和心理双重。看着满桌的青菜萝卜,对于我这样的肉食爱好者,素食者苇岸给我上了一堂生动的教育课。临走时,苇岸让每个人留言,我咕哝着"搞得像个仪式",但还是在明信片上留下了歪歪扭扭的字迹:"苇岸,我也想成为天使,虽然我长满罪恶的牙。"

我常常觉得,苇岸简朴有序的生活是经过总结归纳、继而按照提炼出的纲领进行下去的，甚至在无关痛痒的小事上也决不懈怠。他要是在早晨喝了豆腐脑，中午就绝不吃豆腐，因为不连续两顿吃同样的东西是他的习惯。我个性散漫，因此从我的角度看来他的行为难免刻板。苇岸不沾烟酒。常人把烟酒看作可以原谅的嗜好，他的态度严厉一些，将之视为恶习，虽然是轻量级的。文人中多酒肉烟色之徒，迫于来访者的饥渴要求，苇岸在阳台辟出专门的吸烟角——经常是苇岸独自坐在屋里微蹙眉头，而他的朋友在阳台上高瞻远瞩、喷云吐雾，心中万里晴朗。我注意到苇岸的烟灰缸非常漂亮，造型是一片透明的玻璃树叶，上面分布着细腻起伏的脉纹，这件对他自己来说毫无使用价值的物品让人充满观赏的愉悦。客厅墙上是桦树皮做成的相框，书房里挂着蒙德里安风格的画儿——苇岸向往有品位的生活，尽管受清贫的物质条件限制他始终朴素。作为唯美主义者和完美主义者的典型，苇岸对美或不美都有更敏感的发现，对不善之举格外警觉。敏感者如果没有适时适度的蓄意的粗率作为自卫手段，将屡受伤害——所以，苇岸活得比我们辛苦。诗人树才曾劝苇岸，不必事无巨细全不放松，好钢要用在刀刃上，也是出于对他的深切怜惜。强烈的律己原则，使苇岸永远不会尝试某些存在争议的行动。他从观念而非身体需要和感受上去判断他对事物的接纳或拒绝。只要太阳下明亮的东西，却忘记明亮之物要在大地上留下更深的斑影；他希望自己是天国里最干净的孩子，却不知道人类需要着部分细菌必要的养护，不知道生命的旺盛在很大程度上仰赖于杂质。苇岸太纯洁了，他的纯洁里有种让人心酸的成分。

在这个喧嚷的利益时代，苇岸像个科幻电影中误闯了时空隧道的中世纪修士，心怀一腔宗教虔诚，可面对现代社会，他的孤独和不适应显而易见。执拗又木讷寡言，苇岸不是交际场合的佼佼者，但正直、真诚和对文学的挚爱使他在写作圈里人缘极佳，他与诸多诗人、散文作者过从甚密，常常帮大家建立相互之间的联系——我夸他是最高尚的媒婆、最无私的掮客。作为受益人之一，由于苇岸的介绍我结识了一些书写者，并得到精神上的鼓舞。我自己是个两栖类，既热爱文字，又迷恋世俗享乐。苇岸则是专一的，带有强烈的古典献身精神。不得不承认，其实他所不悔的信仰，只被极少的人执守却遭大多数人的嘲笑。从书本，从大自然和小动物身上，他体会着愉快和安全感，亲历为理想所描述过的美好。所以尽管写作上的朋友来往频繁，但他最重要的快乐并不源于人际交往——交流更多出于写作需要。这么说并非在暗示功利目的，而是强调，以写作者身份出发的交流，形式必有所不同。苇岸几乎从不谈工作或个人感情方面的事，他在电话、书信和当面聊天的时候，均以文学为主要话题，他的友谊可以视为写作和阅读之外开展的部分。

他没有什么娱乐活动，写作成为重要的也是唯一的爱好。他力求完成最优美的表达，态度的慎重导致速度的缓慢，他甚至会为一个标点踟蹰不已。他不属生命力蓬勃文思泉涌、下笔千言的那种人，他写下的每句话都像从身体里慢慢抽出的丝。到他过世之前，所有文字加起来，不过一本薄册。但是，它们浑然天成，诗意深厚，我设想不出能有更美的方式。读一读苇岸宅心仁厚的散文，会让情绪焦躁的我迷途知返，重怀感恩。他让我只要看到缓缓移动的羊群露出草丛的背脊，就相信即便最荒凉的地方也有善美生生不息。苇岸很少写到世俗而具体的生活，一方面从他的认识上就把这些内容划定为可以忽略和删减的部分，另一方面，他的生活确也单调。任何带有形而上色彩的生活都蕴含危险，其实苇岸的为人与写作里已经隐隐显露某种根基的脆弱。他把隐私扩展到足够宽泛的范畴不与人言，又把宣泄的渠道一一堵死。对朋友不说也就罢了，在文章里也不说，他的内伤淤积着，等待致命的溃口。

因为善良，苇岸很容易产生内疚，以为倘使自己有足够的智谋和技巧，就可以不让他人陷于尴尬或不快。我比较悲观，并认为这种悲观近于客观：人类几时能做自己前程的舵手，而不是命运手中的袖珍玩偶？太多不幸不是经过努力就可以避免，挫折不是错误，我们能够对之负责的只是其中很少的部分。当然我不想为自己开脱，说堕落仅仅因为是在稍不留意的时候万有引力将我拉向深渊，只是想表白，假设我是猫，不折磨一只临死的老鼠就是潜德所在，不能指责我吃掉它就是残酷。

苇岸住院的那天，我们在附近的雪苑餐厅吃饭。一旦入院,就不允许擅自步出院门,苇岸似乎很珍惜这转瞬即逝的自由。我说:"苇岸,你就像一直生活在医院里,干净无菌,管理严格,却不能随意走动,且住在里面的都已是病人;农贸市场里虽然脏乱,却富有真正的生机。我没有清修自持的定力,所以要为自己的腐化寻找正义的理由。有钱,我就花天酒地纸醉金迷;有权,我就鱼肉乡里欺男霸女——到晚年,我摇身一变,成为像你这样的清教徒。这样,我什么都没有错过,而且往昔的经历一点儿都没有浪费,反倒成了赢得荣誉的资本。我要写本沉痛的《堕落忏悔录》,因为堕落才畅销,因为忏悔而让世人原谅并钦佩,我的榜样力量将在死后继续下去——这样的一生才超值。"对我大逆不道的言论,苇岸没有反驳,但他的微笑里蕴含批评。我翻着白眼,得寸进尺地宣称:"追求高尚的人需要毅力,敢于堕落的人难道不需要勇气?我愿住在上帝的隔壁,却经常跑到魔鬼家串门。我不为自己的行为抱愧,因为这个世界更可怕的人存在着,他们明明是魔鬼的家人,却和上帝攀上了亲戚。"

被医院确诊为肝癌晚期以后的几个月,苇岸的体质迅速衰弱,说话稍多就觉得累,我怀疑自己的聒噪是不是也让他听起来烦乱。他最大的忧虑是担心自己时间无多,写不完二十四节气。当新的节气到来,在固定的时间、固定的位置,苇岸对着同一块田野观察,并存留照片。那些依序排列的照片在我看来差别极小,立春、雨水、惊蛰、春分……苇岸却从中洞见土地伟大的嬗变和更迭、孕育和新生。每个在苇岸身边的人都能感觉出他对生命的无限眷恋。怀着一线希望，他改变饮食结构，开始吃肉了，渴望自己能借此恢复些许体力。苇岸把排骨当作药还是当作美味来吃，这并不重要，在旁边看着他吃我涌起母亲看待孩子似的心疼。在餐馆里翻动菜谱点菜的时候，你会发现他对菜系和菜肴的无知，太多的东西他是第一次尝试，他的生活简直还没有完全开始。苇岸在临终的几句话里交代，最大的愧悔是没有将素食主义贯彻到底。"我觉得这是我个人在信念上的一种堕落。保命大于了信念本身。"苇岸从来没有学会原谅自己。我明白，尽管我们自己的信仰可以和疾病打上一两个回合，在死亡面前却可能土崩瓦解，但依然在心里希望苇岸能够坚持到最后——我知道有一部分读者会因为他放弃素食而遗憾，产生某种莫名其妙的变节感。我为此难过，我们如此需要谎言，需要所谓的圣徒形象，这里面当然也包括我自己，以至于可以牺牲掉一个真实的人的幸福、健康和生命！苇岸拥有禁欲式的美德，它们以无数牺牲为代价。因为他的禁欲，我们提出质疑和批评，显然我们自己达不到，他高出的部分易于引起妒意和破坏倾向；因为他的美德，我们赞扬，否则会使自己的价值取向及人品受到怀疑。针对苇岸的做法一直存在两种微妙的对立评价，而他又偏偏非常在意别人的眼光——这一定会增加额外的痛苦，无论别人的态度是褒是贬。比如，我们的赞扬是否在某种程度上秘密参与建构他的素食肠胃，或言之，在辅助他培养和巩固他吃肉的犯罪感？

每个人因为只有一次生命，我们应该也必须尊重他唯一的选择。个性只要与他人无害，舆论就不必大动干戈，妄图对其修正一番，这是文明所应具备的最基本的宽容。我怎能有颐指气使的资格，大肆评判苇岸的是非与做人原则呢？他远比我出色。但我还是忍不住奢想，亲爱的苇岸，假设你改变一些生活方式，是不是你还能在我们之间？我怀念你的偏执，你的容忍。也许，你宁可凋谢，也不愿忍受瓣上的虫斑，像我每天所做的一样。

虽然苇岸从体形上更像长颈鹿，但依据性情我把他归为熊猫。熊猫从进化论角度看是个奇怪的例子，从肉食变素食的道路简直等于从高级步向低级。用适应吃肉的消化系统不适应地处理着竹子，我总感性地认为这是出自内心的非暴力主义选择，而不是环境的迫使——因为在任何时候，可以成为肉的东西都比某种特别类型的植物容易寻找得多。你可以说熊猫数量的稀少怨不得别人，物竞天择，优胜劣汰，是它自己不合生存需要，但扪心自问，必须承认，对熊猫的灭绝我们负有不可推卸的负责，因为每时每刻，我们都在破坏它赖以存活的栖息地。

殡仪馆的哀乐此起彼伏，而苇岸的葬礼上放的是宗教清唱音乐，一听就知道出自他生前的选择。一切依照遗愿，不设墓地，骨灰撒放到他的出生地：北小营村。麦浪起伏，像唱诗班的孩子。家人在前面撒骨灰，我们撒下花朵，土地接纳一个热爱者的灵魂回家。这是最优美的麦田,因为它催生花朵;这是与众不同的葬礼,布谷鸟一直鸣叫着,它看到人们播撒进一颗种粒到春天的大地深处,有谁将从植物的根部出发,重新上升到阳光之中。

苇岸没有孩子,离异后自己过日子。我曾认为,苇岸的凄凉之处在于他的离去不对任何人的生活造成实质的重创。我比较自私,倘若自己突然间撒手人寰,我愿有人痛不欲生,我将之视为人生成功的佐证之一。仅仅作品优秀,留存长久又能如何?这种精神意义的缅怀既让人欣慰,也让人凄凉。但是我错了,并遭受到记忆的折磨和惩罚。苇岸过世以后的某个下午,我坐在公共汽车上路过一个素菜馆,蓦然想起几年前,我和苇岸、止庵在这里吃过一次午饭。想起我大多数的写作朋友都是经苇岸介绍得以相识;他是多么令人信任的兄长,想起他的照顾和宽谅;想起我很少为找不着通讯本着急,只要给苇岸打个电话就可以索要某人地址,他是我的114话务员;想起自己的刻薄并未因他的善待而收敛,就在那天,我面对素菜大加抱怨,赤口毒舌地挖苦苇岸,说他圆寂以后骨头里肯定净是舍利子……汽车到站,咣当一响,我的泪水滴落到脚面。我有意回避温情的表达,往往以讥诮的口吻说三道四,尤其对那些真正喜欢的人或事,以为在这种策略性的自我保护里,我逐渐就不会在乎——我不希望善感,像苇岸,我愿自己有金刚不坏之身从容穿越爱恨却毫发无伤。而今,一种隐痛挥之不去。不知为什么，健忘的我格外清楚地记着他的电话号码，有时候，真想冲动地偷偷试拨，猜猜谁在对面接听。

怀念是个最安静的动词。因为持续一生的伤感，藏在这种安静里。

原载《山花》二〇〇〇年第一期

善　者

近来奇怪，很早就醒，两个星期来时间总是固定在清晨四点五十七分，有几次甚至准确到了秒针。睁开眼睛，就感觉清醒已久，并且心里弥散着一种挥之不去的哀痛，据说此乃抑郁症的典型征兆——梦境的床单撤空，我瞬间跌回现实的马厩，并被粗糙的草梗刺痛脸颊。把头埋进枕席，我挣扎了一会儿，试图摆脱坏情绪。快四十岁，以为自己不惑，可我还是不能很好控制体内的化学。是啊，情绪问题往往能具体到化学配方，如同爱情也是多巴胺、加压素和醋酸催产素交互作用的产物。

今天的伤感仿佛可以找到理由。看日历，今天夏至。昼夜交替，岁月中的音乐家弹奏黑白琴键；现在节奏慢下来，他在白色的钢琴键上用力敲出一个音符并等待长长的回音……这便是夏至，这一天，北半球的白天最长。似乎是并不重要的节气，但它让我想起亡友：苇岸，优秀的散文作家。过世之前，他正在写作《一九九八 廿四节气》。

选择一个固定的地点观察节气的变化，他注意昼夜的长短、日影的高低、土壤里的水汽和庄稼长势。开篇他这样描写立春："能够展开旗帜的风，从早晨就刮起来了。在此之前，天气一直呈现着衰歇冬季特有的凝滞、沉郁、死寂氛围。这是一种象征：一个变动的、新生的、富于可能的季节降临了。外面很亮，甚至有些晃眼。阳光是银色的，但我能够察觉得出，光线正在隐隐向带有温度的谷色过渡。物体的影子清晰起来，它们投在空阔的地面上，让我一时想到附庸或追随者并未完全泯灭的意欲独立心理。天空已经微微泛蓝，它为将要到来的积云准备好了圆形舞台。但旷野的色调依旧是单一的，在这里显然你可以认定，那过早的蕴含着美好诺言的召唤，此时并未得到像回声一样信任的响应。"

大地的律动如此细微，唯专注而敏感的心才能聆听。苇岸的散文让浮躁如我者自惭形秽。他倾注那么多的耐心和深情，缓慢酝酿文字，可惜《一九九八 廿四节气》并未完成，他写了六个节气，止笔于"谷雨"——因为，没有来得及为"夏至"做好时间和素材上的准备。苇岸走的时候三十九岁，拿节气作比，恐怕相当于人生的夏至，从春到冬、从纯真到沧桑的中途，他活到了最漫长的明亮白昼。正好，也恰恰是我此时的年纪。

比之曾经，我能否更贴切地体会他当时的心境？年长十岁的兄长，我目睹他告别世界的坚强、挣扎和渐渐的无助，目睹他怀疑之后依然深怀的感恩。苇岸善良而执拗，他有羊一样狭长的脸和向悲剧倾斜的命运，骨灰也归宿于青草。清贫，孤单，谨慎，勤奋，自我克制，他一生都保持着穷孩子的好品德；这个素食者、完美主义者、倡导环保与热爱读书的人，他还有那么多的怀恋与愿望，临终却是无妻无子，肝癌带来的剧痛使他躺在床上都不能获得任何一个角度稍感舒适的睡姿。生活，总是让人带着模糊的动力去爱，去憧憬，去创造……所谓理想，明明是和天堂签好的合同，但又为什么，转眼却作为一张卖身契把人变卖到地狱？

苇岸的自律几近苛刻，他很容易自我责惩；作为素食主义者，他在道德反刍里咀嚼和消化，以使自我塑造更趋近完美。在一种纪律性的人生里，是否遭遇的奇迹非常有限，自由也从而失去所向披靡的内力？他让自己像指南针一样信仰坚定，也像干净的动物标本一样告别腥膻……品德清凉的苇岸啊，这是繁盛之夏，你却带来一种令我生寒的深秋预警。因为，我看到一个人如何被自己的美德所滋养，又如何终生被自己的美德所剥削。

我总觉得，过分严格地区分美与丑、善与恶，易于形成审美上的局限——当然它们之间泾渭分明，混淆两者，我们就会丧失基础的衡量标准；但同时，两者存在秘密的交集，对这个交集的发现和承认,是对世界更高的认识境界,也是我们对自己更有价值的宽容。比如爱的美好和恨的丑陋之外,我们或许可以持有更大勇气,看到某些情境下,爱使人平庸且无助,恨却捍卫着必要的个性与力量。邪恶中也有智慧,只不过这是一种分外危险的能量,需要以非凡的胆识去提取。我愿意达成妥协,放弃剑走偏锋的杀伤力,去维护品德亮度与处世和谐,但这不意味着排斥所有阴影,似乎一丝一毫的灰尘都会严重地妨碍纯洁——纯洁,这个词,暗示着容易失去质地的稳定性。以我的个人偏见看来,苇岸的严格多少有些绝对化,他是自己的戒尺,带着不容修改的刻度和准则。为了维护正向的精神价值,他透支了自己身体上能够支付的成本。

其实,生命的悖论无所不在,远比二元论复杂多变。一缕明亮的光线,既照耀我们,又映衬出周围更为广阔的黑暗。毒药可能不仅仅包着糖衣,或许它本身就是让人无法割舍的糖。太多东西,不能绝对依靠理念和理性,来简洁地判断、干净地分割、方便地取舍。但我又深深钦佩苇岸的坚持,感动于他内在与自愿的牺牲倾向,那也是种安静的勇气。是啊,那些诱惑,那些向往,那些闪耀光斑的理想,即使会变成突然的毒药,谁又能忍住不去饮鸩止渴?即使幸福索要昂贵的代价,即使许诺有时会变成一场恶毒的玩笑,也总有什么,值得,甚至永远值得我们悲剧性地付出代价。

的确,一些方面我与苇岸的观念理解不同,我们曾相对认真地讨论过。苇岸明朗、积极、质朴、慈悲,我和他相比,是不安分的,藏匿更多坏的因子。恶,何用之有?在绝对要求善的上帝面前,恶,近于一种证明,证明我们能够自我操控的一种能力上的象征。苇岸对我的价值取向质疑,并给予过委婉的批评。其实我了解自身的胆怯,了解自己如何时刻受制于来自某些事物的震慑。所谓邪念,至少对我来说并非真正恶意,更像小小的挑衅,或是天性中对于即兴戏剧的某种需要;并且,伴生邪念,我立即就会掠过生理反应般的道德惊恐。这种潜在的惊恐,在于我不可自控地做出了条件反射式的肉体忏悔。本雅明曾说:所谓幸福,就是不受自我恐吓而进入内心的深处——这种感触我体会不多,或许说明,因为部分承认魔鬼的权利,包括承认魔鬼权利的合理性,我在接受不动声色的日常性惩罚。

与苇岸的分歧起自定义上的偏差,或许也是我的问题所在。虽然认定善是人性中最值得称颂的品质,但我也习惯于把它理解为无能为力的被动的美德;善本身的自重,难免使携带者体质虚弱……那害羞到怯懦的柔情。苇岸看到的,是善含而不露、耻于张扬的坚韧,正是这种内蕴力,当面对黑暗时,善者因无畏而不屑;在他的信念里,恶的尖锐必输于善的宽广,像铁在水的作用下生锈。也正是由于苇岸以及和他一样的人们,用固执的坚守形成一种无形感召,使我反叛的离心力始终弱于吸力,不至陷于虚妄。

善者有其隐蔽的获赠方式。我们发现，一个因爱意而显得柔弱的人，的确易于受到伤害，遇挫中他也难以体会什么积累；但是当磨难结束，他突然得到的意外遗产，远比那些处心积虑的投机者所赢得的更为丰厚。

……漫游在他所适宜的天国里，青鸟就在苇岸的肩头歌唱和睡眠。

二〇〇八年十月

周晓枫 一九六九年六月生于北京。曾为文学编辑，现为老舍文学院专业作家。出版有散文集多部，曾获鲁迅文学奖、朱自清文学奖、冯牧文学奖、十月文学奖、人民文学奖、花地文学奖、华语文学传媒大奖等。

好兄弟苇岸
——追悼青年散文家苇岸

韩小蕙

苇岸独自远行了!

他终于以他一贯的外表羸弱内心却坚硬如铁的、与众迥然不同的行为方式,默默地上了路。不顾我们大家的苦苦挽留,也不肯稍做等待,就坚不回头地走了。我盯着他那白杨树一般细高挑儿的身影,逐渐消失在去去千里烟波,真有一种五内俱焚的绝望拔地而起,变作鸽哨,刺向北国的万里青天——此时,我的耳朵变得从未有过的敏锐,听见那鸽哨像神曲一样回荡在丛林、山岗和杨树梢头,它在反反复复歌吟着:

眼看着啊全世界的民之众
兴高采烈啊来到新世纪的门槛下
载歌载舞啊且狂且欢
就等着那巨门訇然而开的一刻
争先恐后地奔啊进去

采摘那只幸福的金苹果

而把你呢——好兄弟苇岸

独自留在 20 世纪的旧日历里

任你踽踽跋涉在无家可归的泥泞之途

我们又怎么能够安心

啊啊……亲人掩面救不得

回看血泪相合流啊!

在我眼里,散文界是一个大家庭,前辈、兄长、小弟、小妹,熙熙攘攘又和和乐乐,人口越多越不嫌其多,家业越大越不嫌其大。散文,就像是山西洪洞县的那棵大槐树,我们都是它的根须枝叶毛尖尖,不论哪天相见于江湖,纵然对面不相识,只要报上姓名,或只需说出几篇喜爱的散文,得,兄弟姐妹就相亲相近只需享受热衷肠了!我曾一千次地陶醉于这种最高规格的礼遇中,一万次地得出结论:"大槐树"的根根须须扎在哪儿,红地毯就准定铺在那里!

和苇岸,就是这么相识的。

初次见面是在《北京文学》召开的一个散文研讨会上,算来时光已匆匆走过了五六年。那天,到会的基本上都是散文界的新人,白杨树一般的一个细高挑儿、稳重老成不多言的,原来就是苇岸。此前读过他的散文,书卷气浓而文笔老到,以为他至少五十岁往上了,因而握手寒暄之际以"您"相称,但见他稍做忸怩，亦还了一个"您"，还引起了我片刻的惊奇。那天会上的发言，因在座的都年轻就必然激昂，革新是主调，这既对上了彼此的心思，也符合新接手《北京文学》的少壮派编辑们的血气方刚，于是皆喜形于色，胸腔里流淌出散文大家庭的喁喁亲情，至吃饭时候，已成畅怀高歌之势，会唱的不会唱的，活泼的、拘谨的、老气横秋的，全都轮番献美或献丑，不图表演，唯献情谊一片。只有苇岸，死活不开金口，在大家的一再威逼利诱之下，脸上一阵红一阵白，就像被推上了断头台的囚徒，一副可怜兮兮模样。我动了恻隐之心，为之讲情道："算了，年纪大的可以免唱吧？"话音未落，一阵大笑砸得我差点窒息，哎呀，却原来苇岸比我还小好几岁呢，我赶紧坐到他身旁，道歉！

　　白杨树一般细高挑儿的苇岸，坐在椅子上还要比大家都高出一头，有点像是一只弯腰长颈的大恐龙。然而他说话的声音却是轻轻的，态度温文尔雅，很没有威严感。看来他极不善于和人打交道，有克制不住的拘谨，或者准确地说是木讷，结结巴巴地向我表示不介意。我惊异于他的少年老气，同时又惊异于他稚拙的书生气举止，这和他随笔作品中的睿智与深刻似乎浑不搭界？少顷，我还得知他是一位"素食主义者"，而且既不是身在俗界的"居士"自觉遵守教规，也不是为了信奉什么主义，就只是"硌硬杀生"（"硌硬"，东北方言："嫌……不好而引起难受"的意思）。在这热闹的宴席上，苇岸真像是一棵白杨树，始终沉默地"扎"在他的座位上，不主动挑起话茬儿而止于彬彬有礼答话，不错，他是我们兄弟姐妹当中的一员，可他又是一个独特的不和谐音，他的灵魂始终游走在群体之外，不，是游走在这个喧嚣的红尘之外。

回到家里，我找出苇岸的散文随笔集《大地上的事情》，重新读了起来。可以说我以前读苇岸不算少，但那多是他以作者身份投稿，我以编辑之身加以审视，因而那就不是我个人的阅读，而是代表《光明日报》在审稿。那个层面上的苇文，并不适合在我们报上发表，因为他大量的是在抒发内心，沉湎于个人的苦思冥想，又加上他是哲学系毕业的，文字也堂奥深涩，就完全不符合报纸副刊的"有实在内容，文笔畅晓"的要求。我只能一一退稿，并回信"开导"他："报纸是为大众读者服务的……"云云。

集中阅读苇岸的作品集，就不是东一颗参星、西一颗商星的零星印象了，而是观看到一幅"苇氏星相全图"，逐渐读出了一个血肉丰满的赤子心情。

《大地上的事情》是这部同名作品集的第一篇，可以视作苇岸的代表作。在他眼里，大地上的事情以自然为主，人类并不居于主流，因而，重要的是蜜蜂、麻雀、鹞子、蚂蚁、麦田、榆荚、雨点、积雪、日出日落、男孩女孩……苇岸的"素食主义"原来是源于他的自然崇拜，他对大自然的亲和已像不能离开食物、衣服和水一样，达到了须臾不可分离的程度。后来他来电话,对我说起,他只能居住在"天明地净"的昌平(北京的昌平县,今为区),平时能不进城就不进城,因为一进城,往往刚刚到达北京城的北大门德胜门,就头昏眼花,喘不上气来,胃里、肺里都堵得难受极了,严重时甚至想呕吐……这些话听来不可思议,然而语调极其朴素自然,因而我极其相信其真诚度。我想说:"苇岸,你是自然之子",但又怕从此更加深了他的心理暗示,使得他更加执拗地偏离主流社会——毕竟,我们都是生存在二十世纪的后工业社会里,谁能逃离得了汽车、楼房、暖气、电话、电视、电脑,乃至于酸雨、粉尘、黑雾、赤潮、杀毒剂、二噁英……的漫天满地的笼罩呢?

唉,说来,我们大家早都已麻木不仁了。苇岸却还在执拗地保存着他的那一份清醒,因而他比我们,活得更加困难,也更加痛苦。

何况,还有更为强大的寻寻觅觅的精神痛楚呢,如泰山压顶一般重压在心头!苇岸看清了世纪末一些本质的弊病,痛言疾色地写道:

这是一个被剥夺了精神的年代,一个不需要品德、良心和理想的时代,一个人变得更聪明而不是美好的时代。仿佛一夜之间,天下只剩下了金钱。对积累财富落伍的恐惧,对物质享受不尽的倾心,使生命变成了一种纯粹的功能,一切追求都仅止于肉体。

你可以指责苇岸片面、偏狭，但你又不得不承认，他这是一支响箭正射中了靶心，使得我们大家都惊悚震颤，感觉到十二月的寒意不停地掠过后脊背！

这也许就是苇岸的价值所在？这几年里，他的名字逐渐见诸报刊，也在散文大家庭里得到认可。据说，还有更年轻一代的少男少女，把他尊为圣徒一样的人物。

然而，天塌下来也不会想到的是，仅仅三十九岁的苇岸，像太阳正灿烂地挂在白杨树枝头的苇岸，清心寡欲的细高挑儿苇岸，我们的好兄弟苇岸，却突然，被肝癌这个十恶不赦的恶魔——扑倒了！

消息传来的时候，首先是震惊，然后是悲愤，再然后是焦灼：苇岸这个稚拙的书生，竟还延宕着不肯去住院。原因嘛，在别人看来小得微如草芥根本不必记挂，在他个人看来却是天一样的大事情——他正在搞一组"二十四节气"的文字图片配，前期的摄影工作已经做完了，现在正在动笔写，于是，他固执己见，九头牛也拉不回来——"怎么也得等我写完了这组文章吧？"

唉，苇岸你这个稚拙的书呆子，千古以来有病魔等人的吗——你傻不傻？

唉，苇岸你这个执拗得不听人劝的书呆子，竟敢贻误了一个月的治疗时间——百无一用是书生啊！

等苇岸明白过来的时刻，悔之晚矣！死神的脚步声已"扑—通！扑—通！"地传来了，清晰可辨、可闻，他才如梦初醒，终于发慌了！其实，沉默寡言的苇岸只是性格内向，不爱说话并不代表他不热爱生活，才三十九岁的他也是一条血性汉子，他对这个世界并不绝望，他说过："但明天并不是世界末日，每一代都是重新开始的。"这时，在这大限即将到来的最后时刻，书生气十足的苇岸蓦然回首，才发现自己竟是如此地留恋人世！于是，孱弱的细高挑儿苇岸克服着自己的"硌硬"心理，像吃药一样地开了荤，希冀以此来增强抵抗力，来抗衡住死神的催促……

晚了！一切都已经太晚了……

亲人们，朋友们，兄弟姐妹们，依照苇岸生前的心性，把他长留在白杨树可以扎根的土地上，那是他出生的乡村，一个天明地净的、普普通通的北方小村——一九六〇年苇岸在这里呱呱落地，取名马建国。后来他慢慢长大了，竟长成一位哲学学士，最终成为北京昌平职业学校的一名教师——在今后漫长的岁岁月月里，这个小村因了苇岸，将不再默默无闻。

（补记）青年散文家苇岸两个月前（一九九九年五月）在北京去世，震惊了整个散文界。我心里极为悲痛，一为这个如日中天的生命遽然陨落，二为散文大家庭痛失了一位有才华的散文家。我曾经给自己立下过一个规矩：凡有认识的同代作家去世，一定要写一篇悼文以记之。但是我和苇岸实在不熟，仅仅一面之交，便不敢动笔，曾向三位苇岸的熟朋友约稿，却没有得到。就一直心心念念的，牵挂着这个未了的心愿。时间过得飞快，终于觉得不能再拖了，还是自己动手吧，就写了如上拙文。自知写不出苇岸的百分之一，聊表一份心愿而已——好兄弟苇岸，今后，你自己一定要多加保重！

原载《光明日报》一九九九年八月十二日

韩小蕙 一九八二年毕业于南开大学中文系。《光明日报》原领衔编辑。中国作协全委会委员，中国散文学会副会长。出版散文集多部，主编《90年代散文选》等散文集六十四部。曾获全国"五一"劳动奖章、韬奋新闻奖、首届"中国当代女性文学奖"等。

舍有神守，忆苇岸

孙小宁

1

有一位作家，仔细回想，我和他只见过四五次，但这四五次，却代表了人与人之间交往的整个阶段：初逢，相熟，相知与永别。我说的是苇岸。

苇岸离世多年，我发现人们还在不断谈起他，撰文纪念他。而我是在他离世的第十个年头，才提起笔来，写我的第一篇纪念文章。也许，这才是我真正读懂他的年纪。

十多年过去了，我仍能回想起我们第一次通电话时，他说话的语气。一种边说边思索的缓慢，让我觉得他好像要对每一个字眼儿细加斟酌。起因是我刚在自己的版面上介绍完一套随笔丛书，其中有一本是他的《大地上的事情》。他打电话来约见面，最后定在北大南门，"我住在昌平"，他在电话中这样告诉我，并且说这对他意味着进城。

借助一九九七年的日记，我大概能还原我们初逢的场景：

九月七日下午五点，我在北大南门左看右看，最后一个高高瘦瘦的男人冲我走来。苇岸到底长什么样，这之前我对他的名字展开过想象，没想到他果然细瘦，那件男人很少上身的蜡染背心在其身上晃晃荡荡，不过并不给人孱弱之感，这大概是因为他话语里的沉静，与神情里的清朗。他把身边一位诗人朋友向我做了介绍，我们就近找了一家小饭馆。点了饺子，其他为素。他说："不好意思，让大家跟我一起受苦，本人是素食主义者。"

那位朋友显然不是吃素的，他的话语咄咄逼人。听来听去，我多少知道他正陷"事"中，言语与结论未免偏激。苇岸很温和地表达自己的看法，但听着仍像一场观念的争论。在饭桌上也有人这么较真？可这确是苇岸的风格。

转年的三月三十一日，这一天是春分，又一次接到苇岸的电话，是邀请我与他另外一帮朋友去昌平度这个春天的节日。一辆破旧的旅行小面载上我，开车的是一个叫宁民庆的男士。车上还有他另一位朋友周新京。他们一路的谈论都跟诗坛有关，而且记得诗歌辉煌时期的诸多轶事。

那也是我和这两位的初逢，并不知道以后，我们因为苇岸，会成为终生的朋友。芦苇一样高而不伟的苇岸，在昌平一栋普通的楼房里迎接了我们，房间简易而整洁，书房挂了梭罗与托尔斯泰两张画像。我们又一次和他吃素，结果饭局上就有了吃素长寿还是吃肉长寿的争论。苇岸显然无数次经过这样的论战，他不慌不忙地列举了世界上一串名人，众人也反证出一串不吃素也长寿的名人。最后还拿他开起了玩笑。因为他有午睡的习惯，大家就说："你看，吃素的就是不如吃肉的精力好。你看你，还得补一小觉。"

玩笑归玩笑，我们都没有想到，那时的他何止是身体不强壮，而是很快就将被病魔打倒。第三次见面，已经到了他住院期间。医生诊断是肝癌，宁民庆邀着大家去看望。后来得知，有许多苇岸的朋友当时都在为他的病奔走，寻医问药。人的死亡意识，是随着自己的生命阶段而增强的，而我得承认，当时我虽然也去探病，但是并不觉得一个人可以就那么猝然离世——毕竟他还不到四十啊。

然而接下来，要参加的却是他的葬礼。一九九九年五月，苇岸离世，在昌平为其所办的葬礼上，我见到了他所有的朋友。其中有一位生前曾与他因文学理念有过争议，但是在这个场合，他由衷地说："其实该走的人是我们，上帝为什么选中了他？"

2

许多的记忆，需要时间来发酵。有关苇岸的记忆，我也是经过十年，才渐渐懂得它的点滴含义。当然，也离不开对他的作品的阅读，以及一次次，朋友聚会对他的回忆。

苇岸逝世十周年，当年的宁民庆、现在已经蜚声文坛的小说家宁肯，和诗人林莽倡议，为他做一个十周年纪念。两辆车载着我们先去了苇岸的故居——当年的昌平水关新村。没有想到，那个故居还能保存成他生前的模样。书房的书桌，莫扎特、肖邦还都停留在卡带时代，录音机回旋着的音乐，正是葬礼上用过的，是他生前的最爱。书架上图书井然有序，看得人汗颜。我们的书架大抵凌乱，是因为我们对很多书的态度是无可无不可。而在这里，这些书都经过了主人的检验与筛选，显现出主人的精神气质：安静、审慎、节制，而又端严。

窄小的客厅，依旧悬挂着他游历时的背包，有一位山东的女诗人，从没有见过苇岸，却显示出对他的文字与生活细节的异常熟悉。眼光落到背包上的别针，便转身和旁边的树才交流。原来它曾被诗人树才写进过诗里。还包括篮球，墙上的桦树片。

一起在这里观看了有关苇岸的纪录片，然后转道老故事餐吧，那里集合了更多的朋友，大家一起重温那些与苇岸相关的细节往事。发言没有主次，被介绍发言，都只有一个身份：苇岸的朋友。

小说家宁肯说，读到苇岸的《一个人的道路》，他当时正做广告公司。经商经得风风火火，同时也对文学之于时代的意义产生了怀疑。正是这篇文章，让他重新回到文学的道路上来。不是因为那里面的观点，而是文章中那种说话的方式。"那么从容，平静而又平和，让人相信，一个人可以超越时代来写作。"

诗人树才原来在国外做外交官，和苇岸接触，才认真地想自己内心到底要什么。问来问去，觉得自己还是愿意在诗歌道路上走。这个选择,一直持续到现在。树才为苇岸译过雅姆的诗《为他人得幸福而祈祷》,他自己还写过两首诗给苇岸,有一首组诗叫《习静》。这个标题太准确了,和苇岸在一起,就是一个生命习静的过程。

当然,在众人的回忆中,我也确认了一个事实,他其实屡屡情感受伤。在一个崇尚怀疑、崇尚虚无与相对主义的时代,坚定一种信仰与原则,并把某些作家视为这些信仰与原则的典范,难免会引来质疑。不是信仰与原则经不住推敲,而是那些作家本人也经常受到质疑,被指出种种漏洞。他于是就不得不和质疑者论辩,并把那些怀疑与指责视为叙述者一己的倾向。理解苇岸,就知道这不是他的偏执,也不是幼稚,而是他内心向善的显现,即使他承认这向善的路上有人会误入歧径,他也愿意投之以悲悯,而非全然的否定。

而我也被点名上台,说了我自己心中的苇岸。我说,我和苇岸,最初只是报人和作者的关系。但是这最初的关系,在几次见面之后,就变成了全然的信任与尊敬,苇岸,就是一个让你可以信任的人。对他放心,进而也对这个世界放心。

我最后对大家解释说,苇岸对于我,首先是人的存在。有过他存在的世界,与没有他的世界,在我已经不同。因为你知道,很多人都去走的路,你不必要跟着去走。而看来落寞的小径,终有人跟将上来。

3

不知为什么，那次十年追思会，让我萦怀于心的，还有关于他最后时日的一些细节。

有位朋友回忆说，苇岸在生命的最后，专程拜访过一位朋友，真的把那个家都认真打量了一遍，以这样的方式向朋友告别。另一个例子，也是在他离世前不久。朋友出差前，到他家告别，他拿出了龙井请朋友喝，因为对方是位南方人。朋友知道，他的病，最不能喝水，但又了解他的心意，与他对饮。但自此之后不再喝龙井，因为有过这一幕，一喝就难过。

在他离世前，他曾向妹妹口述过《最后几句话》。现在我习惯将它与他三十五岁时写下的《一个人的道路》放在一起读。那里面所透出的内在精神的一贯性，常常让我惊讶。虽然我在这十年来接触了更多的当代作家作品，但我依旧不觉得谁可以如他这般，人与作品有如此完美的匹配度，可以配得上这样一个词：道艺一体。

因为对心中信仰的坚持，他对自己的要求甚至到了苛责的程度，在《最后几句话》中愧悔，重病期间，"在医生、亲友的劝说及我个人的妥协下，我没能将素食主义贯彻到底，我觉得这是我个人在信念上的一种堕落。保命大于了信念本身"。

虽然在这篇由妹妹记录整理的告别语中，他没有交代自己的身后事，但是显然，他在死亡这件事上也有自己的深思熟虑。

宁肯说，在已知自己时日不多的情况下，苇岸确曾与他认真地寻找过墓地，认真地讨论过如何死去。有一个设想是独自出走，不知所终。

二十世纪这辆加速运行的列车已经行驶到二十一世纪的门槛了。数年前我就预感到我不是一个适宜进入二十一世纪的人，甚至生活在二十世纪也是一个错误。我不是在说一些虚妄的话，大家可以从我的作品中看到这点。我非常热爱农业文明，而对工业文明的存在和进程一直有一种源自内心的悲哀和抵触，但我没有办法不被裹挟其中。

每次读到《最后几句话》开头这段话，好像都能触到他生命深处的悲哀，于是也便觉得，让自己的生命止步于二十一世纪之前，于他也不啻为一种解脱。何况已知的事实是，苇岸最后决定，把他的骨灰撒在故乡——昌平北小营村的麦田。尘归尘，土归土，还能有怎样一个结局，比这个更符合一个一生致力于书写大地上的事情的作家的气质？

4

说到苇岸的作品，崇尚"以最少的文字，写最大的文章"的他，的确文字量不多。而关于没有写完的"廿四节气"，我还记得，其中有一节短短文字，他曾交给我发表。我当时刚换了一家报纸，对这样的稿子能否见报尚不确信，他却嘱我不要删，大有宁可不发也不要动的决绝。

重返苇岸故居那一次，我在书房看到墙上一组二十四节气的照片，只有春天的六个节气下面是有文字的，其余的都是一片空白。不禁在想，当初拿着稿子我曾在心里犹疑，他可看出我的犹疑所在？

有一些文字，或许被视为珍宝，但置放于一个喧嚣时代，它即使被刊发，也可能造成对其他文字的挑衅。它的美，如此危险地孤悬在那里，让你甚至想用一种隐而不发的方式，保留它的完整。

而对于苇岸二十四节气的回忆，我是通过网络上关于苇岸的帖子才唤起来的。他当时让我们去的人留言，我当时写的是：

喜欢在昌平的山野中感受春分，然后听你在寒冷的风中讲节气，讲自然的变化及各种大地上的事情。它们让我们重新打量身处的世界，并提醒我接近自然。

一九九八年春分写于苇岸家

十年之后重读，我意识到它是多么珍贵的提醒——不期然，我已闯入一个作家的文学现场。是的，就是那块麦田，同一块地方，他观察、拍摄并记录，准备完成他的二十四节气的写作。

那天真冷，依稀记得有风，我把风衣的领子高高竖起。他的头发也在风中飘拂着，但语气仍然镇定缓慢，描述节气的转换，像在说身边一个朋友。谁会知道，那时距他离世，只有一年时间了。

苇岸离世十年际，我终于有机会在自己报纸上做了一个纪念版。把链接发给一位追思会上缺席的朋友，他说他也写了一篇纪念文章。我说可惜版面发不下了，他说，我这是私人写作，不必发的。

为什么一个离世的朋友，会让与他交往过的人，如此有表达的冲动？在我的年龄已经超过苇岸的时候，我开始意识到，是我们内心的某种东西随着苇岸流失了：一种内心的真。首先是苇岸的真，碰触到了我们内心的真，让我们如此走近他，但同时，我们却无法像他那样坚守住它，所以苇岸的真，在我们这里就变得格外珍贵。纵然多元的生活给了我们众多选项，以外表的光鲜说服我们去附和拥抱。但是，每次面对苇岸，都是一次自身的检省。也许对这个世界，我们本要的不多，但我们却连仅要的那部分也在失去。

部分文字刊载于《北京青年报》二〇一二年五月十九日专栏作家版

孙小宁 作家，媒体人。著有访谈录、散文随笔集多部。现供职于《北京晚报》。散文《滇西笔记》获第六届"在场主义散文奖新锐奖"。

苇岸与大地道德

凸 凹

在我的阅读生活中,有三部质朴而隽永的书是我长读不舍的:一是梭罗的《瓦尔登湖》,一是苇岸的《大地上的事情》,另一部就是《彭斯诗选》。说它们质朴而隽永,是由于三部书都写的是土地上的事情,均以土地的深厚、平静和质朴来挖掘生命的本源与精神的原点;无论散文还是诗,其语言的质地都是那么地简洁、清澈而准确,不事铺陈,绝少杂蔓,自自然然地点化着,率然地告诉你心灵的消息。它们的精神命脉是一致的,便是梭罗所说的"大地道德"。

"大地道德"在他们那里,已非生态学的意义上对土地的热爱与尊重,已做了伦理学的延伸——尊重生命,崇尚和平,完善道德,节制自奉,忠于精神,勤劳向善,等等,已成为一种生活原则。写作对于他们来说,不是生命的派生物,而是生命本身。人格与艺术的一致性要求,使他们回到了生命的原点——人性与爱。

然而,梭罗、苇岸和彭斯之间,是有区别的——

梭罗与苇岸对"大地道德"有着自觉的思考与追求,他们的精神活动是置身于理性光辉的照耀与引领下的。因为,从世俗含义说,梭罗与苇岸已不是"土地人",而是现代城市文明中的一个代表性"符号":士。他们对土地的亲和是以精神为旨归的。即便梭罗在瓦尔登湖畔筑屋而居,亦不过是这种亲和关系的试验方式,或者如林贤治所说,系"一种人格的实践活动",是以获得感性体验为出发点的。

在士阶层中,梭罗与苇岸是心灵极端敏感的人,敏感得甚至有几分神经质;因此,他们最深刻地感到了物质对精神的挤压。正如苇岸叹息的那样:"这是一个被剥夺了精神的时代,一个不需要品德、良心和理想的时代,一个人变得更聪明而不是美好的时代。"士人格的内在驱动,使他们不甘心于精神的"被剥夺"——因为精神是士的生存基础;那么,他们本能地选择了抵抗。

他们未尝不想在城市文明里筑起抵抗的营垒,城市毕竟是文明传播最快捷的地方。然而,城市是以物质繁荣为象征的,鼓励消费使欲望膨胀,对精神的几声呐喊才刚刚出口,就被甚嚣尘上的市声遮蔽了。那么,就只能把目光转向乡野,乡野上的播种、繁殖和劳动多少还保留着自然的状态,乡野上的人性多少还保留着善良、淳朴、谦卑、友爱、宽容、和平与宁静等尚未被"物化"的人文特征。也就是说,农业文明的土壤正可以承接他们的人文主张与人文理想。他们找到了精神的最后凭依,便提炼出"大地道德"的理念,走乡村"包围"城市的道路。以农业文明反抗城市文明，是一种矫枉过正的做法。但，正因为矫枉过正，才能惊动和震动人心，才能产生有效的反拨效果。所以，梭罗与苇岸的"大地道德"是捍守精神价值的一种斗争策略。因此，他们从来不是迂腐的落伍者，而是睿智的精神战士。如果不看到这一点，就会产生误读，就会钙化他们的心灵韧性，就会弱化他们的精神刚性。

概括地说，梭罗与苇岸是在借解读大地而阐述他们的"大地道德"，继而对人类施以真切的人文关怀。他们不是纯粹的"大地之子"，也不是大地文化的创造者；而是以农业文明为素材、以城市文明为坐标的旨在反物化反异化的思想者。

而彭斯却不同。他是纯粹的大地之子，是农业文明率性的歌者，他的整部《彭斯诗选》，是"土地文化"原汁原味的经典感性文本。

彭斯是十八世纪苏格兰土地上的一介农夫，没有受过什么教育，一直干着"超过体力所容许的苦活"，在贫困中只活了三十七岁。然而他却写出了极为优美的诗歌，被人称为"天授的耕田汉"。一句"天授"，道出了彭斯的写作本质，这便是服从心灵的愿望，率性而歌——当歌则歌，当止则止，全凭着心性的起落，别无他顾也。总观彭斯的诗，记农事，诉交往，论事态，均流淌出一股清亮的调子——愉悦。有论者说，这种不计世事沉浮与生命悲苦的一味愉悦，透出彭斯之浅。这是文人的隔世之论，与彭斯的心地无关。作为耕夫的彭斯，肉体已疲苦不堪，心灵自然要诉之以愉悦的抚慰，这是生命律的自然调节。所以，彭斯的诗正应和着文艺的本源，即生命的自然表达。他无意成诗人，生命的自然律却把他造就成诗人；他无意发表诗作，但心灵的声音却会不胫而走。

以心灵表达为起点的彭斯，他的诗，便具有了彻底的自然的本色，即土地的本色。他抒情，而不矫情。田埂为什么美？因为心爱的姑娘坐在田埂上——

> 我紧紧把她抱住，
> 　　她的心直在扑腾，
> 我祝福那块乐土，
> 　　月下的好田埂！
> 天上月光又加星光，
> 　　照耀那个良辰，
> 她将永祝欢乐的夜晚，
> 　　在那月下的田埂。
>
> 　　　　　　（《麦田有好埂》 王佐良译）

在彭斯的诗里，是美好的感情，使人和大地达成了最自然最和谐的关系。对自然的热爱，离不开满怀爱意而又敏感的心，因此，人与自然交恶的罪魁，便只能是人。这是土地上的真理。

他真纯，而不功利。田园之上，也有世事；既有世事，便有是非。世故者，只见利害，不论是非，常作欺世之谈。而彭斯的诗，听凭良知的呼唤，对世事亦做本心的臧否——

> 有没有人，为了正大光明的贫穷
> 而垂头丧气，挺不起腰——
> 这种怯懦的奴才，我们不齿他！
> 我们敢于贫穷，不管他们那一套。
> 管他们这一套那一套，
> 什么低贱的劳动那一套，
> 官衔只是金币上的花纹，
> 人才是真金，不管他们那一套！
> （《不管他们那一套》 王佐良译）

那么，便知道现在的作家为什么活得那么累，概与他们的写作态度有关——他们陷入功利化的写作之中，成了世俗的奴隶。他们把自己迷失在对金钱、权势、美色和时尚的追逐与依附之中，为了保住那尺寸间的利益，他们心无所据，不敢发出真实的声音。

彭斯质朴，而不迷乱。大地诗章、鲜花和美女自然是表达的母语。而他写爱情写美女，像田野的土，像山头的树，像林中的风，是美丽风景的一部分——有醉人的欣赏，而没有非分的占有。其语言的洁净与感情的纯粹一如土地的品格，提升了生命的尊严与美好。他写美人的裸足，却不写着了丝袜的腿；因为裸足是行走在泥土上的自然之美，而丝袜的颜色，却是对肉欲的撩拨。读过彭斯的情诗，便会感到，他是多么地重情，却又是多么地纯情——他是爱的处子，又是大地的赤子。

所以，要想参悟梭罗与苇岸的"大地道德"，便不能不读彭斯的诗。他的诗是"大地道德"的原生态，是标本，是具象；其人性的感性濡染，远远胜于形而上的理性说教。

梭罗和苇岸执着于"大地道德"的理性建构，本意是为了接近文艺的本源和精神的原点，其努力是高尚的。但他们的人格实践活动，却多了几分矫情（如梭罗的隐居，苇岸的素食），从某种意义上说他们远离了那个本源与原点，因而增加了心灵的负担，使他们的心路历程上少了心性的愉悦，而多了疲惫之色，以至于自损，让人扼腕不止。

二〇〇〇年七月二十二日写《梭罗、苇岸与彭斯》

原载《中华读书报》二〇〇〇年十一月二十二日

二〇〇七年二月十八日修订

凸 凹（史长义） 一九六三年四月十七日生，北京房山人。房山区文联主席。出版长篇小说、中短篇小说集、评论集、散文集多部。获北京市长篇小说头奖、冰心散文奖、汪曾祺文学奖金奖、老舍散文奖、全国青年文学奖、十月文学奖。

在大地上我们只过一生

袁　毅

编完亡友苇岸先生的《上帝之子》(苇岸著，袁毅编，为"弄墨丛书"之一种，湖北美术出版社二〇〇一年四月第一版)这本美文美画集后，我长长地吁了一口气，一颗悬挂已久的心才稍稍安定下来。作为编者，我还有一些琐屑的事务向读者朋友们交代。

一九九九年六月二日，在我噙着泪写就《苇岸先生走了》一文并在《武汉晚报》副刊上发出后，作家周翼南先生当晚打电话给我，除了表示他的哀思之外，他还古道热肠地告诉我，在见到我编发的苇岸先生《一九九八　廿四节气》六篇美文时，他就动了编一本苇岸先生散文集的念头，还未来得及与我通气，就见到我那篇悼文传出的噩耗，他恳切地希望由我来编这本集子。作为苇岸先生的生前好友，我责无旁贷地负起了这个重担。

我把想编苇岸先生散文集的构思分别告诉了苇岸先生生前托付文稿的北京好友冯秋子、林莽、宁肯，经过他们反复地协商与讨论、慎重地权衡与考虑之后，我得到了首肯。此后我又多次与苇岸先生的妹妹马建秀联络,也得到了她的授权与帮助。经历了四个月的筹划,文章大体搜罗齐备。

按照湖北美术出版社"弄墨丛书"的体例,需要配一些优美的图片,以便做到图文并茂、相得益彰。我原拟在书中收录一些苇岸先生自己游历时拍摄的风景照,这样有一些纪念意义,但收多了又恐违背苇岸先生生前对艺术的严肃认真的态度和原则。除少数摄影作品外,他的照片还不能完全构成某种独特的艺术意味,我只好改请一些摄影家来拍一些作品以配合文章刊出。首先我想到的是请报社同仁范春歌女士来配图,她单骑走天下、陆疆万里行时,拍的风景照很多,但所拍北方各省区的照片数量有限,她又热情地推荐了摄影家蓝青。蓝青先生是曾得过国际摄影大奖的青年摄影家,视野开阔,功底深厚。由于时间太紧,不可能根据文章去拍画面,只有从现成的照片中挑选合适的图片来配文,我就将苇岸先生的重要作品和纪念文章复印给他看,由他选出一批照片,我根据文章内容再筛选而确定下来。《光明日报》社宫苏艺先生也利用一九九九年国庆节七天休假,冲印了他拍到的苇岸先生的肖像和葬礼场面的照片,他建议我尽量用北方的风景照,这样与苇岸先生的散文相配更符合他文字的精义。

需要特别说明的是,苇岸先生是二十世纪中国一位不可多得的以少胜多、以质取胜的优秀散文家,他继承着《瓦尔登湖》的作者梭罗、《林中水滴》的作者普里什文、《自然与人生》的作者德富芦花、《昆虫记》的作者法布尔的艺术传统，以深邃的人文精神，简约、澄澈、明亮的艺术风格，致力于描绘生机蓬勃、丰富多彩的大自然的生活。他用一种季节轮回一样的速度，字斟句酌般缓慢地写作，他所有的文章不超过十七万字。《上帝之子》收录的主要是经过苇岸先生生前删定的描绘大自然的散文篇什，以及对苇岸先生产生深刻影响的作家、诗人和阐扬他自然观和散文观形成的书简和序跋等，作品数量不是特别多。但这些简单、诚实、聪睿、美好的文字是经得起时间长河淘洗的，它们一如苇岸先生笔下的大地上的麦子、花朵、草木、蚂蚁、胡蜂、蝴蝶、麻雀、喜鹊、啄木鸟、野兔、雪花、雨水、阳光、月亮、星星和日出日落一样，必将永存。为了使读者更全面地了解苇岸先生其人、其事、其文和他独特的意义，书中最后一辑特意收集了海内外朋友们纪念他的回忆文章和阐释他思想来龙去脉的评论文字，这些文章对我们全方位理解苇岸先生的为人处世和思想内涵，均不无裨益。朋友们的纪念文章中涉及苇岸先生罹病和逝世前后的一些事实时，因为是口耳相传，难免与实际情况有些出入，我根据苇岸先生的妹妹马建秀的提议做了一些必要的订正，由于时间仓促，来不及一一与作者们全部联系上，敬祈朋友们海涵。

作为大地的代言人，苇岸先生在大地的写作维度上为中国当代散文树立起一种原初意义上的风貌和品格，汉语的承载量因他的写作而得以扩大和拓宽。正在远逝的十八、十九世纪牧歌式的诗意和世界最初的朴实与原质恰好被他捕捉到并记录在《大地上的事情》中了，在现代文明的进程中，可望得以保存下来。苇岸先生是一个天然的生态保护主义者，他自愿选择做一名挑战城市文明战车的二十世纪斗风车的堂吉诃德，他和主张返归自然、崇尚"人的完整性"的梭罗，环境伦理学的先驱及《敬畏生命》的作者史怀哲，宣扬"土地伦理"的美国生态学家利奥波德，环境保护运动的发起者约翰·缪尔，主张"根据资源许可来生活"的罗马俱乐部等人和组织一样，都是大地的守夜人。这些在大地上谦卑行走的圣徒，他们一无所有，却踏出了人类漫漫长夜中文明的曙光。地球是人类的家园，人类对大自然贪得无厌的索取和无所顾忌的破坏已使地球生态环境的忍耐到了极限，并开始报复人类。人类必须善待地球，否则毁灭的将是人类自己。为了大地的安全与自由，苏联作家拉斯普京曾大声疾呼："我们这个时代可称之为人类生存的危机点。自古以来，水、空气和土地是地球上生命的源泉，如今成了疾病的源泉和早死的原因。"奥尔多·利奥波德在《沙乡年鉴》中也发出这样的呐喊："只有当人们在一个土壤、水、植物和动物都同为一员的共同体中，承担起一个公民角色的时候，保护主义才会成为可能；在这个共同体中，每个成员都相互依赖，每个成员都有资格占据阳光下的一个位置。"罗尔斯顿在《环境伦理学：大自然的价值以及人对大自然的义务》中启示我们："人类与非人类存在物的一个真正具有意义的区别是，动物和植物只关心（维护）自己的生命、自己的后代及其同类，而人却能以更为宽广的胸怀关注（维护）所有的生命和非人类存在物……只有当人类也认可他者——动物、植物、物种、生态系统、大地——的权益时，这种利他主义精神才能得到完成……它把残存的私我提升为栖息地中的利他主义者。这种终极的利他主义者是或应该是人类的特征。在这个意义上，最后产生的人类这个物种是最伟大的物种。"

苇岸先生敬畏大自然、钟爱农业文明，他对二十世纪全球性的都市化进程和工业文明的存在所带来的喧嚣、污染、放纵和掠夺，一直有一种源自内心的悲哀和抵触。他像农人那样热爱田野里的美好事物，是不可多得的大自然的观察者、体验者、歌唱者、守望者。苇岸先生是一位在根源上和民间、和大地建立了一种血脉交融、不分轩轾的亲密联系的原创性作家，他的写作母题基本上是一些有着元素意义的意象：空气、阳光、水、月亮、星星、草木、田野、庄稼、虫蚁、鸟禽等，以及与此相连的原初语境——农事、物候、星象、季节、劳作、繁衍……阅读他的作品可以唤醒我们沉睡已久的记忆，也可以使我们想起一些遥远的、渐渐陌生的事物：农夫、渔夫、船夫、樵夫、猎户、牧人、采药人、养蜂人，它们是人类与自然之间的桥梁。苇岸先生沉迷于对大自然和大自然中季节转换的观察，对古老的节令也有一种敏感，并且总是将之和播种、劳动、繁殖联系在一起。他以高度的心灵克制力和宁静平衡的美感，摹写了大自然万事万物在时光流逝中的变迁、繁衍、生长，表现了时间、存在与人性的永恒性。因为他在生物界中的身心交融，苇岸先生体验、发现并叙说了土地萌生的天性：善良、淳朴、勤劳、谦卑、友爱、宽容、和平、正直、追求，同时将它们提升为一种"世界精神"，加以阐扬，从而进入他的诗化哲学世界。在散文写作中他对阳光和月色、对林木和鸟巢、对大地和菽麦、对牲灵和神灵的虔敬和悲悯，来源于他对生命的洞见和把握，更来源于他的谦卑和崇高。谦卑是他倾听和倾诉的姿态，崇高是他内心或精神的本质。

苇岸先生还是一位有真正的人文情怀和艺术宗教感的作家，他"素食主义"的自然信仰体现在文本内外。写作对于他来说，不是生命的衍生物，而是生命本身。人格与艺术的一致性要求，使他回到了生命的本源与精神的原点——人性与爱。他非常喜欢凡·高的这句话："没有比对人类的爱更富于艺术性的事业。"爱使苇岸先生成为和平主义者，他怀抱爱的信仰，乐于奉献自己、牺牲自己，力求达到自我完善，而且尊重所有人的信仰，相信那是"人"的最高的体现；也是爱培养了他纤细的美感，使他笔下的语言亲切朴质、清洁明亮又富于盎然的诗意。心地极为善良使他不能看屠宰牲畜或杀一只鸡，使他成为"不吃长眼睛的"素食主义者。因此，苇岸先生热爱和平，歌颂托尔斯泰、梭罗等人提倡的非暴力主义是"构成人类共同生活的全部学问的拱顶"。他还把自我牺牲精神视为"人类精神衍进中的一次伟大变革,它的意义不会亚于火的使用和文字的诞生"。苇岸先生不仅告诉我们要重新反思人类对于自然的僭妄态度,还告诉我们要调整当代人与当代人之间、当代人与后代人之间以及人类与自然之间的关系,使人类作为一个整体能够和谐而诗意地栖息在这个有限的地球上,这种诗意的栖息将把人类带向希望之乡。人类柔情、优雅、高尚、仁爱、平等、公正的心灵隐秘被苇岸先生这个生命短促却行吟不止的"大地上的先知"不断说破。

人类的二十世纪是生态危机空前深重的世纪,温室效应趋强、臭氧层空洞的出现、空气中二氧化碳浓度的增加、南北极冰山的融化、热带雨林的急剧减少、物种的锐减、生物多样性的消失、能源的紧缺、土地的荒漠化、耕地的减少、森林大火频发、垃圾围城、全球气温的上升等使人类的生存条件受到史无前例的恶化和威胁。工业化的"富有"是以对自然资源的过度掠夺和对自然环境的过度破坏为代价的。随着科技的突飞猛进以及盲目的技术崇拜和恶性膨胀的人本位主义,人类不再敬畏自然、顺应自然、珍惜自然,而把地球蔑视为毫无生气的免费仓库,讲究理性的科学技术甚至以对自然的征服和控制取得全面彻底胜利为圭臬,也就丧失了它自身的理性,丧失了它关怀人类、服务人类的终极目的。工业化的进程不仅不与大自然共走一条道,而且与大自然背道而驰。真正充满智慧的科学已被追求利益最大化的野心勃勃的单纯技术所取代,而许多人并没有意识到无限度的经济增长虽然可能给整个社会带来富裕，但这并不等于人性的完善和人类精神上的进步，甚至会走到生存的反面，这也许是人类历史上后果最为严重的一次道德的没落。

我们这一代人正生活在自然的终结点上，我们赖以生存的自然已经不是原本意义上的自然——那个由造物主创造的并给诗人、画家、音乐家、科学家们无数灵感和启迪的自然，而是一个经人类改造过、瓜分过的自然。人类作为自然界中的一个物种，已经变得越来越狂妄自大、为所欲为，公然以自然的主宰者和地球的管理者自居，是到了该迷途知返的时候了。苇岸先生很清醒地看到了这些，从而开始了自觉的观察与思考。他认同梭罗陶冶内心世界的主张，人必须忠于自己，遵从自己的心灵和良知；为此不惜付出一切代价。生命十分宝贵，不应为了谋生而无意义地浪费掉，人在获得生命所必需的物质之后，不应过多地追求奢侈品而应有另一些东西：向生命迈进。他像梭罗一样，过着"朴素到禁欲程度"般的隐士生活，他的所有文字用血骨相研磨，他用克己自制、厉行节俭的生命形态和同情弱小、怜恤生灵的悲悯胸襟向芸芸众生反复发出这样的警示："对积累财富落伍的恐惧，对物质享受不尽的倾心，使生命变成了一种纯粹的功能，一切追求都仅止于肉体。""有限的地球除了要养活人类，还要养活人类的奢侈和虚荣。工业革命发生仅仅二百年间，人类便为此走到了自身所造成的各种毁灭性灾难的边缘。""如果不遵循土地道德，人类智慧的成就同时就成为人类愚蠢的表现，最终人类将自掘坟墓。""人类如何挽救自己……超越人道主义。即转变人类'自然界的面貌都是上帝为了人类的利益安排出来'的观念、态度与生活方式。""在万物中完整地获得自己的价值和人性，是人类心灵的天然属性，也是人类的终极目的，人在其中将得到真正的快乐和幸福。"……他的这些闪耀着诗意光泽和穿透力的作品已经成为二十世纪中国文坛罕有的那种不随流俗也无法模仿的精神遗产，使众多文人学者精心编撰的兑水文字相形见绌；大地同时也失去了一颗谦卑地和万物荣辱与共的仁爱博大的独特心灵。环顾世纪交替的中国文坛，很少有作家能够徒步吟游过来，代替苇岸先生，把他的清澈、晶莹、温良、朴素、谦卑和纯粹还给我们。

苇岸先生秉持"土地道德"，朴素、节俭和克制地生活着，并与大自然的山山水水和动植物结成一种和谐相处的关系。在生命的最后旅程中，他进行了一项关于农事的仪式——用身体的每一个部位去感受农历二十四节气的来临。在生命垂危之际，他仍一以贯之地保持对生态环境的关注和对生存危机的警觉。他主张大自然的权利，主张人类应与自然和谐相处，不能因为贪欲而毁坏人类生存的根基。苇岸先生认同的这种"土地道德"不同于一般的生态保护主义或环境保护主义（近年来在世界上发展最为迅猛的环境伦理又可称生态伦理，已形成了声势浩大的环保运动。它主要研究人与自然的道德关系，力图通过反思人类实践行为的负效应，确立起人类实践行为的伦理原则及其规范，使人类作为一个整体能够和谐而诗意地栖息在这个资源有限的地球上。它的实践性很强，同时又可构成为一种至高的精神信仰），而体现为一种更为内在的生命准则和精神向度，是一种与当代人灵魂处境息息相关的大地美学和存在哲学（即依据一种具有地域性、全球性和历史性的环境伦理，把地球视为充满生命的千年福地，一片由完整性、美丽、一连串伟绩和丰富的历史交织而成的大地）。

在二十世纪中国文坛上，他第一个表达了土地伦理学、生态伦理学的思想，他的《大地上的事情》是唯一一部把土地道德作为一个文学观念和思想主题来抒写的启示录和赞美诗。在一片"世界温和、大道光明、石头善良"的描述中，苇岸先生引领我们回到大地——人类及万物荣衰的母体，唤醒了我们作为大地之上一个诗意的人所具有的信仰和良知。不管立足大地还是平行于大地，谁会不爱宁静、充实而意蕴深远的生活呢？在我们拥有城市文明、拥有高楼大厦、拥有网络股票、拥有地铁汽车的时候，在我们四周充斥了太多血腥的、阴暗的、晦涩的、无聊的文字垃圾的时候，有时我们会莫名地烦躁，会倍感孤苦，但是苇岸先生却朋友似的进入我们的灵魂：让世界突然安静下来。苇岸先生离开我们两年了，我们身旁空旷，坐在暗淡和怀念里，抚摸他留给我们的那些有足够温度和亮度的文字，抚摸他"光明的豆粒"一样的圣徒境界，抚摸他平静而美好的"大地上的事情"，我感到希望的限度和无限，感到作为人的高贵和谦卑，于是咏叹"人诗意地栖居在大地上"该有多美多好啊！

现代写作已经愈来愈成为一种谋生写作、效率写作，一种"资本主义"式的写作。苇岸先生的写作呈现出与众不同的气象，他以一种静默倾听的方式反观自己的生存境况，对工业化中国的未来命运忧心如焚，对人类文明发展长河中所带来的痼疾、对人性的扭曲、对地球家园的不负责任（人类中心主义和沙文主义）充满忧思。在一个所谓的"后工业社会"中，他以一种诗意的生活态度和古典的审美方式生存，并将自己沉重的肉身和人格超凡的生活自然生成一种"知其不可为而为之"的诗性写作：以农业文明来反抗城市所代表的现代文明。他的这种诗性写作超出了一般作家对博大、深厚、柔润的乡土母性的热爱，蕴含了一种难能可贵的、道德的、文明的批评力度和深度。他用他的诗性写作为我们提供了一种可能，一种不断拯救被破坏的人类文明的可能。海德格尔说："纯粹的散文从来就不是无诗意的。"苇岸先生的天赋、血质、秉性、信念、精神，使他最终选择了散文这种文学方式来确立他与世界的关系，他早年的诗歌时期对他的散文写作具有非同寻常的意义，他将散文作为诗歌以另一种手段的继续来写作，并以自己的身体力行（自觉地实行素食主义；倡导土地道德；过着简朴俭省的生活、足迹遍及中国北方的山山水水；居住在城市与乡村的交接地带等）来写作对抗现代化的诗意篇章。他的散文作品中所蕴含的最纯洁的诗意汁液远比当下流行的诗歌要饱满丰富得多。他写作视角和创作姿态的源头来自西方，譬如取材、写法、描述、语言等就深受西方零度写作、陌生化写作的熏染（如德国的现象学、法国的新小说派等），当然也有古汉语的浸润。他让"原生"状态的大自然对象与原根性的记忆在文本中"自动呈现"和"自我叙述"，从而开始了人与自然和好的建设，即主体与对象物之间建立新型的主客体关系。他的这些文本提升了现代汉语写作的内涵、性能、质量和美感。苇岸先生是喧哗与骚动的当下文坛之外的另类作家：他生活和行吟在养育自己的本土上，关注四方；他知道大地的脉络，河流的走向；他熟悉劳动的姿态，农事的细节；他了解普通人的尊严，简朴的内涵；他懂得家园的意义，人类全部生活的根基。其实他更是二十世纪中国文学罕有而弥足珍贵的异数，他似乎不太可能诞生于二十世纪的中国，这个世纪中国历史的主题是革命与恐怖、救亡与启蒙、和平与发展，没有他生存的文化氛围和精神谱系，但他还是执拗而清苦地生长于田园、泥土、动物、植物、季节、蓝天和青山之间，独自一人以羸弱的身躯主动承担了对创伤累累的大地母亲的守护。在他饱含诗意想象力的文字中，他凭借着柔韧的审美触角，穿越了"文革"年代以及冷漠和喧嚣的商业时代，直抵创造的本原和灵魂的深处，把他自己对存在的追问、对生命万物的关爱揳入人类精神文明的拱顶。在如此泛滥放纵的浮躁文化里，苇岸先生对人类文明的主动承担和不懈努力有可能被滚滚红尘遮蔽和湮没，人们的虚妄、疯狂、愚蠢、平庸以及不择手段使苇岸先生和《大地上的事情》悲剧性地成为"异数"。大地并不是为我们人类的生活而存在的，它是先我们人类而自在自为的，我们没有理由以俯瞰大自然的人类霸权来无限度挥霍和掠夺大地的母性。

苇岸先生彻底揭示了中国北方这块大地之上无穷的朴素美和诗意美，他对大地、对人类和对大地上的一切事情的观察和体味，有一种近乎孩子般视觉的开朗和平阔。他用辽远、神奇、童真、审美的目光深情地抚摸过大自然的泥土、动物、植物、季节、家园，同时又葆有一颗纯粹、素朴、真挚的爱心昼夜倾听深藏于大地心脏的声音，并用他那优美而略带伤感的男中音歌唱着绵绵不绝的田野的乡愁。他像终生热爱和赞美俄罗斯农村的叶赛宁那样，用虔敬、深沉、委婉的音质颂赞永恒的大地和乡村，"因为人性的主要贮存器之一，就是土地、动物和人同它们的交往"（苏联作家阿勃拉莫夫语）。当他把洁白、清澈、高贵的思想如芦苇根须一般延伸到大地深处的时候，一切却戛然而止，就好像"这个大地上的异乡者"（特拉克尔语）。苇岸先生这种逼近灵魂的叩问和追索是人生最深层次的主题求证：回到天荒地老，回到永恒乡土，回到亘古田园……苇岸先生的整个"大地之旅"，不仅从地域时空的散文层面，也从索解求证的哲学层面，更从精神归宿的诗化层面，质朴、清新地书写出了他对农业文明的坚持和对工业文明的拒绝一次次脱胎换骨的过程。这种乌托邦式的追寻可以无限度地接近这个梦，接近这块广大辽阔、深邃纯净的土地，但也许永远无法追回曾经纯粹曾经完美的家园。

苇岸先生的珍贵、卓绝和伟大是因为他不知倦怠地行走在大地深处，不断追索人类"自己的来历和出世的故乡"，与民众共呼吸、与大地同脉动。苇岸先生试图以一种"大地诗性"来反物化、来反异化、来对抗后工业社会的来临，他用照相机、用笔、用心灵去承载、去记录、去拥抱大地上一切蠢蠢而动的生长声音，他最后迎接死亡的仪式本身就是对工业化拒绝与抗争的一次身体意象演示。在"二十世纪这辆加速运行的列车已经行驶到二十一世纪的门槛"的时候，他满怀深情地告别了人世间，就像他自己临终遗言一样，他感觉到自己"不是一个适宜进入二十一世纪的人，甚至生活在二十世纪也是一个错误"。在二十世纪末吞噬一切的物质主义汹涌洪流中，苇岸先生的出现和存在简直是尘嚣里的一个奇迹，他关于"土地道德"的书写在二十世纪中国文坛上具有震聋发聩的开拓意义，他与托尔斯泰、甘地、马丁·路德·金、梭罗等人一样，都是以崇高的精神而使人类免于堕落的伟大灵魂。在世界文学宝库中，中国二十世纪文学因为有了苇岸先生和他闪耀着土地一样朴素、温和色泽的经典散文而不再颗粒无收，他的名字会与布封、法布尔、赫德逊、列那尔、希梅内斯、史怀哲、卡逊等一道镌刻在人类精神大厦的建设者名单上，散发出永不熄灭的艺术芬芳。他的书和他的人一样在他生前是冷清、寂寥和隐没的，若不是他的早逝和未尽其才在文坛内外引起一阵唏嘘，他那些有着世界文学视野以及罕见的深刻度和前瞻性的作品与思想甚至有被湮灭的可能。今天我们重新发掘被霸权话语遮蔽下的苇岸先生其人其作，是有着特别重要的文学史的意义。

苇岸先生的精神导师、美国超验主义作家梭罗在生命的最后两年里，患上了肺结核症，他自知将不久于人世了，就平静地整理日记手稿，从中选出一些段落来写成文章，发表在《大西洋月刊》上。一八六二年五月六日，梭罗因肺病在康科德平静安详地逝世，终年未满四十五岁，比早逝的苇岸先生只大六岁。他们都是把思想与人生完美地结为一体的先行者和远行者，两人的一生同样都是如此之简单而馥郁，又如此之孤独而芬芳。爱默生在梭罗的葬礼上，充满悲恸和敬意地说："这个国家还没有意识到，至少还不知道它失去了一个多么伟大的儿子。让他留下未完成而又无人能接替的工作就离开了人世，似乎是一种损失；对这样一个高尚的灵魂，在他未能向他的同辈真正显示他是个什么样的人之前就离开人间，真是一种侮辱。但他至少是满足的。他的灵魂是属于最高贵的阶层的……哪里有知识，哪里有美德，哪里有美好的事物，哪里就是他的家。"爱默生的这些话放在早逝的苇岸先生的身上，也是丝毫不过分的。由于与苇岸先生同处一个时代，距离太近的缘故，我们还没有意识到我们已经失去了一个怎样优秀的作家和诗人。在许多年以后，也许苇岸先生将与梭罗一样会被人们不断发现并逐渐理解，成为未来文学史家绕不过去的话题。他对文学的贡献将是超越时代和不可限量的。

感谢全国各地的朋友们，特别是湖北武汉地区文友们的关心和援助。新生代作家刘继明先生在得知苇岸先生病逝的消息后，多次与我谈到苇岸先生的价值。他说在书店见到过《大地上的事情》，再去买时已没有了，就托我买一本，以便他写一篇从大文化背景下谈论苇岸先生思想价值的文章。此外，胡发云、王石、华姿、徐鲁、樊星、昌切、张新颖、谢泳、林贤治、周实、周同宾、何锐、树才、王家新、黑大春等文友在不同场合，均与我在电话和面谈中交换了对苇岸先生人品与作品的看法，并一致惋惜他的夭折。

在编定这本《上帝之子》后，我要衷心地感激所有熟悉的和陌生的朋友们的支持，他们无私的援手使我感受到在这样一个人心物化的商业主义时代，人间真情的可贵和温暖。

鲁迅先生说过，收存亡友的遗文，真如捏着一团火，常要觉得寝食不安。我利用这四个月闲暇时间，替湖北美术出版社编了这一本书，不仅仅是为了对亡友做个交代，而是希望更多的读者朋友能够从苇岸先生蘸血而写就的文字、摄影作品中读懂一颗更深入腠理地泅入了自然和艺术精髓的灵魂。那么，苇岸先生也就虽死犹生了。

时光流转，被苇岸先生深情的目光抚摸过的生灵们依然兀自生长、繁衍、变迁，继续着大地上的事情，而苇岸先生自己却早已走远了……苇岸先生虽然已经离我们远去了，但未曾消失的是他的品质、精神以及那些清澄见底、沁人心脾的作品，正如法国诗人雅姆所说的："这一切在那里就像一个善的大海洋，光明和宁静在里面降落。"他彗星一般短暂而耀眼的命运和创作，可以用《庄子·知北游》中的这几句话来表述："天地有大美而不言，四时有明法而不议，万物有成理而不说。"

原载《书屋》二〇〇一年第七、八期（合刊）

袁　毅　一九六五年生于汉口。媒体人、诗人、作家。采写百余万字文化报道，写作诗歌、随笔散文、评论。编选苇岸遗文集《上帝之子》。现为《长江日报·读+周刊》编辑、记者。

回头视岸

陈长吟

一

第一次认识苇岸,在水边、在岸上。

那是一九九二年十月二十九日,武汉市文联搞了一个"当代散文研讨会",地址在武昌的东湖边,风景非常优美。我们住在湖边客舍的小楼上,窗下是绿色的湖岸园林,看一眼就心情舒畅。据说这个小楼在很早以前,是中南局领导人一家的寓所,改革开放以后,才开始接待一些小型会议。此次活动由东湖风景区赞助,于是我们就有幸入住了。当然也是有任务的,会后每人交一篇写东湖的散文,风景区要出版一本册子。

这个研讨会的参加人员,主要是湖北省内的作家,只邀请了少数外地嘉宾。我头一天下午乘火车到达武昌,接站的人说,北京的老愚(高晓岩)、苇岸(马建国)、元元上午就到了。

由于市内作家不驻会,所以小楼里只住了几个"外宾"。

放下行李,我就去找他们聊天。

高晓岩是陕西人，此前有过联系。经他介绍，就认识了苇岸和元元。

夜晚无事，我们走出楼房，沿着湖边的小道散步。在与他们的交谈中，我感受到北京一批年轻作家的锐气，他们对文学的理解，对散文创作有所探索、拓展，并且已有专门的"新生代散文"合集问世。

苇岸话语不多，但却实实在在。我觉到他读书丰富，对很多问题有独特思考，是个比较纯粹的文化人。

苇岸个头高大，性格朴厚温善。从他的穿戴、口语、谈吐作风上，似乎看不出那种"京味儿"。后来我知道，苇岸来自北京的昌平县（现为区）。

我与苇岸对话少，他不夸夸其谈，我亦言迟口拙。可是，有一种投缘的感觉，却在心中升起。

二

第二天上午，研讨会开幕，湖北省的名家悉数来到。

著名老作家曾卓先开讲，他从文学的传统说起，强调了散文创作的社会性、使命感。老作家口才流利，侃侃而谈，会场效果极好。接着是北京来的年轻的老愚开讲，他宣传和鼓动了新潮散文，强调了思考的多元化和文体的自由性。一老一少，开了个研讨的好头。新时期开始以来，这种认真的探讨艺术规律的学术会议还不多见，大家畅所欲言，气氛热烈。涂怀章、方方、池莉、刘富道、李建钢、田野、王维洲、董宏猷、周翼南等人，都在会上做了精彩发言。

我参加这次研讨会，主要的任务是组稿。我带着上个月刚创刊的《美文》，在会上谈了贾平凹主编提倡的"大散文"观念，主张散文是大而化之的、散文是大可随便的、散文就是一切的文章。当然，要有艺术性、要有美感。

我的关于"大散文"的发言，会上也是有争议的。不过，会后约到了很多不错的稿子，算不虚此行。

苇岸是支持"大散文"观念的，他还发表了更多更细的思考。苇岸那时还没有多大名气，只是位中专教师，并且他的发言也无慷慨激昂之色和标新立异之论，所以没有引起多少人注意。可我觉得与他气味相投，可文可友也。

会后游东湖、进楚城、登天台、观凤标，我与苇岸，还有萌萌，走在一起的时候相对多一些。

有天晚上，我们还一同去胡发云家做客。

三

于是，苇岸成了我的作者。

他的一些重要散文作品，陆续从北京飞到西安，经我编辑，刊发在《美文》上。比如那篇《大地上的事情》，刊发于一九九三年第一期；那篇《鸟的建筑》，刊发于一九九三年第九期；还有《四姑》，刊发于一九九四年第一期；还有《没有门户的宝库》，刊发于一九九四年第六期。

一九九五年四月，苇岸的第一本散文集《大地上的事情》（也是他在世时出版的唯一的散文集），由中国对外翻译出版公司推出。收到他的签名本之后，我打电话去表示祝贺，他笑得很开心。

于是，苇岸成了我的朋友。

我陆陆续续收到他的来信，除了谈自己的稿子，谈文学上的观点，他还向我推荐了其他散文家的稿子。

苇岸在北京为我代买过他认为较好的国外散文书。我们之间有一种"奇文共欣赏，疑义相与析"的交流。

苇岸在信中谈他的观察："我的窗外，今年又筑了一个蜂巢，且出奇地大，直径已有二十厘米，每天还在以一厘米速度扩大。每天，我清清楚楚地注视着它们。"这些，后来都成了他散文创作的素材。

苇岸关注着《美文》的发展，会在信中提一些非常好的建议，我们也多有采纳。

对我的个人生活，他亦持朋友间的关心。

我们常在晚上十点以后通电话，一是那时都有空儿坐下来聊聊，二是十点以后长途电话是半费。我们都是穷书生嘛，能省就省。

一九九四年十一月三日的来信中,谈完稿子,最后一句他写道:"上次电话与大嫂谈了几句,心里很不平静,兄一家太苦。问大嫂和小孩好!"

看到这儿,我眼睛潮湿了。因为那时我刚把小家从外县搬到西安,全家人挤在编辑部三楼的办公室里。一间十几平方米的房子里,放着大床、桌椅、灶具,我要看稿写作,孩子要复习做作业,妻子要做饭收拾家务,生活环境极不舒畅。妻子有一些怨言,可能在电话中无意间向兄弟般的苇岸诉说了,就引起了苇岸在信中的感叹。

以文会友,友谊暖心。在文学生涯中,有机缘结交了一批真正的长久的朋友,这是我感到幸福的事情。

四

第二次见苇岸,是在一九九六年十月。

《美文》已经出版四周年,编辑部准备在北京召开一个座谈会,征求各界读者的意见,同时也是宣传造势扩大影响。

我和主编贾平凹、常务副主编丛敏乘火车到北京,然后赶到新街口正觉胡同十三号西安驻京办事处落脚。因为提前没有预定,结果当晚客多,只剩下一间三个床的房子,只好将就了。

住下之后,我就给苇岸打电话,托他帮忙代请一些媒体朋友来参加活动。他立即答应并联系了《北京晚报》《科协报》《铁道报》等媒体的记者。

十月十三日,座谈会在办事处的多功能厅召开。几十位作家、评论家及几十家新闻媒体的记者来到现场,平凹主编先表示了欢迎,然后大家纷纷发言。白烨、郑荣来、贺绍俊、罗强烈、彭程、苇岸等,都提了很好的意见。

散会了,苇岸约我去昌平看看。

十月十六日凌晨,北京一个朋友开着小面包车,送我去昌平。车在路上跑了一个小时,按照苇岸提前画好的路线图,我们来到了昌平县水关新村。

苇岸住一套两居室的房子,一间卧室一间书房,收拾得干净整洁。他一个人,早等候在家里。我们在书房里吃了早点,看了一些他的文章和照片,苇岸说陪我去长城和十三陵转转。于是我们下楼开车,又跑了一个小时,来到八达岭长城。那天游人很多,我们爬上长城高处,拍了合影,就下来了。车又返回昌平,在县城里的豆花庄吃午饭。下午,前往十三陵水库,但天将雨、光线暗,拍不成什么好照片,于是决定返回。那天,苇岸陪奉始终,诚恳感人。我们在一起无隔阂,很随意。

在昌平,没有见到苇岸其他亲人,他也很少提及家庭。隐隐觉得,苇岸的日子比较清苦,这也或许是他自己的人生追求吧。

五

一九九九年春天的一个晚上，苇岸打电话来，问起陕西作家路遥当年患肝癌的治疗情况。我心里一愣，忙问怎么回事？他说是一个亲戚病了，想了解一下。于是，我就把路遥的生病、治病过程简要告诉了他。放下电话，心尚有疑，但一想到苇岸身板结实，北方大汉的样子，不会有什么问题的，就安然了。

此后几个月没有联系。

五月二十日，突然接到北京朋友的电话，说苇岸病逝了。

我坐在办公桌前半晌没动，心想一个好好的高高大大的兄弟，怎么说走就走了。原来那个电话，说的是他自己的病情啊！我责怪自己的愚笨，如果早明事理，应该常打电话去开导、安慰他啊。

我代表《美文》杂志社，给北京那边发去了一份唁电，内容是：

回头是岸，我们为会思想的芦苇送行。

六

苇岸离世将近二十年了，但朋友们还惦念着他，散文界还经常谈起他。

回头视岸，给人启示。

苇岸的朋友不是很多，但真心交往的多。所以，交友不要求数量，要讲质量。

苇岸的作品不是很多，但有水准的多。所以，创作不要只追求数量，要讲质量。

苇岸高谈阔论的时候不多，但有思考的多。所以，做人不要喧哗噪众，要雁过留声。

有的人走了，如浪卷浮沙，转眼就没；有的人走了，如江中礁石，挺立恒久。

做人如此，作文如此，做事亦如此，都要讲究个质量。

二〇一八年九月一日　于西安迎春巷

陈长吟　作家，文化学者。曾任西安市作家协会副主席、《美文》副主编、陕西省社科院文学所所长，现为陕西省散文学会会长、西北大学现代学院文学院院长、中国散文研究所所长。出版文学专著十八部。

与大地相同的心灵

祝 勇

苇岸对世界的要求并不多。他住在乡下，对物质的需求几乎降至最低——就像他所崇拜的梭罗；他吃素食，粗茶淡饭，朋友也不多；他的节俭甚至体现在他的创作上，他读得多而写得少，谨于言而慎于行，这么多年，我只读到过他一本散文集子，就是一九九五年由中国对外翻译出版公司印行的《大地上的事情》。几乎没有人关注他的存在，如同没有人在意原野上一只羚羊的存在。可上帝还是收走了他。上帝是多么刻薄。

我是关注他的为数不多的人之一，尽管我们从未见过面。几年中我们只通过有限的几次电话。一九九七年一月二十四日，他给我写了一封信，表示希望有机会与我坐在一起交谈。但是他住得太远，我这个人又一向比较懒，一直没去找他，想必他也不善交际，故而我也从未在圈子里某一次小聚时碰到他。今年新生代散文界在楼肇明先生的策动下搞了一个散文朗诵会，我当时只因贪心看一场球赛，便没有参加，不知苇岸去了没有——我想他是应该去的。总之我不知道自己和苇岸之间算不算是朋友,但这种不需时时提起却又彼此挂记的淡淡的情感却令我感到温暖。

苇岸在那封信中还说:"你具有一种我不具备的(亦是令我钦慕的)快速运用文字的能力,这与思维的敏捷相关。我则迟讷得多,故我有些反现代(它的效率和竞争)。"他说得不无道理。上帝为我们安排了不同的生命形式。在我奔忙的岁月中,效率成为我保持创作状态的唯一途径,如果不及时抓住思想的吉光片羽,那么它们就将弃我而去,永不回头;而在苇岸那里,时光则从容悠缓得多。所以他的文章很浓稠——要过很长时间,才从身体里榨出一滴汁液。这是他作品的价值所在。他热爱他的文字,仿佛上帝热爱他所创造的世界。他说:"作家应该是文字的母亲,她熟悉她所有的儿女,他们每个人的技能和特长,当她坐在案前感到孤单,她只要轻轻呼唤,孩子们便从四方欢叫着跑来,簇拥在她的身边。"(《作家生涯·文字的母亲》)

他的素食主义不仅仅是出于一种个人的癖好,而是得之于一种深刻的理念,那就是对物欲的节制和对精神自我完善的崇高追求。他并非主张禁欲,但他号召节制,遵循自然的法度。非常年代里曾经盛行的禁欲主义是物质生活贫乏的结果,所谓经济基础决定上层建筑,在当时那种情况下,纵欲和贪婪因没有物质基础而显得可怕,因而禁欲固然违背人性,却实出无奈。所以,道德的修行,为社会生产的危机罩上了一层安全网。而目前,我们却从一个极端走向了另一个极端。物质进步的同时,潘多拉的盒子也被打开，欲望与邪恶没有限度地泛滥，加速了人类精神的沉沦。所以，后工业时代里苇岸的抉择同工业时代里梭罗的抉择有着相同的意义，他们都是"把思想与行为完美地结为一体的人"（《人必须忠于自己》）。苇岸的节制是理性与智慧的产物，是对人类的忠告。他说土地"借助利奥波德之口，向忘形于主人幻象中的人类，发出的最后呼声。这呼声包含一个内容：'征服者最终都将祸及自身。'对此，阅尽人间的土地，充满信心。"（《土地道德》）这种感悟可能是他长期与自然、与土地对话的结果。他感悟自然，是为了倾听自然的秘语，并以信使的身份，将它们传递给愚顽的人类。泛滥的欲望正在毁掉我们苦心孤诣地创造的文明，在这个时代里，节制，无疑成了最高贵的品德。他写道："《历史研究》的著者汤因比即认为，工业革命以来被刺激的人类贪欲和消费主义，短短两三百年间，便导致了地球资源趋于枯竭和全面污染。面对未来，人类不能再心存科学无敌的幻觉，科学虽有消除灾害的一面，但（现实已经表明）一种新的科学本身又构成了一种新灾害的起因。人类长久生存下去的曙光在于：实现每一个人内心的革命性变革，即厉行节俭，抑制贪欲。……而在自律方面，曾严厉抨击西方社会的实利主义的索尔仁尼琴，反对'贪婪的文明'和'无限的进步'，提出应把'悔过和自我克制'作为国家生活的准则。因为纯洁的社会气氛要靠道德的自我完善来造成，稳定的社会只能在人人自觉地进行自我克制的基础上建立。托尔斯泰也曾讲过,人类不容置疑的进步只有一个,这就是精神上的进步,就是每个人的自我完善,人类如果没有内心精神上的提高,那么徒有外部体制上的改革,也是枉然的。"(《素食主义》)他对奉行素食主义的梭罗、列夫·托尔斯泰和萧伯纳推崇备至。素食主义在苇岸的生命中不是最重要的内容,但他至少以此表达了他与物质文化对峙的决心。这是他所选择的自我救赎之路,我们也可以从中思索己身的出路。

他与我不同。我于过去的时光中发现了许多至善至美的东西,而他,索性生存在过去的时光中。他生命的每一瞬间都被镀上了古旧的金黄色。甚至我觉得他的生命中压根儿就没有时间的概念。在他的生命里,钟表还没有被发明,他只是从对天象的推算和对地理的察看中感受四时的变化,从血液的运行中体味生命的流动。他沿用的是一套古老的思维逻辑,并且如同恐龙和猛犸,因其在现代社会的绝迹而显得异常可爱。你听他说:"望着越江而过的一只鸟或一块云,我很自卑。我想得很远,我相信像人类的许多梦想在漫长的历史上逐渐实现那样,总有一天人类会共同拥有一个北方和南方,共同拥有一个东方和西方。那时人们走在大陆上,如同走在自己的院子里一样。"(《美丽的嘉荫》)当科索沃战事正酣的时候,读这段文字,会觉得他多么简单和可笑。但他无疑是对的。城市文明使人冷酷和堕落,乡村却使人简单和善良,因为土地本身意味着简单和善良。土地是人类的母亲。我明白了他为什么不愿进城。他不适应这里的生活，城市的霓虹和车流太容易将他淳朴的情感化作齑粉。屠格涅夫在巴黎病逝前，在庄园门口留下了一句话："只有在俄罗斯乡村中才能写得好。"

苇岸最后也把这句话留了下来，留给挑战城市战车的现代堂吉诃德们。我们都是小人物，苇岸也是。但他有自己的想法，他对自己的生命有所要求并付诸实践——尽管它很短暂。他生存的自觉意识值得我们学习。在这样一个时代里，苇岸的存在仿佛一段难以置信的传奇。他死后，这样的传奇不再有了。所以他的死不仅是他个人的宿命，更是我们这个时代的悲剧。

原载《中华读书报》一九九九年六月十六日

祝　勇　作家、学者，故宫博物院影视研究所所长。出版《故宫的风花雪月》多种、十二卷《祝勇作品系列》。获朱自清散文奖、郭沫若散文奖、孙犁散文奖、十月文学奖等。

天下诗人皆兄弟

郑单衣

在我的朋友中,说"天下诗人皆兄弟"这句话,说得最多最真切的,莫过于诗人食指、黑大春和苇岸。一九八八年深冬,我和诗人西川在他红星胡同的家里曾有过一次愉快的见面。当时他曾提议约海子出来,却因故未成。三个月后,我在贵阳接到诗人宋琳从上海寄来的快信,说海子于三月二十六日在山海关卧轨自杀。这一令人震惊的消息,一下子传遍全国,随后几年,几乎人人争着谈海子。

约六年后,一九九五年,因出版"当代中国六十年代出生代表性作家展示"丛书(诗、散文、小说三种合集),中国对外翻译出版公司在北京做了一个首发式,我因此去了北京并认识了苇岸,他不仅是海子生前在昌平的好友,也是他走向山海关最后的目击者之一。他写过一些怀念海子的文章,影响很大,如《诗人是世界之光》等,都收在他的散文集《大地上的事情》中。我曾向许多朋友介绍过苇岸和他的散文,像他那样朴素而富洞见的作家，现在是很少见到了。每次重读他留下的文字，都会黯然神伤，虽去世多年，其赤子情怀仍历历在目，而且越发清晰起来。

我是从诗人邹静之那儿得知他病危的，那时我在贵阳，深夜赶紧打电话。在电话里，苇岸说，是肝癌晚期，让我别难过，一切都准备好了，一切都安排好了。语气平淡得让人揪心，像是在说另一件事，无关乎死，更无关乎生。世上的残酷事，大约莫过于明明白白知悉自己死之将至吧。死，像一封快信已摆在面前，就差开封了，却要设法用一种超然平淡去安慰他人——有机会活下去的人。我们生在当代的中国人，大约都有这种对死和生的超然冷漠吧，说这话，难受至极，甚至不想写这种伤感文章，觉得如此多余。

总之，男儿汉，温文瘦弱，古道热肠，这就是苇岸。那晚，在电话里，我安慰他说，也许是误诊，坚持让他去其他医院复诊。我还举了误诊的例子，可他只是说，一切都安排好了，放心。我于是又打电话让静之劝他复诊，明知无用，但仍暗暗期待是误诊。随后几个月，我往返于川黔之间，最后到了香港，其间种种，在此不表，得知他的死讯，已是半年后了。呜呼。有这样的一种人，他们固执于自己的信念，完全是出于天性，令你不知说什么才好。在我的朋友中，苇岸便是这样一位叫我无话可说的人。后来，我在网上读到袁毅对他的怀念文字，也想写点什么，却一个词也找不到，只想喊："兄弟，你在哪儿？"

"兄弟，我在这儿！"我希望他这么应我。但那是舒婷的诗，读到它时，我大约十七岁。每念及此，往事重现，我依然会感动于这样的诗句和情怀。早前见她写怀念顾城的文章，写到最后，却用了一句平淡得同样令人心尖生痛的大白话："在今天的中国文坛上，我最想念顾城，我再也见不到他了。"再也见不到了，这样的话，大约只有舒婷才说得出来吧，所谓大痛者，痛不择言。天下诗人皆兄弟，这句话，分量从来就不轻。

在中国，王小波、海子的死亡事件都曾演变成集体的无罪表白，补赠赞颂之词，并不难，人人争写"我的朋友徐志摩"嘛，连那些平时一有机会就大骂别人、伤害别人的三姑六婆，摇身一变，也乘机像乌鸦般地围过来捶胸顿足，都不知到底想干吗。事过三日，很像是一个噩梦中的幻影，又都不见了。顾城事件则有所不同，过去的赞美者都纷纷改了口，甚至有人还乘机拍了一部可笑的电影，真不知说什么才好。顾城受到的道德谴责，使传统的诗人之名蒙上阴影，从而改变了人们对他的接受心理。人无完人，对不幸者当抱同情才是，况且，对死者存苛刻，本身就极不厚道。我想说的是，如果别人的死，尤其是有缺陷的兄弟的死，提供的只是某种表演机会、某种拍电影机会，甚至暗学项庄，拔剑起舞，这样的事，说得严重点，则多少有落井下石之嫌。所谓以亲者之名当众剥死者皮,啖肉嚼骨者,于心何忍?

二〇〇四年四月写

原载《书城》二〇〇五年第六期

郑单衣 一九六三年生于四川。新生代诗人,画家。著有诗集《夏天的翅膀》等。现居香港。

田野:那黎明的奠基人
——纪念苇岸或一个消逝的散文方向

宋 逖

> 大地的词交出挽歌
> 太阳将痛悼那被死亡消失的千朵玫瑰

十年过去了,苇岸所依旧眺望的田野里有奥马尔·海亚姆的"被痛悼的千朵玫瑰"吗?死亡那最黑暗的田野不是"大地上的事情",而这位读书的观察人在"太阳升起来之后"已经变成另外一个孩子,我们所不知道的那个孩子,彻底消失在那些朴素的词里面了吗?

悼念或死亡本身是几乎不可说的,而真正的作家对于死亡的预兆在他的作品里却早有微弱的被烧焦了的痕迹。今天早上我才刚在网络上搜索到苇岸的朋友、作家周新京写于两年前的一段文字:"他接连两个节气都看到一位穿黑衣的老人站在地头念报纸,另两位老人坐在田埂上听着,他对此感到十分诧异,认为含有某种不祥的暗示。"这是苇岸生病前不久的事情。或许那田野就是前来报时的死亡的黑衣人,预示的是悲观的散文时代几乎唯一的死亡。事实上,昌平这个离北京最近的"小城",留在当代文学史上的地位是贡献了海子那被太阳烧焦的乌托邦(似乎顾城也多次到过昌平和苇岸进行文学交流)。昌平在这个意义上算一个诗城吧。到二〇〇〇年后,诗人王家新、孙文波、蒋浩等先后进驻昌平的上苑画家村,至今上苑已经成为昌平的一个重要的当代文学村艺术场区。当年,海子走后,苇岸的昌平几乎是他一个人的散文之城。苇岸的散文,代表着大地上的事物和事物本相的朴素。而他文学上最重要的交往对象,海子也好,顾城也好,都几乎是被燃烧成太阳的抒情性癫狂所劫持。海子诗篇里的太阳被山海关铁道的黑暗所吞没,而顾城的童话般的太阳则被激流岛的烈日所洗劫。这样的太阳般才华横溢的王子们激烈的陨落,会是影响苇岸将自己编订的托付死亡之书定名为《太阳升起以后》的原因吗?我注意到苇岸认真读过他的最重要的友人冯秋子的书《太阳升起来》并写过书评,而他自己的这个书名是一种含义深远的"最后的应答"吗?

我一直以为苇岸是某种意义上的当代散文的"黎明的奠基人"。除了他自己的写作外,一九九五年他组织和编成的那本《蔚蓝色天空的黄金》是二十世纪九十年代中国当代散文史上最重要的一个事件。早前的诗歌经验,他和食指以及"今天诗派"诗人群的友谊和文学交游,他和两位中国当代诗歌史上被太阳般燃烧尽的太阳才华王子顾城、海子的关系，他和被称为"中国朦胧诗红旗上最年轻的血液"的诗人黑大春的友谊，或者他在晚期和王家新的友谊和交往，都成了他连接、引导另外一端的更年轻的一代散文作家的一个重要的基点。苇岸作为至关重要的一个当代散文领域的"精神缓冲"，他自己的散文写作理性、朴素，如安静而缓慢的大地上的事物，但是他的另外秘密的一端却是那些才华高蹈的诗歌抒情王子们，被"太阳"所包围的安静将抵抗什么样的死亡和缪斯的秘密呢？

一九九七年我约定采访他。大约是七月——太阳狮子的月度。本来要去他在昌平的家，但是那一天他突然决定要进城，于是采访地点改为我自己在工会大楼的家里。采访的前一天下午我睡着了，梦见天气阴沉，他前来接受我的采访，身上裹挟着一大团黑气。我在一片苍凉中被惊醒了。这是个不好的梦，不是很吉祥。我恰好是个迷信的人，于是开始担心起来，会不会接下来的采访会发生什么不愉快或者不好的事情。结果第二天苇岸如约而来，采访大概是下午三点开始的。那次谈得不错，他好像也很满意。采访到六点的时候，我想留他一起吃晚饭，但因为那个时候他已经吃素，不太想在外面的饭馆吃，加上要坐公共汽车赶回遥远的昌平，所以就匆匆地离开了。望着他的背影我又想起了那个不好的梦，又开始担心起来，担心他的采访在我所在的比较官方的报纸发表不了——那个时候我主要负责前卫诗人们的系列采访。八月，苇岸的采访发表出来了，头条，是我自己画的版面。苇岸特别高兴。两年后，在他的追悼会上，我想起曾经做过的梦，难道死亡的前兆在那个时候就已经跟踪着作家？

好像是在晚几个月的时候，诗人黑大春介绍给我一个有名的周易研究者，有一次，一名女生把苇岸的生辰八字交给他请求测算，推算的卦象让我们吃惊："朽木不可雕也。"当时，我们私下猜想，也许是说苇岸的写作天分有些问题（在当时浮躁的我看来，他的写作显然不够先锋和前卫）？但是也不至于"朽木不可雕也"啊。在他往生后，我想起当年这个神秘的卦象，竟然像是预言了，肝属木，苇岸死于肝癌。卦象上指的是这个事情？

死亡拿走了这个大地的放蜂人的全部才华，把他为数不多的诗篇留给我们和这个匮乏天才的时代。

我记得第一次去苇岸在昌平的家是在下午，他让我看他的藏书，然后拿出望远镜带我出去"眺望"，他家的附近就是田野和树林。因为路途遥远，那些年他的家我好像只去过几次。更多的时候是他进城，在比如美术馆等地方的书店见面。那时，作家喜欢约在书店见面，而不是像今天约在星巴克咖啡屋等什么地点。也许苇岸是没有去过夜店、酒吧的，如他在最后的话里说的那样："二十世纪这辆加速运行的列车已经行驶到二十一世纪的门槛了。数年前我就预感到我不是一个适宜进入二十一世纪的人。"在二十世纪八十至九十年代的散文写作中，念念不忘诗歌的苇岸连接了中国当代文学最重要的"今天诗派"——从食指、芒克到顾城、黑大春、林莽、田晓青到可以说是北大诗歌开创者的海子,晚期他也连接了如王家新、树才、蓝蓝等中国最为重要的诗人以及冯秋子、宁肯、止庵、刘烨园等非常重要的散文作家,当然还有他一直重视的林贤治。作为当代文学的一个精神"缓冲",在他的左边,是那些天才高蹈的诗歌太阳王子;在他的右边,则是那些散文领地安静的大地上的事物。这种双重性质的秘密连接和缓冲,以及苇岸作品中那些梭罗般的悲悯和朴素,也许是二十世纪给当代中国散文界或者文学的最后恩赐。苇岸这名未完成的田野的黎明的奠基人,终于把眺望到的大地的太阳还给了那个时代,那个不复返的文学时代,并让后来的人看到了黑暗后面的黎明。

一九八八年开始写作的《大地上的事情》到一九九一年才告一段落。其间,一九八九年他完成的《海子死了》发表于四月的《科技日报》。苇岸的散文写作开始转向大地,转向田野,返身回望于文学精神性内部,回到自己密闭的空间里去。所以在那个时代苇岸的写作充满了古怪的安静。这个时期苇岸的写作有着相当重要的意义和转向,是要这样一直为田野的荒凉、为在大地上的旅行而写下去吗?在昌平他那背向田野的书房里,在他给友人们的书信中,他一次次地谈起他心目中的文学的方向,谈起他"写的太少的"写给田野的小书。

想起在他的病中,我们曾经有一次通话。这一次他又强调了读者意义上的作家或者作家意义上的读者、散文的文体意识等这些我们第一次见面就说过的话题。在生命的最后日子，他的对自己的秘密审判，他对信仰的剧烈摇摆和探求，都试图从以往写过的那些朴素的大地的事物之上找到隐藏得最神秘的超验的根。我想起策兰的名句："是石头吐蕊的时候了。"我知道苇岸没有机会读到这句策兰的诗句，或者，他可能读过诗人王家新的另外一种译文："是石头开花的时候了，是时候了。"还记得我第一次去苇岸家的那个下午，他说得最多的是俄罗斯的诗歌、曼德尔施塔姆、勃洛克，以及他的朋友黑大春的诗歌——那个时候的我尚未理解黑大春诗歌的意义和价值。我想起有一次苇岸特地提醒我去看他做的诗人田晓青的长篇访问记——他相当看重的一个访问记，事后好像还打电话追问了我的读后感。是的，是时候了，在精神上我认为苇岸其实是属于"今天诗派"的。如果说，在每一个文学运动中都有一个"意外的放蜂人"，那么苇岸就是被放逐到散文领域的那个"意外的放蜂人"。他的叙述和文体意识，他和当时诗歌群体密切的精神性的关系，都决定了其文学复杂而含混的世纪性"田野般的浩渺的听力"。

二〇〇九年五月十九日，我被一次798的画展挡在了去城里参加苇岸十年追思会的外面。当月二十四日，在《北京晚报》上看到了苇岸的好友孙小宁做的纪念专版，感慨万千。去年我曾经在我的小报编辑了苇岸的散文，大约七千字、两个整版的内容。后来被小报负责人以不可读的理由给扣住未发，版面已经做完了但是却永远没有发表的可能,这就如同把苇岸的文字重新还给大地的沉默和黑暗,还给这个时代的愚蠢。我后来离开了那个小报,想起依旧保存的苇岸在昌平的书房,那些没有了主人的书和书房,已经被还给大地和田野。

在豆瓣网上得知,苇岸的两本书已经成为可遇而不可求的海内孤本,因为没有再版过。在我的书橱底部,有当年他签名送的《大地上的事情》和一张他的名片。那本书是少有的用特别好的发黄纸张印刷的,这是一个旧奇迹。

我想起前几年搭诗人王家新的奥拓车路过昌平的田野,茫茫雪花中,驾车的诗人突然转头对我说:"你知道吗?这辆车的主人是苇岸,是用他的名字买的车。"在暗下来的天光中,我仿佛一下子被一个在另一边的名字击中,那从来没有开过车的、曾经在田野上为我朗诵大地诗篇的、已经离开我们的朋友,那田野上未完成的黎明的奠基人,会为这一刻微笑吗?那个旧的田野和我们所坚持的信仰已经被这个喧哗的新世界疯狂地彻底蔑视,或被当作一种遗忘,或被纪念、痛悼成一个时代的名字。

原载豆瓣网,二〇〇九年五月写于北京

宋 逖 本名王京生。一九六五年生于北京。诗人、作家。出版有随笔集、诗集多部。

怀念苇岸（组诗，外一篇）

葛筱强

1

兄长，为什么你总是满怀深情地

背回这些木头，在冬天的雪线之下

你的目光不比一只鸟的渴望更深

像今天凌晨，我依旧

举起斧子劈柴

依旧将炉火烧得更旺

静静等待偶尔路过的人们

走进我们的房门取暖

兄长，你躺在土炕上

那月光下的树，是你生长的岁月

你是否在冬天的夜里想起了

另一个你的一生，另一幅图景

是否依旧有群鸟栖落的垛垛干柴
在寂寞而清贫的寒夜
以它们温暖的献身
把穷人的家园照耀

2
兄长，当我在春天的垄头眺望
五月的风吹暖低飞燕子的翅膀
另一个你的一生是否和我一样
依旧头顶天高云淡
依旧脚下万物生长
在我们和泪而歌的刹那，眼前
依旧是清晰可辨的故乡

兄长，就让我抓起一把黄土
扬起满天的春雨吧
扬向你依旧清瘦的脸庞
一生不过是一场幻景，而
一生又是粮食、水和充足的阳光
如果一生是爱，我们就爱种子
生生世世，永不离开

大地母亲温暖的胸腔
一九九九年四月二十日至二〇〇〇年五月六日

丙申夏夜怀苇岸

你让我在漆黑的边上站着
我不敢转身……

也不敢呼喊——
我知道，在这满是伤疤的土地上
你早已缄默。我呼喊，必无回声

现在，连星星也忍不住
闭上了眼，仿佛熄灭
仿佛这人世需要更多的黑

我站在那里，空荡荡的，站在那里
仿佛要成为空荡本身

也仿佛荒芜，又一次遇见并陷入

更大的,也更为深远的荒芜

二〇一六年七月十七日

丁酉仲冬怀苇岸

落在黎明的大雪
再也没有你笔下的浩荡了
飞过平原的雁阵与雀群
再也没有源于安谧之夜的叫声了
神哪,请在清晨无人的旷野
让一颗苟活的灵魂,和另一颗
永生的灵魂相遇,让他们
手拉着手,肩并着肩
让他们呼出的热气,还是奶白色
都能在自己的睫毛上结成霜花
让他们敏感而脆薄的心,贴得更紧
让他们重新打量这个世界时
简朴的人间依旧美好如初

二〇一七年十二月二十六日

赞美诗，兼致苇岸

黑夜是一种神话，黑夜
也是一种诗歌中不可或缺的死亡
三月来了，虽然天空仍然有些
晦暗，虽然内心的荒地
让我忆起你日渐漫漶的手札
但大地上的事情仍在持续的
诞生与消失中涌动不堪重负的
波浪，一如当年惊蛰过后
一群乌鸦的叫声，震落了
树上的积雪，一场预料之外的
雨水，拯救了即将熄灭的
关于简洁的渴望，而
西沉的太阳还像你留在
纸上的那口晚钟，或像
一只茫然四顾的蓬间之雀
哦，是的，必须以命中
注定的不幸，为活下去的理由
必须以往昔的梦境，为唤醒
泥土的一颗略微倾斜的砝码
我们才能不算糟糕地走向神秘

走向与河流相反的空阔之地
是的，你知道，我们都是
用飞翔建造春天的虚妄之徒
都在用尽平生的力气为自我
编织一张不可攻破的幻觉之网
是啊，如果没有小毛驴温柔地
用嘴唇翻动草尖上的星光
如果没有野兔谦卑地用眼神
无助地盯着我们紧紧不放
我们也许会在四季的轮回中
遇见露水中的歌手，他如溪流般
清澈的嗓音，会摧毁忽然弯曲的
月光，也会让一把来自天上的
温热沃土，落入我们提前播下的
葵花与灰烬中的遗嘱

        二〇一八年三月十二日

永远的怀念

——关于苇岸的日记

一九九七年十月十六日

这是值得我一生纪念的日子,因为我收到了苇岸的第一封信。他在信中写道:"这是个体之间通过文字产生的一种呼应,我尊重和珍视每一颗这样的心灵。"(此前,我和苇岸素不相识,我是在一本书上读到他的作品后按照上面的地址写了感想给他。)

结识一个具有朴素、宽厚、善良情怀的作家,会使你整个生命充满了亮色。苇岸阅读渊博,作品厚积薄发。他的第一封信,除了让我感受到阳光般的勉励,还有他用词的简洁。

一九九七年十一月十一日

苇岸邮来他的散文集《大地上的事情》,里面收有他的五十则随笔和若干散文以及一些怀念友人文章、四十则作家生涯。这是创作的一个阶段性总结。苇岸的理想是:通过其作品,有助于世人走向"尧舜"或回到童年。

苇岸是一个十分成熟的作家,他的散文语言简洁、洗练,充满了爱的气息。麻雀、胡蜂、遥远的边疆和与自己密切相关的亲人朋友,在他的笔下,都是那样令人怀想。可以说,他的文章已和民间、大地建立了血脉相融不分轩轾的关系。

读苇岸的散文,你会深深地感到:作为一个生存人间的平民是幸福的,就像一棵生长的白桦,对生活和未来充满信心和希望。

一九九七年十二月十四日

苇岸来信。他已将我的诗《黑夜之歌》推荐给《武汉晚报》的编辑。在这封信里,他为我介绍了一个新朋友,先锋诗人黑大春——被苇岸在作品中亲切地称为"最后的浪漫主义诗人""中了魔法的漂泊者"。在苇岸的思想里,怀着这样的宽厚意识:如果我为诗人或作家做了什么,我认为我不是或不单是帮助他们,而是帮助了文学本身。在今天,能具备这种铺路石精神的人本身就流溢着圣洁的光辉。现在想来,苇岸之于我,一如当年赵一凡之于一平,周郿英之于黑大春。从这时开始,我和诗人黑大春建立了亲密的友谊。正如帕斯所说:"诗把一切诗人变成了兄弟。"

一九九八年七月三十一日

读梭罗的《瓦尔登湖》。这是一本对苇岸影响巨大的书。它促使苇岸从诗歌转向散文,因为他说"初读这本举世无双的书时，我幸福地感到，我对它的喜爱，超过了任何诗歌"。在我读完《瓦尔登湖》的当天日记中写道："《瓦尔登湖》像一股清澈而古典的泉水，从头到脚洗净了我，我的内心一片明亮和幸福。"

这本书是当年诗人海子推荐给苇岸的，现在苇岸又推荐给我，我认为这是一种神示。关于梭罗，苇岸在《诗人是世界之光》一文中做了较全面、精辟的叙述，我把这段话转录如下，因为梭罗是闪耀在我们头顶的亮星：

亨利·戴维·梭罗，美国作家，生于马萨诸塞州康科德镇，爱默生的朋友和门生，超验主义精神的践行者，一个把思想与人生完美地结为一体的人。为了试验人除必须的物品，其他一无所有也能在大自然环境中愉快生活，一八四八年七月四日，二十八岁的梭罗提着一把斧子，只身来到康科德郊外林中瓦尔登湖边。他用林木造了一间小屋，小屋宽十英尺，长十五英尺，四壁开窗，大门朝向湖面。他在这里种植、阅读、思考、写作，整整居住了两年。他的木屋从不上锁，两年间接待过从逃亡的奴隶到哲学家各式各样的客人，从未丢失过什么。只有一次，来客带走了他的一本希腊文诗集。此事使他得出了这个结论：人类中唯一不能信任的人，就是那些喜欢书籍的人。两年自给自足的湖畔生活，他写出了被称作超验主义圣经的重要著作《瓦尔登湖》。

一九九八年八月十五日

收到苇岸回信。对于我一边教书、写作,一边种地的生活他深为赞赏。他提到了日本作家德富芦花和芬兰作家耶尔内费尔特,他们都是受托尔斯泰的影响而返乡躬耕田园。

苇岸的身体状况令我担忧。他一米八〇的身材,体重只有一百一十斤,瘦成这样是因为他因热爱生命心怀悲悯而践行素食,长期脑力消耗,消化系统脆弱。虽然今年入暑以来吃了四十服中药调理,但效果并不理想。每写完一篇东西都会明显地消瘦。他自己说这是一种宿命。

一九九九年四月二十七日

诗人黑大春来信。信中夹有苇岸赠我的一帧照片。是苇岸、食指、宁肯、冯秋子四人在北京第三福利院的合影。苇岸身材颀长,比我想象的更瘦削。

我是在四月十六日收到女诗人蓝蓝的来信,才知道苇岸患上肝癌的。当时我怀着忧伤的心情给他写了一封并不十分忧郁的信,鼓励他坚定信心战胜病魔。我始终在心里认为他会没有事。但黑大春在信中说苇岸化疗后下楼已很费力。大春说苇岸对我赠给他的小诗《短歌》尤为喜爱,认为这是天赐,与私交题赠无关。

一九九九年五月十九日至二十日

十九日黄昏，我正在园子里栽种菜苗，突然接到黑大春从北京打来的长途电话，声音低沉地说："筱强，情况很不好。"我的心便一沉。黑大春告诉我，他刚从昌平探望苇岸回来，苇岸已处于昏迷状态。他详细地介绍了一些具体情况：苇岸的病在今年正月初八就已确诊，之所以一直未给我信，是他不想惊动太多的朋友为他担心。苇岸自己也很乐观，患病后仍惦念让我去北京一趟，路费由他和大春安排，因为他知道我的条件不好。我一边听着大春的叙述，一边忍不住流下泪来。

二十日晚，黑大春又打来电话，说苇岸已于昨日（五月十九日）晚六点三十四分在昌平县（现为区）医院病逝。我只感觉脑袋一阵晕眩。虽然我已做好心理准备，但一时仍无法接受这一事实。大春在电话中声音嘶哑："建国（苇岸原名马建国）生前留下遗嘱，将他的骨灰撒在通往自己故乡（昌平县北小营村）的路上。"是呵，一块小小的墓碑怎能容下这样一个宽厚的灵魂呢？

苇岸一生的创作，饱含了对大地和大地上的事物的无限关怀。可以说他是大地当之无愧的赤子。他以自己博大的爱心使自己出类拔萃，使自己成为一个真正的"人类增光者"。他的去世，使我们失去了一颗善良的心，我们的心灵为之一暗，大地母亲无语垂泪。愿苇岸在另一个世界依然能够深情地拥抱自己热爱的一切，万物，生灵，包括这个春天早晨忽然升起的大雾。

一九九九年五月二十七日整理
二〇一八年三月六日修订

葛筱强 吉林通榆人。诗人、作家。出版诗集、散文随笔集等。曾获吉林省长白山文艺奖、首届杨牧诗歌奖金奖。中国作协会员。

感受大地的心跳

孙昕晨

到新单位,第一件事就是学电脑。为了对付表情木然的机器,我在打字练习时选择了两位作家的文字,一位是沈从文先生的《从文家书》,另一个则是青年作家苇岸的散文集《大地上的事情》。

蓝色的黑龙江,在北方的八月缓缓流淌。看到一条河流,仿佛看到一群迁徙的候鸟,总使我想到许多东西。想到它的起源,想到它路过的地方、遇见的事情……我常常想,无论什么时候来到河流旁,即使此刻心怀苦楚,我也应当微笑,让它把一个陌生人的善意与祝福带到远方……(苇岸《美丽的嘉荫》)

沉静、滋润、散发着生命芬芳的文字出现在屏幕上,我单调的打字练习便成为一次秋天里的散步,我的心在走。

就在我的散步还没折返的时候,友人建平兄的电话让我吃了一惊:"知道吗,苇岸病逝了,他才三十九岁啊!"

这是否是一种命呢?"春天,万物生长,诗人死亡。"十年前,苇岸怀念海子不就这样写过吗?

我回到灯下,重读《大地上的事情》,流连在一行文字与另一行文字之间,怀念一个比我还年轻的文学兄弟。

这些年,在有限的阅读经历中,我一直拒绝浮饰、炫技、不懂得节制的文本,而倾心向往那些爽洁、宁静的文字,在它们的背后,是人类清洁的精神。

这是一个让人变得越来越聪明的年代,对物质的欲望从来没有像现在这样把人们的智力激发出来。然而,"迟钝"如苇岸者却没有被潮流所裹挟,这个向后转的人拒绝把生命变成纯粹的功能,痛恨把一切追求仅止于肉体,他期待着在风声中返回故乡,在一场大雪之后的寒冷里,回到人类五官清澈的童年。他不是旅人,不是观光客,而是一个追随着四季徒步行走的赤子。走着走着,他找到了自己的眼睛,他观察蚂蚁营巢的三种方式,观察鸟类各式各样的建筑;走着走着,他找到了自己的耳朵,他听出麻雀在日出之前和日出之后会发出不同的叫声;走着走着,世界的另一扇门在向他敞开,他写出了《我的邻居胡蜂》《鸟的建筑》《放蜂人》《大地上的事情》等一批将个人趣味上升为人类精神的散文。他让我们对身边熟悉的世界感到陌生,让我们明白了叶赛宁的话:"在大地上我们只过一生。"世界上有多少我们不该忽略的事物啊！从这个意义上说，苇岸是大地的孩子，他有一颗与万物共荣辱的灵魂，他是自然与人性之间的一座桥梁，这样的赤子总是活在遥远的事物中。

对自然的热爱，有时是源于对人类当下现状的憎恨。苇岸是个信仰人类曾经有过"黄金时代"的人，信仰人类的初始生活像河流的源头一样清澈。他希望自己是一个"眼里无历史、心中无怨恨"的人，每天，不论看见谁，他都可以把他看作刚刚来到这个世界的人，他把这视为一种亲缘。苇岸对工业文明以来人类被刺激起来的贪欲和毫无节制的消费深感痛心，他把"贪婪的文明"和掠夺式的无限进步，看作是一场灾难。苇岸特别欣赏梭罗对精神生活的探求，他本人多年坚持素食，他愿意以简单、朴素的生活，将自己诗意的器官保持在澄明的状态中。在我看来，贯穿苇岸写作的一个最善良的主题，就是泰戈尔所说的"等待人类在智慧中重新获得童年"。

苇岸成长最初的源头，来自他在北京昌平的乡村生活——贫匮、幻想、游戏、农事和壮美的燕山山脉。古老的乡村宽厚、温善，它保留着庄稼和鸟兽的语言，保存着四季的秘密，是"人性的主要贮存器"。而苇岸成年以后的阅读系统同样是健康而清新的，这一点从他的随笔《没有门户的宝库》《作家生涯》（四十则）等篇什中可以看出来：安徒生童话为什么会出现在天明地净的北欧？在哲学失败的地方，寓言为什么能够胜利?他仰望古希腊的星空,品尝俄罗斯宗教的忧郁,领略法兰西诗人雅姆的寂寞与旷远……在这样的阅读中,苇岸的可贵之处,在于他不是一个旁观者,而是一个承担者,他通过深刻的内省来抵达对现实的介入。正是在默默之中,苇岸接过了先哲们"递过来的灯"。

苇岸去世后,根据他本人生前的要求,骨灰被撒在了他故乡昌平县北小营村头的麦地里。这个在茫茫大地上行走,为大地而写作的人是幸福的,因为他最终是个有家可归的人。而他有关大地的文字,在我看来,就像金黄的谷种,随手撒一把,都会在读者肥沃的心田里长出沁凉的绿色。

苇岸的去世给我带来了悲痛,因为他太年轻,又这样杰出。然而随着对他作品深入的阅读,这种痛苦逐渐被内心唱和涌起的节律所化解,仿佛一场大雪融进了黑土,我的周身充满了寒爽之气。也许,我体会到了曼德尔施塔姆所说的那一刻:"相认的瞬间使我们感到甜蜜。"想到这个以大地为家的人,已回到了仁慈地母的怀中,和亲爱的麦子一起,在春风中摇曳,我就感到了真正的欣慰。此刻,古希腊女诗人萨福的诗句在我耳边轻轻响起:

晚星带回了
曙光散布出去的一切

带回了绵羊带回了山羊

带回了牧童回到母亲身边

一九九九年六月二十三日写于无锡
一九九九年七月十六日《南方周末》刊发

孙昕晨 江苏无锡日报社高级编辑,中国作家协会会员。文学作品散见于《人民文学》《诗刊》《南方周末》《中国作家》等报刊。出版诗集、散文集等。

苇岸：倾听神秘与回到本真

陈旭光

苇岸的散文，数量并不多，但写得丰蕴厚实，淡然凝重，颇为耐读。

苇岸的散文大多以大自然及与大自然相亲相近的人或物为对象，这是因为他力图在主体与对象物之间建立起新的主客体关系。正如他在《放蜂人》中写道：

> 放蜂人在自然的核心，他与自然一体的宁静神情，表明他便是自然的一部分。每天，他与光明一起开始工作，与大地一同沐浴阳光或风雨。他懂得自然的神秘语言，他用心同他周围的芸芸生命交谈。他仿佛一位来自历史的使者，把人类应有的友善面目，带进自然。他与自然的关系，是人类与自然最古老的一种关系。只是如他恐惧的那样，这种关系，在今天的人类手里，正渐渐逝去。

在这里，"放蜂人"的恐惧与担忧，不正是苇岸自己的夫子自道吗？庄子曰："天地有大美而不言，四时有明法而不议，万物有成理而不说。"（《庄子外篇·知北游》）面对自然的坦荡无言、博大宽容和深邃神秘，似乎唯有静观、悟道与倾听才是充分明智的举措。

与这种希图重建人与大自然关系的深远意向相应，苇岸在散文中尽量地隐去了主体的虚浮和矫饰，主体情绪完全呈收敛状，从而进入一种类似"零度写作"的状态。这种写作状态显然是以充分尊重写作对象自在自为的客观存在为前提的，这蕴含了一种写作观的重大变化。这种新颖的写作观明显地受到德国的"现象学"理论及法国"新小说派"写作观的影响。

在苇岸的散文中，大自然仿佛是"自在"着的，它不过是因叙述人的观察而"自动呈现"出来的"自在之物"。对象物的这种"自在"状态带给我们一种强烈的"陌生化"效果："踏上嘉荫的土地，我便被它的天空和云震动了。这里仿佛是一个尚未启用的世界，我所置身的空间纯粹、明澈、悠远，事物以初始的原色朗朗呈现……"（《美丽的嘉荫》）大地上的那些既平凡又普通的"事情"，诸如，"麻雀在地面的时间比在树上的时间多，它们只是在吃足食物后，才飞到树上"；"麦田整整齐齐，摆在辽阔的大地上，仿佛一块块耀眼的黄金"……这些我们太熟悉却因为穷于应付尘世喧嚣而熟视无睹、习焉不察的"现象"，都因作者的独特表现而别具意味，格外使人感到新鲜和惊奇。苇岸是大自然"秘密"之谦卑的"倾听者"。

新颖的自然观及独特的主体观感方式,带来了苇岸散文干净、洗练而意蕴深致的文字表现力,同时,也使得叙述的问题显得重要起来。因为,让对象"自我呈现"和"自我叙述",必然降低抒情和议论在散文中的比重而使叙述在散文文本中占据了第一义的地位。正是"叙述",使苇岸的散文向童话和寓言趋近,使其散文进一步回到文本本身并提高了散文的艺术创造品性。这在客观上也对散文理论提出了新的挑战。

《大地上的事情》在文体上也很独特,每一段仿佛是一个"段意象",表现上互不相干的"事情"、互不相干的"段意象",却又完全统摄于整体情境和隐藏在文字后面的深刻主题思想之下。

作为海子自杀前"最后的见证人",苇岸回忆海子的一系列文章,如《海子死了》《诗人是世界之光》《怀念海子》也很有特色:于忆念追忆中知人论诗、阐幽探微,意味隽永而思考深刻,借海子现象直达"诗人何为""超验与救赎"等形而上主题。

原载《武汉晚报》一九九七年二月十五日
选自佘树森、陈旭光著《中国当代散文报告文学发展史》
(北京大学出版社,一九九六年八月)

陈旭光 毕业于北京大学中文系,文学博士。现为北京大学艺术学院副院长、教授、博士生导师,北大影视戏剧研究中心主任。出版《诗学:理论与批评》等文艺理论、评论、影视创作研究、艺术史等著作多种。

把麦田搬到天上
——苇岸的境界

徐 刚

不仅是作品,就连苇岸这名字都使我有亲近感。虽然从未谋面,但我曾猜度苇岸的生活环境大概与我相类,很有可能不仅是同道,而且是江南大同乡。何出此言?崇明岛四周皆有堤岸,那是我故乡的制高点。儿时最有勇气的冒险便是爬上这长满了芦苇的岸堤,越过苍茫芦荡北望长江……

后来知道苇岸是北京昌平人,在他的自述中苇岸这笔名"最初来自北岛的诗《岸》:'我是岸/我是渔港……'"而芦苇,不仅是我故乡的植物,而且因为它的耐贫瘠对生存所需甚少而遍及各地,不仅北方有,就连西部大漠中也有生长。苇,普通、平凡,处荒野而不与高大为伍。苇岸对芦苇并不陌生,这似乎可以断定,无论怎么猜想,苇岸的写作使昌平北小营村成了大地上的一处最富特色的、诗意的安居之地,语言的涌出之地,那是苇岸之地,是生成苇岸文字的境界之地。

何为境界?王国维先生在《人间词话》中谓:"词以境界

为最上。有境界则自成高格，自有名句。"我在读苇岸的作品时不时为他的"高格""名句"震撼，是那种不因外力而在内心被晃动的震撼，为什么？境界故也。苇岸的文字有其独特的魅力：没有铺陈，没有形容，简洁明了，如"我观察过蚂蚁营巢的三种方式。小型蚁筑巢，将湿润的土粒吐在巢口，垒成酒盅状、灶台状、坟冢状、城堡状或松疏的蜂房状，高耸在地面；中型蚁的巢口，土粒散得均匀美观，围成喇叭口或泉心的形状，仿佛大地开放的一只黑色花朵；大型蚁筑巢像北方人的举止，随便、粗略、不拘细节，它们将颗粒远远地衔到什么地方，任意一丢，就像大步奔走撒种的农夫。"小中大三种蚂蚁营巢的三种方式，一百六十字尽在其中矣！其中有蚂蚁的心性、有巢口的观感，或如蜂房高耸，或如大地放的一朵黑色花，最妙的是"就像大步奔走撒种的农夫"。这一百六十字的美文看似平淡至极、简略至极、宁静至极，却又不能不让人一读三叹：大地啊，你是如此美妙——在苇岸笔下——因为他具有"与万物荣辱与共的灵魂"。

也许探讨苇岸的境界是困难的，但并非多余。何言困难？这个几乎天生就知道大地及大地之上太多秘密的书写者，谈何境界？又为什么说并非多余呢？诚如苇岸自述，他首先是诗人："我的诗歌时期，对我的散文写作，具有非同寻常的意义。""对我来说，我努力去做的，即是将散文作为诗歌以另一种手段的继续来写作。"如果你写诗写散文又怎能与境界无干？不同的只是，苇岸的境界是笔下自然流淌的境界，他似乎用不着"苦心经营"。

王国维的《人间词话》久盛不衰，然王国维的"境界说"鲜有人提及。关于"境"，先生多有提点："有造境，有写境。此理想与现实两派之所由分。然二者颇难区别，因大诗人所造之境，必合乎自然，所写之境，亦必邻于理想故也。"读苇岸笔下的雪："下雪时，我总想到夏天，因成熟而褪色的榆荚被风从树梢吹散。雪一般纷纷扬扬，给人间带来某种和谐感，这和谐感正来自纷纭之中。雪也许是更大的一棵树上的果实，被一场世界之外的大风刮落。它们漂泊到大地各处，它们携带的纯洁，不久即繁衍成春天动人的花朵。"榆荚，自然之境也；雪是天上一棵比榆树更大的树上的果实，被大风吹落而纷扬，苇岸所造之境也。读来心旷神怡，何故？王国维有言："因大诗人所造之境必合乎自然，所写之境，亦必邻于理想故也。"我们也由此可知"境界"之境，有大自然的依傍在、因着大地的风景及厚德载物，出现在苇岸这样的大诗人笔下。

至此，似乎应该对"境界"一词有个通俗的解释。一般认为境界之义近似意境，却有差别。"境"有自然之境、有心境，而"界"应指界别、精神之高度，意境乃其内涵之一也。苇岸写麦子："麦子是土地上最优美、最典雅、最令人动情的庄稼。麦田整整齐齐摆在辽阔的大地上，仿佛一块块耀眼的黄金。麦田是五月最宝贵的财富，大地蓄积的精华。风吹麦田，麦田摇荡，麦浪把幸福送到外面的村庄。到了六月，农民抢在雷雨之前，把麦田搬走。"苇岸笔下麦子、麦田之美可以让人心动情动，看似简洁的文字却是经过心灵浸泡，然后随麦子涌出。倘若没有麦田的胸襟、麦子的情怀，怎能有此等文字？如容我猜度，苇岸在面对与他的生命一起成长的麦子书写时，他是从容的，他不会有很多写作者的焦虑，与其说他是在写作还不如说他是在叙述麦子和麦田，以及让读者惊叹艳羡的结尾："到了六月，农民抢在雷雨之前，把麦田搬走。"读到深处，我几乎分不出孰为麦子，孰为作者。在这篇文章中，苇岸既写出了有我之境，也写出了无我之境。王国维反复论境："有有我之境，有无我之境。'泪眼问花花不语，乱红飞过秋千去''可堪孤馆闭春寒，杜鹃声里斜阳暮'，有我之境也。'采菊东篱下，悠然见南山''寒波澹澹起，白鸟悠悠下'，无我之境也。有我之境，以我观物，故物皆著我之色彩。无我之境，以物观物，故不知何者为我，何者为物。古人为词，写有我之境者为多，然未始不能写无我之境，此在豪杰之士能自树立耳。"王国维除了例说"有我之境"与"无我之境"外，也明确指出"无我之境"得来不易，"豪杰之士能自树立耳"。但如果你熟读并多少进入苇岸的境界，便会发现，"有我之境"与"无我之境"的交叉、叠加是其一大特色。如："季节也是有生命的。为了感受这一点，需要我们悉心体验，也许还需要到乡村生活一年。以冬天为例，在北方，在北京，每年进入公历一月，我就会感受到它显著的变化……一个活泼的、冲动的、明朗的、敏感的、易变的冬天，已一去不返。而另一个迂缓的、安稳的、沉郁的、灰暗的、阴冷的冬天，已经来到我们身边。这是生命悲哀的转折，由此开始的，是冬天的一段让我们最难耐的时期。它给我们造成的心境，与我们从手上不再有书籍，心里不再有诗歌，已获取了一定财富或权力的人那里，领略的大体相同。"

与苇岸的境界相渗透、相融合并使之独立苍茫的，是爱与善。苇岸说他"从小就非常心软"，不能看宰猪杀鸡，他的"这种心地与血缘有关"。苇岸有一个四姑，是他"在这个世界上遇到的最善良的人"，是苇岸人生的标杆。他喜欢凡·高的话："没有比对人类的爱更富于艺术性的事业。"苇岸对万物、对人类的境界之高，令我动容："每天，无论我遇见了谁，我都把他看作刚刚来到这个世界的人。我曾经想，在我之前，这个世界生活过无数的人，在我之后，这个世界还将有无数的人生活；那么在人类的绵延中，我为什么就与我同时代的这些人们相遇，并生活在一起了呢？我不用偶然来看这个问题，我把它视为一种亲缘。"苇岸之思，非凡之思；苇岸的境界，是超凡脱俗的境界。然苇岸之所以为苇岸，却又因为他以白描的、几乎不加形容的文字，叙写大地上的事情——蚂蚁和雪、邻居胡蜂还有甲虫，和麦子与人等相关。那是真正的大地的书写啊："第一场秋风已经刮过去了，所有结满籽粒和果实的植物都把丰足的头垂向大地，这是任何成熟者必至的谦逊之态，也是对孕育了自己的母亲一种无语的敬祝和感激。"朋友,在这样的文字面前,你能无动于衷吗?

在苇岸的境界里,我看见了辽阔和深邃——源于他的独特的不可复制的观察视角。在张家界夜宿天子山,在山路上散步时,"听着近在咫尺的汩汩声,我忽然想到了一个水系与一个国家的'对应'关系"。如何对应呢?作家笔下一滴水即一个人,若干水滴连成一条水线时,便有了村。若干水线形成的溪流,即是一乡。如此等等众水汇流,便有了国家。然苇岸对于水的思考远远不止于此,"从存在的角度讲,一个孤立的水滴意味着什么呢?死亡!故每个水滴都与生俱来地拥有一个终极愿望或梦想:天下全部的水滴都汇聚在一起"。苇岸的感叹是意味深长的,人类个体自古以来同样怀有水滴的梦想,大同世界是也。但"至今尚被视作乌托邦"。关于水,苇岸另有美文妙论,他认为树叶和水的循环或轮回比较相像:"这是两种壮美的周而复始的运行,春天树叶从土地升到树上,秋天它们带着收集了三个季节的阳光,又复归土地。"对于水来说,"以前它们从海洋出发最后再回到海洋,只是完成了一次轻松愉快的旅行(它们徒手而来,空手而归)。后来由于人类的崛起及其对地表的无限开掘和占据,它们便沦为苦难的往返搬运不息的奴隶"。这样的水,沦为奴隶的水,被污染的水,悲夫,生命之水啊!

关于境界的"境",关于如何言说境界,王国维云:"境非独景物也,喜怒哀乐,亦人心中之一境界。故能写真景物、真感情者，谓之有境界，否则谓之无境界。"以淡泊、宁静、简洁大气的文字，写真景物、真感情，这就是苇岸，这就是苇岸存世不多的、所有作品的从头到尾，乃至他人生之末的"最后几句话"。在苇岸笔下，农人与土地的美德是源远流长的，他还告诉我们加里·斯奈德在《大地家族》中所言："最受无情剥削的阶级是：动物，树木，花草，水，空气。"还有："那包含万变的永远不变。"二〇一八年的秋天快要过去了，冬天即将来临，昌平北小营村，华北大平原开始的地方，下雪的日子不远了，雪被覆盖的麦苗，将要长成麦子，这是苇岸喜欢的麦子，当你故土的农民抢在雷雨之前把麦田搬走时，我将恳求他们，留下其中的一小块，让苇岸搬到天上。

二〇一八年十月一日 于北京

徐 刚 上海崇明人。毕业于北京大学中文系。诗人，作家。

苇岸：绿色文学的先行者

韦清琦

> 这是一颗充实的种子，但我怀疑他一直在阴郁里生长，虽然内心布着阳光。当他默默吐出第一支花萼，直至凋谢，都未曾引起人们的足够的关注。他的书，连同他一样是寂寞的。
> ——林贤治

"我常常这样告诫自己，并且把它作为我生活的一个准则：只要你天性能够感受，只要你尚有一颗未因年龄增长而泯灭的承受启示的心，你就应当经常到大自然中去走走。"

三十九岁英年早逝的苇岸，也许是急于将自己的血肉完全地交付给大自然吧。看他诗般的语言哪一句不在表白他大地之子的身份！苇岸原名马建国，自幼生活在燕山脚下的昌平，在这个自然与文明的连接点上，苇岸一直保持着对大地的敏感和对文明的自觉反省。他的笔触和他的目光一道扫过了田野、山川，以及草木、禽兽。

需要说明的是,说苇岸是绿色文学的先行者,并不意味着他是以文学为平台关心环境及人类出路问题的第一人。新时期文学在苇岸之前就有大量的环境文学问世,但环境文学的背后依旧是人与环境主客二分的理念,当人与自然被分隔开来时,自然作为客体必然与作为主体的人形成对立。环境文学作家们虽然意识到环境问题归根结底是人的问题,但没有再进一步思索人与自然的关系。他们在反思人的行为时仍然站在人的立场上,一切以人的利益为出发点,认定自然是应当以作为人的资源而加以保护的。一言以蔽之,环境文学持有的是人类中心主义的立场,其最基本的逻辑便是保护环境、动植物,是因为它们须更好地为人服务,而它们是否具有独立的价值甚至没能进入讨论的议题。这一思路的危险在于,当某些动植物,如狼、麻雀、野草等不具备经济价值时,就不在保护体系之内,甚至连生存的权利都成为问题。王蒙在著名的环境文学杂志《绿叶》创刊号上所说的"人类终于结束了地球中心、人类中心、人类意志征服改造一切的一厢情愿的偏于幼稚的想法"似乎为时尚早。

深受梭罗、利奥波德等人的自然思想和伦理观念影响的苇岸,其作品的风格不同于环境文学,而更接近在西方被称为自然写作的文体。一方面,他对博物学的重视反映了自然科学家的严谨。为了写作《一九九八 廿四节气》,他用了整整一年时间在他居所附近的田野上选了一个固定的基点,每到一个节气都在这个位置、面对同一画面拍一张照片，写作一段笔记，时间严格定在上午九点，风雨无阻。另一方面，不论他的思维方式，对待自然的理念，还是对待人情世故，都体现了一种抛弃了二元对立、将个体置入整体系统的鲜明的生态性。因而他的作品，是真正的绿色文学。不过他的文字产量甚少。他生前出版了《大地上的事情》，在病榻上编了《太阳升起以后》，袁毅在他去世后又编辑了他的《上帝之子》。"他用一种季节轮回一样的速度，字斟句酌般缓慢地写作，他所有的文章不超过十七万字。"但文字的精美、和煦和深远却在他身后铺开了一条伸向野地——我们真正的家园的路。于是徜徉在他的字里行间时，我们不由自主地追随着他了。

和谐之美：与自然共舞

生态学的整体主义观点认为，大自然具有自己的运行节奏。所有的群落、社会的生息都遵循着某些庞大的、在自然中无处不在的节律。植物群落如森林、草原、灌木、植物结合体等只是气候及其他存在于自然中的或大或小的节律的生态产物。具有美感的自然写作是应该自觉地追求这种节律的。中国的生态批评家曾永成在他的《文艺的绿色之思》中提出审美形式是对富含生命节奏的自然世界的感应，而且能"激活生命节律感应以调节生命状态的动力"。这是用中国的生态文艺学的话语对作者、文本、读者和世界的全新阐释，极具说服力地证明了文学的生态本质。好的作品不仅能够敏锐地感受自然界那鼓荡着的生命节律，还能通过审美形式把这种节律传递给美的接受者，从而起到沟通自然与人的作用。

  文艺的生态性与美感成为同一种特质的不同表述，这在苇岸的写作中体现得十分完美。总的来看，苇岸对世界的感悟充满了和谐的精神，他对季节的敏感显示出他已把自己的生命节奏调谐得与自然完全合拍。如果节气是自然跳动的韵律，那么他踩着自然之舞的这些鼓点诠释了他对四季的体悟。梭罗的《瓦尔登湖》的最后几章，也显然跟从了季节流转的脚步。美国学者利奥·马克斯将这种对自然季节的认同视为对机械时间的抗拒："这样的写法确定了把自身从时间中赎救出来的可能，肯定了摆脱钟表定义的康科德时间的举动，并迈向自然时间，即生命的季节性轮回。"尽管没有直接证据表明苇岸的节气写作受了梭罗的启发，但可以肯定的是，深受梭罗影响的这位中国作家，按照具有强烈的循环而非线性特点的阴历时间来临摹自然，必然与梭罗一样，是宁愿忘掉钟表的机械时间而遵从自然节律的。他在《一九九八 廿四节气》中用诗人的手仔细地把握着季节流转的脉搏，把人与野地的世界用相同的节拍贯通起来。比如他写立春："带着冬天色泽与外观（仿佛冬季仍在延伸），就像一个刚刚投诚的士兵仍穿着旧部褪色的军装。"他写乍暖还寒的雨水时分："土地隐没了，雪使正奔向春天和光明的事物，在回归的路上犹疑地停下了脚步。"写春分："杨树现在则像一个赶着田野这挂满载绿色马车的、鞭子上的红缨已褪色的老车夫。"他不仅自己享受着自然的节奏，也殷切地希望"弃绝于自然而进入'数字化生存'的人们"能够想起古老而永恒的二十四节气。他眼里的大地不是冰冷、被动的客体，而是活泼的、可以对话的。大量拟人和比喻的使用统一了自然的节律和我们生活的节律，只有把节气、把自然的风物当作生活中的熟人，当作活生生的家庭的一员来看待，才会有此细致入微的体验和与自然界如此贴近的亲和。

苇岸的创作姿态本身也体现了他对市场节奏的抗拒和对自然节奏的遵从。他作品的产出稀少和精粹固然与他匆匆离世及思维的某种特性有关，但更是出诸他对艺术与自然的应和的理解。唯其如此，他才能感知现代人已觉察不到的野地里生命的充实。他的写作节奏已与自然的内在韵律同步，从而也能生发出与自然一样简约、生动的文字。选入《太阳升起以后》的游记散文《美丽的嘉荫》不仅使人感受到这个黑龙江小镇的宁静、美丽、温暖、祥和和极其醇厚的家园氛围，还集中映照出作者对自然的深刻领悟。读一读第一段这恬静的语言：

踏上嘉荫的土地，我便被它的天空和云震动了。这里仿佛是一个尚未启用的世界，我所置身的空间纯净、明澈、悠远，事物以初始的原色朗朗呈现。深邃的天穹笼罩在我的头顶，低垂的蓝色边缘一直弯向大地外面,我可以看到团团白云,像悠悠的牧群漫上坡地,在天地的尽头涌现。尽管北面的地平线与南面的地平线在视觉上是等距的,一种固有的意识仍然使我觉得,南方非常遥远,而北方就在我脚下这片地域。我的"北方"的观念无法越过江去,再向远处延伸,我感到我已经来到了陆地的某个端点。看着周围那些千姿百态的云团,每观察一个,都会使我想起某种动物,我甚至能够分辨出它们各自的四肢和面目。它们的神态虽然狰狞,但都温驯地匍匐在地平线上方,我注视了很久,从未见它们跑到天空的中央。它们就像一群从林中跑出饮水的野兽,静静地围着一口清澈的池塘。

通过"我所置身的空间""北方就在我脚下这片地域""我注视了很久"等语句,苇岸意识到自己并非像站在风景之外的一般游客,而是全身心地融入进去。周围的世界不再是客体,而是与己交汇成一片的。他没有一个固定的、冷冷的观察视角,而是在四处游走之中用所有的器官及心灵去"看"。正因为如此,林贤治才会在比较苇岸和王小波时说:王小波是科学的,苇岸是诗的。王小波用大脑思索,分割一切,判断一切;苇岸则用心灵承载,拥抱一切,感悟一切。他的很久的"注视"是海德格尔顺应于事的"寻视",而不是"只对物做'理论上的'观察的那种眼光"。他用高贵而并不华丽的语言提醒我们去保留人类与自然交融的原初状态,使"事物以初始的原色朗朗呈现"，而不是在时空、精神上被人为地分割成碎块，因此在结尾部分他说：

望着越江而过的一只鸟或一块云，我很自卑。我想得很远，我相信像人类的许多梦想在漫长的历史上逐渐实现那样，总有一天人类会共同拥有一个北方和南方，共同拥有一个东方和西方。那时人们走在大陆上，如同走在自己的院子里一样。

屏除了财产观念而把美的事物呈给人们同等、和平地享有，这与爱默生的自然论有惊人的神合，后者在列举一片田产被数家人分割的情况后说道：

但是他们中间的任何一家都无法拥有整个风景。在远方的地平线上有着一桩财产——它不属于任何人，除非有人能以自己的目光将它所有的部分组合起来——此人必定是个诗人。

没有艺术的眼光，怎能如此欣赏自然？只有像苇岸、爱默生这样把风景作为有机整体进行把握才能做到"在大地上诗意地栖居"，而由此还可得知，写自然的美文，其艺术价值竟直接或间接地取决于生态思想的注入。

生态与生活：大地上的事情

《大地上的事情》的篇幅薄得如同其作者瘦削的身材，但代表了他的温情、诗意和生态思想的集结。它由七十五篇类似散文诗的小短文串成，这些看似互不相干、仿佛从生活的长卷上随意剥下的片段，其实完全统摄于整体情境和隐藏在文字后面的主题思想——都是他对发生在大地上的事情的了悟，对最原初的风景的深情的一瞥和缅怀。对善良而微小的事物的关注，与之相应的温厚、亲切、不端任何架子的文体本身，以及让自然自己活动起来言说的叙述方式，已把人过去在自然面前的傲慢态度抹去，成为接受荒野和大地的前理解。

平心而论，苇岸的博物学知识不算专业，比不上梭罗、缪尔、利奥波德等美国生态文学家。不过他在观察自然物时所带的真诚与欣赏，是又比科学家的那种锐利眼神高出一个境界的，因为他看蚂蚁、熊蜂、鹞子时的亲昵眼神表明他是沉浸在自然中去感受，而非居高临下冷眼旁观。或者说，他的眼光是一种另类的锐利。当他看到，在现代农业扫荡了往昔物种丰富的田野后，近几年又有喜鹊的巢星星点点地出现在树上，这使他感到欣喜。喜鹊以往一直选择高大的乔木筑巢，而今巢的高度已降低了。这不起眼的变化为他所捕捉时，就使他亮出了锐利的批评锋芒：

鹊巢高度的降低，表明了喜鹊为了它们的生存而显现的勇气；同时，也意味着被电视等现代文明物品俘获的乡下孩子，对田野的疏离。

一种鸟儿的家园的迁移在苇岸的注视下便投射出了自然在人的伤害下所表现的韧性，以及人因脱离了土壤而日益暴露出的脆弱。同一进程的两种表现，便通过普通的鹊巢得到了观照。下面不妨拿梭罗的一段文字来比较两者谱写的自然之歌的异曲同工。梭罗观察到初春时分，铺铁路基的细沙仿佛又重新听从了自然的驱使：

自从铁路到处兴建以来，许多新近曝露在外的铁路路基都提供了这种合适的材料……甚至还在冬天冰雪未融将融的时候呢，沙子就开始流下陡坡了，好像火山的熔岩，有时还穿透了积雪而流了出来，泛滥在以前没有见过沙子的地方。无数这样的小溪流，相互地叠起，交叉，展现出一种混合的产物，一半服从着流水的规律，一半又服从着植物的规律……你望它们的时候，形态像一些苔藓的条裂的、有裂片的、叠盖的叶状体；或者，你会想到珊瑚，豹掌，或鸟爪，或人脑，或脏腑，或任何的分泌。这真是一种奇异的滋育……

铁路和苇岸的"现代农业"一样代表了现代社会里无机的

机械力量，当它们强行扭曲了自然原貌后，自然不屈不挠地恢复着自己的有机体，喜鹊的勇气和细沙的奇异图案正是这种进程的一个局部细节。因此，看似无甚关联的两段自然写作，实际上都显示了两作者对人的机械力量的暂时性和自然的独立演变的永恒性的领悟。比之苇岸的喜鹊、细沙这一切入点，梭罗更加富有想象力和诗意的洞察，接下去他得出结论："世上没有一物是无机的……你可以把你的金属熔化了，把它们铸成你能铸成的最美丽的形体来；可是不能像这大地的溶液所形成的图案那样使我兴奋。"不过，无论是梭罗还是苇岸，他们所动用的意象都如利奥·马克斯所说，"是一种比喻，代表了被历史的机械化力量割断的（自然）形式与统一性的恢复"。

苇岸笔下的麻雀"体态肥硕，羽毛蓬松，头缩进厚厚的脖颈里，就像冬天穿着羊皮袄的马车夫"。极富人情味的书写拉近了人与雀的距离，而后者"在树上就和孩子们在地上一样，它们的蹦跳就是孩子们的奔跑。而树木伸展的愿望，是给鸟儿送来一个个广场"。这种对博物学明目张胆的诗性的违背，与中国美术的写意精神一样，是和那种人类中心主义的借物喻人的散文不可同日而语的，因为对科学的真实的变形是为了突出艺术的真实。作者在赋予麻雀孩子的性格时，并没有抹掉麻雀的身份，而是将之更明确地彰显出来——麻雀对欢乐的感受并不亚于人，当它获得了快乐的权利时，人也应该放弃迫害它的行为。西方的环境伦理学认为人以外的动物同样也是"生活的主体"，有体验生命、感知苦乐的能力,所以人去压迫、食用、使用它们都是反伦理的。苇岸能充分感受动物们的生活体验,从而能够将其看成是平等的生活主体。不过在这里,与其说麻雀分享了人的高级情感,毋宁说它使人失去了优越性,于是麻雀自然的身份便凸现出来:并非雀儿有许多人的特点,而是和人同享着自然赋予的灵性。平等是爱的前提,当人走下神坛平视世界时,才能去爱世界并获得世界的爱。先进的生态观必然是民主的,统治的逻辑在此也遭到逼视。所以苇岸在一个被毁的蜂巢前质问道:"那个一把火烧掉蜂巢的人,你为什么要捣毁一个无辜的家呢?显然你只是想借此显示些什么,因为你是男人。"

生态女性主义指出以男权为中心的文化"把荒野看成展示阳刚气概的地方,看成发泄好斗、探险甚或暴力冲动的地方"。人类对自然的暴虐行径和男人对女人的耀武扬威被并置起来,若是我们渐已认识到男女平等的价值,那么人对自然的征伐也就失去了逻辑的基础。生态女性主义正是自觉地联合了这两股力量而成为文学批评的一支生力军,苇岸的以上思考则完全充当了该批评的注脚。

在《大地上的事情》中也有几篇写人和人的劳动的。苇岸相信人及人事都应该属于大地,而使他感到亲切的是那些与大地贴得特别近的人及人事:儿童,农人,母爱,种庄稼。与之相应的是,他对束缚孩童的自由生长的所谓文明教化表示了明确的反感。他那略带哀愁的语言就像痛惜人的童年和文明的童年失去纯真的悼诗:"成人世界是一条浊浪滚滚的大河,每个孩子都是一支欢乐地向它奔去的清澈的小溪。孩子们的悲哀是:仿佛他们在世上的唯一出路,便是未来的同流合污。"他从背离光明的"北上"和接近光明的"南下"悟出,这就"像世间称做官为上,还民为下一样"。平民与草根意识浸润在他的文字和笔调之中。事实上,这种平和的心境不仅成为融入自然的先决条件,在苇岸看来,也是做一个本真的人的基本要求,如此,他对自然生态与精神生态的认识便达到了统一。张炜在《融入野地》里曾说过,人若丢弃了劳动就会陷于蒙昧。和他一样,苇岸也重视劳动在人与自然的关系中的媒介作用,因为土地"叫任何劳动都不落空,它让所有的劳动者都能看到成果,它用纯正的农民暗示我们:土地最宜养育勤劳、厚道、朴实、所求有度的人"。他提倡不管什么人,在一周中至少应在土地上劳动一天,因为"它使我们自己与泥土和大自然发生基本的关系"。若非如此,自然万物就被隔断了上手的途径。因而苇岸认为,"在这个世界上,有一部分人,一生从未踏上土地"。正因为如此,苇岸也特别欣赏"对劳苦农民给予深刻同情和关爱"的张炜,而苇岸和张炜都热情地耕耘在自然写作的沃土上,大概因为他们都是农民的兄弟吧。

《大地上的事情》中的第三十九节,是为数不多的生态思想的直接表达。苇岸从独特的发生学的角度思考了人与自然的关系史:

人类与地球的关系,很像人与他的生命的关系。在无知无觉的年纪,他眼里的生命是一口取之不尽用之不竭的井,可以任意汲取和享用。当他有一天觉悟,突然感到生命的短暂和有限时,他发现,他生命中许多宝贵的东西已被挥霍一空。面对未来,他开始痛悔和恐惧,开始锻炼和保健。

苇岸的比喻告诉我们这样几层意思:首先,人与大地之不可分割,就如同人与自己的生命一般,蹂躏自然便和糟蹋自己的身体一样愚蠢;其次,自然资源和生命一样是有限的,因而是珍贵的,人年轻时很少想到死亡,是出于对生命无限的错觉,人类文明在对待自然资源时同样如此;第三,人对自然的认识,应该是从幼稚走向成熟的。懂得害怕,是成熟的征兆,我们现在正开始"痛悔和恐惧",这并非是一件坏事。

然而这并不意味着苇岸在面对未来时是乐观的,因为"人类并不是一个人,它不是具有一个头脑的整体。今天,各国对地球的掠夺,很大程度上已不仅仅为了满足自己国民的生活"。个体的自省,代替不了文明的觉醒,"理性"巨大的惯性力量比一个人的明知故犯要可怕得多。不过苇岸的写作活动本身,特别是第四十三节中他对科学祛魅的反感表明他并不放弃重返自然的呼唤:作为强大征服者的科学"改变了事物自体的进程。科学的使命之一,就是统一天下事物的名称。它以一种近似符号的新名,取代了与事物有着血肉联系的原始名称"。给予他信心的是,"科学的使命还远远没有完成,而各地的'原生力量',也从未放弃过抵抗"。苇岸的希望,就寄托在了这种原生的复魅的力量上了。所以,尽管在很多时候他不得不借用生物学知识来观察自然,但他从不把对"大地上的事情"的思考置于科学的框架之中。对于为什么云雀和夜莺体羽朴素而叫声婉转,对于自己与猫头鹰的狭路相逢,对于野兔飘忽不定的行踪,他情愿都用神秘主义来解释。

会唱歌的芦苇:一道过去的风景

苇岸依循最简单的逻辑去爱农民:他们是与土地最接近的人。他把自己的同情心毫不吝惜地奉献给他们,就像奉献给花草蚁雀一样。这些最底层的群体在他看来虽似弱小,实则拥有"高于其他造物的生命力。草是这样,还有蚁、麻雀,我们人类中的农民也是其中之一"。他认为放蜂人在自然的核心,每天与造物中最可爱的生灵为伴,因而是幸福的。他的幸福还在于,"他滞于现代进程之外,以往昔的陌生面貌,出现在世界面前。他孤单的存在,同时是一种警示,告诫人类:在背离自然、追求繁荣的路上,要想想自己的来历和出世的故乡"。可见苇岸对自然的热爱、对农人的尊敬和对过去的追忆是一致的且互相强化,这使他近乎执拗地认为前现代社会才是人生长的健康土壤,而大地原初的面貌是人类幸福的保证。当他引用人口学家的预测，即城市居民要超过农村人口时，就像在宣告灾难的来临，因为"人类社会由农业文明向工业文明的转化，不光污毁了自然，显然也无益于人性"。

苇岸自己也称不是一个适宜进入二十一世纪的人，甚至生活在二十世纪也是个错误。大概这个本质上是诗人的散文家的确是属于逝去的时代的，要不他怎会把人类在大地上生存失败的开端归咎于第一台蒸汽机的诞生呢？显然，他对工业文明的本质和核心——科技采取了十分怀疑的态度。一九九八年百花文艺出版社编辑"外国名家散文丛书"时苇岸推荐了十五位一般被忽视的外国散文家。在谈到自己是如何对他们有"隐隐的认同"时，他说："如果'大自然'本身存在着某种警告人类（包括她的其他物种）不得越界的'象征'，而人类又视而不见，那么对科学的无限'探索'的反对，就是必要的。"因为他信奉苏联诗人沃兹涅先斯基的说法："如果最终导致人的损毁，那么所有的进步都是反动和倒退。"苇岸在此并不满足对文学经典的重新评估，还以同样的标准，即现代化进程是否能保留人的完整性来质疑整个发展的观念。

前面提到的他对季节的敏感体现的是一种古老的逻辑思维，即从对天象的推算和对地理的察看中感受四时的变迁。这样的时间观念是一种循环的概念，迥异于现代社会里线性的、向前的时间观。对现代社会的反抗让人觉得他若是生活在农耕时代，或许就不至于"一直在阴郁里生长"了，或许他可以舒展开全部的创作枝叶，用蘸满了对泥土的感情的笔走向他的创作巅峰。然而他的早逝似乎在残酷地证明，与时代脱了节的他注定了是在谱写他与属于他的世界的挽歌。不过，他要恢复大地的完整的企图，毕竟和一个前朝遗少的旧梦不可同日而语，因为他的笔与螳臂相较是充满力量的。并非只有我们，苇岸的接受者和学徒，都应该完全跟循他走过的每一个脚印，因为他与梭罗一样，其生活方式不是常人能够承受的。应当学习的是他的反思精神：在物欲的喧嚣与骚动中，在我们盲目地奔跑在"文明"发展的轨迹上时，他沉静而忧郁地立于路边，恳切地劝我们回头看看，看已走过的一路上错过了多少风景，看一路上散落了多少我们丢弃的自然的馈赠。在许多怀念苇岸的文章中，就有作者把他比为大地的守夜人和现代的堂吉诃德："在工业化进程一日千里的今天，他所选择的是一条过于幽僻的道路，他的努力很可能徒劳，毕竟人们关心利润远过于诗意。我想，他是太清楚这样的后果了，但更清楚如果没有人为之呐喊告警，大地的荒芜就将更快地降临。"

因为懂得，所以慈悲

苇岸眼里的事物都不是孤立存在的："世界上有许多事物，往往是一种事物向另一种事物转化时的过渡。它们由于既不属于前者，又不属于后者，便获得了自身的独立价值；它们由于既包含了前者，又包含了后者，从而更加饱满和丰富。"于是万物便都处在互为关联的网络之中，都存在着相濡以沫的亲情。他虽然热爱土地以及和土地相连的一切，但他并不排斥同样处于世界之网中且代表人类精神遗产的文化典籍和具有人文精神的艺术家，也就是说，他在根本上是反对文明与自然的对立的。如果这两者事实上被人为地置于两端，他很愿意对之加以调和。他在《四姑》中描写的女性，便是一个"天然适应农村的泥土"，又浸淫于古典文学中，具有"书册性情"的理想人物。

这是从对世界的生态化理解到对万物亲善的懂得，再到把人的世界和非人的世界统一在同一个伦理的自然世界中的思考轨迹。人格的完整与道德的完善既依托对土地的血脉联系，也取决于个人与包括所有生命在内的其他个体的共生。大概苇岸的天性便是温和而非暴力的，这有助于他更容易地理解和平对生存的必要，他的理解反过来也更加深了他对世界与人的体会。因此，他的伦理观能够从人的世界延伸到一切生命的世界就很自然了。

因为这样，作为一个素食主义者的苇岸才会把对万物的感情建立在如圣方济各对草木的那种理解之上，因而他的悲天悯人的情怀完全是圣徒式的。他把自己的无边的仁爱通过文字和亲身的行动贯注到世界中。一个人所爱的对象往往就是他自身的投射，苇岸正是这样一个典型。他的写作提供了文学生存方式的另一种可能，是消费时代的一个卓异的例外。他那双踏遍了山川河野的脚没能跨入新世纪的门槛，但他的生态文学一定会进入经典的行列，他那宽厚的土地伦理精神也必将永远得到热爱自然的后来人的缅怀。

二〇〇四年五月九日

韦清琦　一九七二出生，江苏南京人。教授，比较文学与世界文学博士。现任金陵女子学院副院长。主要从事英语语言文学教学与研究，出版专著多种、译著六部。曾获紫金山文学翻译奖，获国家级、省级社科基金多项。

关于大地的伦理学和美学
——苇岸论

伍振戈

苇岸是一位富于独创性的有作为的新生代散文作家。如同"在大地上卑谦行走的圣徒"一样,他在其短暂的一生中,始终善良、淳朴、平和而宁静地生活在都市的边缘,全身心地关注着"大地上的事情",关注着人类文明进程中物质与精神的相悖现象,关注着人类与世界存在着的三种关系——理性关系、实用关系与美的关系,追索"在万物中完整地获得自己的价值和人性"。

他一生留下的文字不多(大都集中在中国工人出版社二〇〇〇年五月出版的散文集《太阳升起以后》里),但是,透过这些他在病床上经过认真清理、感到欣慰并自信"可以面对朋友"的文字,我们的思索却是深长乃至永恒的。苇岸将在我们的阅读和思索中不断地被发现。

大地之子:从心灵的道路通往文学

对于不同时代、不同境遇和不同追求的作家来说,通往文学的道路也许是多种多样的;而通观苇岸的作品,不难发现,他是凭借一颗被爱浸染的心拥抱文学的,即是说,作为一名虔诚的怀着温热宽厚心肠的大地之子,他的写作与他的人格实践活动是一致的,人格与艺术的一致性要求使他的作品在其形态和内蕴上呈现出一种"为他人得幸福而祈祷"的大爱与大美色彩,从而在发生学的意义上更加接近艺术的本源。苇岸以心灵拥抱大地、拥抱文学,无疑受到他所喜爱和崇敬的十九世纪美国作家亨利·戴维·梭罗和十九世纪末、二十世纪初法国作家弗朗西斯·雅姆的精神影响。梭罗的散文集《瓦尔登湖》曾给他带来精神的喜悦和灵魂的颤动,使他感到自己与梭罗的文字"仿佛具有一种血缘性的亲和和呼应",梭罗的"源于生命的非实用主义"和"审美地看待世界的目光、诗意和生活态度"对于他来说,具有丰富情感的血肉和构成支撑一生的骨骼的作用;而雅姆这位"知道歌唱自然及少女"的诗人的作品中,"展现了人性另一种可能"的"清澈、宽阔、仁爱、朴拙的气息"和他"以自己的淳朴的心灵来写他的诗"的如圣者般的声音,则使苇岸深深感到"如同在人性的'黑夜'里点燃了一支蜡烛"。

于是,我们看到,在苇岸的散文作品中,无论是写到他的亲人和朋友,无论是写到生气贯注的大自然中的有声的生命

（动物）和无声的生命（植物），还是写到无生命的磅礴于天地间的种种大自然事象，都可以看到爱和心灵的对等的恒在的交流是如何地孕育了他的艺术美感，令我们领略不尽。在献给他"在这个世界上遇到的最善良的人"的《四姑》中，四姑外貌粗朴而内里文质、秀美、温和的人格形象，自己童年时代在寒冷的冬天早晨拿着笸子紧跟在四姑身边到野外去搂柴草的情景，实际上已积淀成为他生命中的"宝藏"，是他"踏上从文之路的根基"；而在"冷漠的商品烟云已由城市向乡村弥散的今天"，四姑的"传统的温暖人性将为此付出什么代价"？这是苇岸出于关爱之情的隐忧，也可看作现代人所共同面对的人性、伦理追问。在写给朋友的文字中，"具有和谐的自然启示的诗人"海子和"开辟一代诗风的先驱"食指是他给予关爱最多的。海子辞世后，他"坐在黯淡和怀念里抚摸海子留给我们的诗歌"，感到没有一个人能够再像海子那样"把他的黄金、火焰和纯粹还给我们"，他的箴言圣歌式的高贵的诗句"使我们听了战栗"（《诗人是世界之光》）；在苇岸看来，食指作品迥异于今天的诗歌时尚，蕴含的不是"智识或机巧的现代技法"，而是热血与燃烧的"由于人类的苦难而受伤的灵魂"（《去看食指》）。甚至在弥留之际，苇岸还没有忘记嘱托友人常常去京郊沙河镇福利院看看孤寂的食指。对待自然界有声和无声的美丽的小生命，苇岸总是一往情深，更见其宏博的珍爱之心。在《大地上的事情》中，一只"因人类的扩张在平原上已近绝迹"的野兔，使他想起"田野往昔的繁荣",想起动物们"与大自然同色彩、同性质,和树叶、和土地最亲密的联盟";一只"主动亲近莫测的我们"的麻雀,使他想起这小小的生命"仿佛是太阳的孩子,每天在太阳身边玩耍",感到"没有哪一种鸟,肯与我们建立如此亲密的关系";而不会"说话"的麦子和麦田呢,那是"土地上最优美、最典雅、最令人动情的庄稼",那是"五月最宝贵的财富,大地积蓄的精华"。即使是对于无生命的大自然事象,在苇岸的笔下,也是爱意绵绵的:"红日的硕大,让我首先想到乡村院落的磨盘";从太阳降落到满天星斗,则是一个"令人感叹的过程,它很像一个人在世事里由浪漫、热情到务实、冷漠的一生";而作为"远行者上路的日子"的三月,连"羔羊也会大胆,也会温和,大道光明,石头善良",使人产生"劳动的欲望,土地像待嫁的姑娘"。苇岸就是这样从心灵的道路上通往文学,通向一种共时性的生命大关爱,大悲悯。

大地道德:对人类原乡的深情回望

苇岸充满爱意的与人格实践活动一致的写作留给我们的另一深长思索,是他对于大地道德的尊崇与呼唤。被称为"二十世纪的梭罗"的美国生态学家、环境保护主义者先驱奥尔多·利奥波德首创"大地伦理学"(一九二三年),被看作是开创了伦理学的新纪元。他认为需要将有关道德权利的伦理学加以延伸，扩大到大地，即自然界。他在其可与梭罗的《瓦尔登湖》并列的《沙乡的沉思》一书中指出，大地道德是"要把人类在共同体中以征服者的面目出现的角色，变成这个共同体中的平等的一员和公民。它暗含着对每个成员的尊敬，也包括对这个共同体本身的尊敬"。这种大地道德观深刻地影响和塑造了苇岸的人生态度和人格、伦理形象。他对利奥波德"为恢复生态的不懈工作"和"温暖快乐的文字"十分赞赏，对他"与大地的亲密关系"以及"高瞻远瞩，超然于人类狭隘利益之上"的超凡之举甚为推崇。在苇岸看来，这其实是大地"借助利奥波德之口，向忘形于主人幻象中的人类发出的最后的呼声"（《土地道德》）。

苇岸尊崇的大地道德观，其实可以从历史的演进中探寻到它的更久远的哲思之源。我国《易传》中所说的"与天地合其德"，即蕴含了大地道德观的胚芽。与"人类中心"论相对，尼采就曾指出人"根本不是万物之冠：每种生物都与他并列在同等完美的阶段上"；恩格斯也曾指出，"必须时时记住"人与自然的关系"决不像征服者统治异民族一样，决不像站在自然界以外的人一样"。尽管人类如莎士比亚曾赞颂的那样是"多么了不起的杰作"，"在行为上多么像一个天使，在智慧上多么像一个天神"，但是，从一种新的道德哲学——生态伦理学的观点看来，人并非环境的主宰而是环境中的一员，一个物种主宰世界的自然史是最不稳定的自然史。人类对待生物的行为应以维护物种的生存为标准,危害物种生存的行为是不道德的;人类对待生态系统的行为应以维护基本生态过程、保护生态圈稳定机制、维护生态系统整体性为标准,破坏及损害生物圈整体性的行为是不道德的。即是说,要尊重和善待自然界中的一切生命,将人与自然协调的价值观作为人类未来的价值方向。以这样一种道德哲学观点来解读苇岸的《大地上的事情》《一九九八廿四节气》《我的邻居胡蜂》《放蜂人》《鸟的建筑》《去看白桦林》《美丽的嘉荫》等篇,就不难读出他"与大地同在"的拳拳之心与绵绵情愫了。

他为廿四节气所拥有的"一个个东方田园风景与中国古典诗歌般的名称"惊叹叫绝,将早春的田野凝望成"一座太阳照看下的幼儿园",望着满眼清晰伸展的茸茸新绿,感到"不光婴儿般的麦苗,绿色自身也有生命"(《廿四节气·惊蛰》);他将胡蜂看作"远方的客人",当成"新来的邻居"给予"诚挚欢迎",感到自己为它们做的一点微不足道的事情,"远远不及它们为我带来的东西"——它们离去后留下的巢,"像一只籽粒脱尽的向日葵盘或一顶农民的褪色草帽,端庄地高悬在那里",成为"我的家徽"(《我的邻居胡蜂》);他的深感可爱的小生灵蜜蜂,"体现的勤劳和忘我,是支撑我们的世界幸福与和睦的骨骼",它们"似一种光辉,时时照耀、感动和影响着我们"(《放蜂人》);他称颂"勤劳的鸟类艺术家",它们"呕心沥血的作品(巢)"是"世间温暖与平安的象征",是空旷的冬天里"比雪与太阳升落更优美的景色"(《鸟的建筑》);他在秋天去看白桦林,从内心深处感到"在白桦与我之间存在着某种先天的亲缘关系",白桦树"淳朴正直的形象,是我灵魂与生命的象征",深信"它们与我没有本质的区别,它们的体内同样有血液在流动"(《去看白桦林》);而走进背靠莽莽苍苍的小兴安岭的嘉荫,"即使你的感官天生迟钝,你也会被这里淳朴的民风所打动",望着越江而过的一只鸟或一块云,你一定会想象着"总有一天人类会共同拥有一个北方和南方,共同拥有一个东方和西方,那时人们走在大陆上,如同走在自己的院子里一样"(《美丽的嘉荫》)。

苇岸关于大地道德主题的抒写,从其深层意蕴与审美指向来说,是在实践他自己的一种热切的追求:人应该具有"与万物荣辱与共的热烈灵魂"(《没有门户的宝库》);"无论人类走得多远,都无法脱离自身的根柢"(《我热爱的诗人》)。这种"与万物荣辱与共"的"自身的根柢"即是大地——人类及万物的母体,那是一片温煦而博大的心灵的憩园,应看作是人类的原乡。当代自然哲学家赵鑫珊在《返乡记》中写道:"哲学,按其本质,永远是人类精神的'一别故乡道,悠悠今始归'的返乡记。哲学,永远是返回到原点或本源,返回到本根或根基的觉醒。"苇岸正是通过他的朴实而美好的如圣歌般的文字,从哲学——文学的途径引领人们尊重和皈依大地,在对人类原乡的深情回望中既合目的性又合规律性地接受"它的光和热,同时也接受它的信任与大度"(梭罗语),从而臻于"诗意地栖居"的境界。

大地箴言:"数字化生存"时代的文学持守

苇岸充满爱意的与人格实践活动一致的写作留给我们的又一深长思索,是他对于"数字化生存"时代沉溺于物欲的泥淖而导致的环境恶化与人性扭变所表露的忧患情怀。在应《散文选刊》之约而作的《太阳升起以后》中,苇岸写道:"现代社会不依任何人意志为转移的演进方向,常常让我觉得不可思议:它正在导致本质上也是一个物种的人类完全脱离星象、物候、季节与动植物环境,而进入灰色的'数字化生存'世界。"基于对这种弊端明显的现代文明的认识,苇岸的大地箴言从相关的各个方面阐释他的"异言"色彩浓重的看法和主张,在"熙熙者皆为利来,攘攘者皆为利往"的物化年代,在充满诱惑、喧哗和躁动的商业化浪潮裹挟的文坛,发出了他作为一名持守者的如清风过耳的声音。这主要体现在以下三个方面——

对人类生存和"人的完整性"的深切关注。工业革命以来被刺激了的人类贪欲和消费主义,在短短的二三百年间导致全球资源趋于枯竭和环境全面污染的事实是世人共知的。苇岸由此论及"人道主义的僭妄",认为"以人类利益和价值为中心"的人道主义(这里有别于通常意义上的人道主义)"使人类在对待自然的态度和行为上表现出轻佻傲慢的随意性和肆无忌惮的掠夺性"，它的恶性膨胀加上人类倚仗的科技，"使人类自己陷入前所未有的生存危机"（《人道主义的僭妄》）。他在《第二条黄河》中，对长江已经变成第二条黄河深怀忧思，在清澈的支流和浑浊的干流的"泾渭"交汇处，他感受到一种"清纯少年融入社会式的痛苦"；而往来的船只和游人毫无犹疑地向江中倾倒、抛掷各类垃圾，使他不能不为"人们对自己的欺诈、蒙骗、背信、不义以及无视环境卫生、嗜食野生动物等等行径不再心跳、脸红、内疚和愧悔"感到一种无以言尽的悲哀，并由此想到"一个正直之士或理想主义者，在他的生存环境里的孤立和遭际"。关于与人类生存状态密切相关的"人的完整性"的问题，苇岸同样高度关注。他的这种观点的形成和确立，受影响于他喜爱和推崇的十九世纪美国作家、诗人爱默生的一个基本思想。爱默生认为社会的发展（特别是工业时代或资本主义时代以来）使人日益丧失其完整性，人只是部分地存在于所有的各个人里面，每一个人都像是从身上锯下来的一段肢体，而不是一个完整的人。爱默生关于人要"完整地掌握自己"的理想，与泰戈尔所说的"在万物中完整地获得自己的价值和人性"，与梭罗所说的"最杰出的艺术作品都表现着人类怎样从这种情形中挣扎出来，解放自己"是相通的。苇岸尊崇"人的完整性"，当然并非倡导人去做永久的"返归自然"的隐士，而是看重一个人对待外界（万物）的态度：是否为了一个"目的"或"目标"而漠视和牺牲其他。在《现代的孩子》中,苇岸对生活于消费主义的时尚中的现代的孩子"人的完整性"的失落深以为忧。例如,现代的孩子"厌恶颐养劳动体魄的粗蔬和五谷","隔绝于孕育万物的风雨和泥土","看不到日出与日落,看不到地平线","可以得到各种电动玩具,但无处可以捉到一只星斑天牛或金龟子","从成人世界学到各种道理,无法在自然世界中获得各种启示",等等,均引人深长思之。

对"人在智慧中重新获得童年"的热盼与执着。苇岸深感物质主义汹涌洪流中的当今是一个"被剥夺了精神的时代",一个"人变得更聪明而不是美好的时代",仿佛"一夜之间,天下只剩下了金钱",处处可见"对积累财富落伍的恐惧,对物质享受不尽的倾心"(《自序》)。他痛切地指出:"把幸福完全寄托在财富上,是人类无数错觉中最大的错觉"(《幸福》)。为此,他看重人类内心精神上的进步,探索和追求"人在智慧中重新获得童年"(泰戈尔语)。在他看来,列夫·托尔斯泰超过普希金、莱蒙托夫和果戈理之处是,他的"整个生命的高尚和严肃""执着于崇高、伟大的理想"(《少数的意义》);他推崇纪伯伦,指出"二十世纪蔑视严肃和教诲,而纪伯伦与它背道而驰",纪伯伦向我们讲述的是人的"本质和根",是"人类世代亘古不变的永恒话题",因而具有"超世的魅力"(《没有门户的宝库》)。论及当代中国作家,苇岸将张承志的"珍视与高扬清洁、信仰、精神、心灵"视为物质主义洪流中的"中流砥柱"(《我喜爱的五本散文集》);与此同时,他充分肯定张炜"对劳苦农民给予深切同情和关爱"(《艺术家的倾向》)。所有这些,都表明苇岸对人趋于完善和完美的热切期望——诚如他动情而写的:"在这个世界上,我觉得真正的作家或艺术家,应是通过其作品,有助于世人走向'尧舜'或回到'童年'的人。"(《自序》)以及对劳动和俭朴生活的向往与歌吟。

对作为人类天性之一的劳动的诗意和美的天生的眷恋和憬悟。他在《大地上的事情》中写道,当春天来临,"看着旷野,我有一种庄稼满地的幻觉。天空已经变蓝,踩在松动的土地上,我感到肢体在伸张,血液在涌动。我想大声喊叫或疾驰奔跑,想拿起锄头拼命劳动一场";但也遗憾地感到,"在这个世界上,有一部分人,一生从未踏上土地"。如同利奥波德当年在威斯康星河畔"重建我们在其他地方失去的那些东西"一样,苇岸为写《一九九八 廿四节气》,曾在他的家乡北京昌平北小营村选择一块农地,每一节气来到时,到地里观察、拍摄、记录,然后做出笔记。他悉心劳作了,开始写成作品了,但写到"谷雨"便因为生命的终结戛然而止,成为他最大的遗憾。面对当今社会物质生活与精神生活关系处理上的失衡,苇岸写道:"消遣与放纵,已成为一种时尚。连我们的被誉为'人类灵魂的工程师'的作家,也已染上以调侃为荣、以俗人自诩的市井之气。仿佛世界走到今天,一切关于人的改善的努力,都已徒劳无益。"(《自序》)与此种时尚明显相区别,苇岸坚持被欲望呼啸的消费社会所忽视的陶冶人的内心世界的主张,认为"多余的钱财只能够买多余的东西,人的灵魂必需的东西是不需要花钱买的"(《人必须忠于自己》)。

为此,他遵行以"对一切生命悲悯的爱"和"节制与自律"为主旨的素食主义,过俭朴的生活,追求"外表生活再简朴没有,内心生活再丰富不过"的境界,并将自己被癌魔折磨和病重期间,在医生与亲友的劝说下未能把素食主义这一信念贯彻到底引为"平生最大的愧悔"(《最后几句话》)。这就是苇岸:一个从未加入"模仿"这个时代行列的、希望成为"人类的增光者"的作家。他的短暂的生命历程义无反顾地献给了"关于人的改善的努力"。

德国自然哲学家海森伯说:"在历史的进程中,地球上的现代人如今第一次同自己面对面,他再也没有了对手或反对者。"人同人自身相遭遇,既是现代哲学面临的难题,也是现代伦理学和美学面临的难题。苇岸为此做了令人感喟的思辨与求索。正因为如此,他和他的作品获得了自己独特的生命价值与文学意义。诚如国内富于卓识的论者所指出的,不论什么时间,人们有意或无意地读到苇岸,几乎都会共同感受到"世界突然安静下来,心不再喧嚣,感到他的照耀";他的"关注人类文明的永恒情怀和人的内在精神的延伸力",为我们提供了一种"通过他这样优秀和美好的文字,拯救不断被破坏的人类文明的可能"。尽管静寂如大地的苇岸也许在当今趋鹜新潮和时尚的批评家视野之外，但他"以整个心灵朴素吟唱"和"为充满生机的希望祝福"所带给我们的和谐、宽厚、澄澈、睿智和警示并未曾消失。

从这个意义上说，大地苇岸是永远的苇岸。

原载《益阳师专学报》二〇〇一年第五期

伍振戈（一九三九—二〇〇九） 湖南沅江人。一九六一年毕业于南开大学中文系。历任湖南益阳地区文化局副局长，地区文联副主席、主席，地区作协主席。文学创作一级。著有散文集、文艺论集、杂文集及诗歌、小说、随笔多种。论文、散文获多种奖项。

苇岸五年祭

张 杰

环抱着大地和田野,被太阳镶了金边,巍峨雄伟的,是茫茫燕山——

二〇〇〇年五月十九日,上午参加过"苇岸逝世一周年纪念会暨《太阳升起以后》首发式",下午看过昌平水关新村苇岸的简朴故居后,车队在乡村田野穿行几十分钟,来到生养苇岸的村庄——北京昌平北小营村和村头那片撒放他骨灰的土地。去年撒放骨灰的麦田今已变成春耕后光秃秃的玉米田。人们排着长队,依依在那片土地上撒满花瓣。他的好友、诗人树才在那片土地前,开始朗诵苇岸喜爱的法国诗人雅姆的十四篇祈祷诗之八——《为同驴子一起上天堂而祈祷》:"该走向你的时候,呵我的天主,/让这一天是节庆的乡村扬尘的日子吧。/我希望,像我在这尘世所做的,/选择一条路,如我所愿,上天堂,/那里大白天也布满星星……"五月的风吹过来,似乎能听到每个人的呼吸。

北望燕山，任乡间的风和纯粹的精神独自生长与述说。苇岸，当代中国的知识分子的优异者，即使在中国文学界也可称得上鲜为人知，他孤独于一隅，一生求索与坚守，自甘寂寞，英年早逝。我在他灵魂安息之地献上一份迟到而不安的敬意。

在我书架的深处，有两本让我备感疼痛的书。有时我忍不住拿起它们来摩挲着，痛感便会迅速弥漫全身——苇岸《大地上的事情》和《太阳升起以后》，它们像两座风干的谷仓，在积雪覆盖的大地上慰藉着冬天的寒冷。

苇岸，这个自觉把生存所需设置到最低限度的人，一直遵循简朴、谦卑和素食主义原则，最终成为大地之子。他并不认为自己有拯救这个世界的力量，他只是尽量减少能源消耗，拒绝世俗的喧嚣，力所能及地做一点让大地负担尽量减少、精神尽量丰富的事。他想让这个世界以另一种样子呈现：平和、朴素、文明、美好。然而，像山羊一样的温和缄默，一定程度上遮蔽了他的锋芒，致使不少人认为他只是一个善良、宽厚、感情丰富的人，而忽略了他作为思想者和创造者自觉、智性、独立并且坚定不移的一面。

苇岸是这个世界上走得深远的人，他也像是生活在这个世界的盲区里，活在"只缘身在此山中"的历史和现实局限与悲哀里。"贫困而听着风声也是好的"，他可以为一阵急雨或对一头幸福的驴子的眷恋深深感激。但是对苇岸来说，形而上的忍受和付出无疑是双倍或多倍的——敏感、善良、纯粹的天性，使他选择了一条具有圣徒色彩的道路。无疑，这也是一条没有尽头的路，仿佛从人世深秋的寒风里走进隆冬，一直走到不见身影，谁也听不到他在自己"时代异乡"的消息，以至他在这个世界只剩下一个深沉而缥缈的影子。这条道路上曾经走过马丁·路德·金、圣雄甘地、托尔斯泰、陀斯妥耶夫斯基、索尔仁尼琴、布罗茨基、博尔赫斯、梭罗、爱默生、希梅内斯、米什莱等孤独与寂寞、熟悉与陌生、遥远而切近的灵魂……人们开始回忆苇岸的音容笑貌，以及他留给此世的温暖，而这个世界与他的距离却是那么遥远和寒冷，人们只有在寒冷的战栗中才能注意到他的声音——苇岸似乎并不属于这个世界和时代。或许苇岸也曾感到过孤独和寂寞，只是他把这些"忽略不计"，以素食主义者的精神清洁和简略，保证了笔下的文字像大地一样有力。

苇岸仿佛天生有一种与大地、自然、万物、夜空的亲和力，以及在自己生活的时代保持理智、清醒、坚守的定力。他的文字包涵大地，融和土地精神。一个冬晨，和四姑搂柴草、看太阳升起的细节，还有与《瓦尔登湖》湖畔草屋的遭遇等，不可想象地决定了他的一生，生命因此发生了质的变化，这一些看似偶然、实则必然的经历影响了一个生命的整体性历程。苇岸被这种方式而不是被那种方式点燃和引导，它们可以穿越时间和物质甚至意志。即在这个世界某一时间段内负有某种使命，这是一种宿命和必然，而在苇岸这里无疑显得特别明显，且被加上了后天修炼的成分。被时间过早地带走这一残酷现实，我甚至把它十分主观地理解为类似世俗世界里的变迁——或许在一个不为人所知的世界更加需要苇岸这类精神圣徒。这同样是一种悖论。

苇岸在这个时代不被更多理解是正常的。然而，时代仍在艰难前行，而且正在为此付出代价。在朋友们看来，苇岸仅在大地上度过了半生——三十九岁，一个作家最具创造力的年龄。生命在这样富于创造力的年龄终止，如同一棵被拦腰截断的正在生长的大树，真是大地的一场灾难。然而，正是这个在大地上只过了半生的人，却足可令一些活得更久的人感到羞愧。

苇岸是这个时代的大地行吟诗人。他让自己的文字贴近土地，极为朴素和平易。这与他对大地的理解密不可分。他的文字呈现出一种土地的天然状态：白云怎样像牲口在太阳落山后回家一样，从大地上从容而安详地走过；节气怎样神秘而准确地姗姗而来到达某一个地点；土地是以怎样的宽容和饱满容纳万物；最卑微的大地的子民们——麻雀、蚂蚁、胡蜂等，在他笔下不显得卑微和丑陋，大地反而因为拥有这些高贵的居民让人为它感到骄傲和光荣等。最重要的是文字与灵魂相濡以沫，灵魂与大地合二为一，灵魂像大地一样延伸。于是，大地每一个角落的每一个细微的响动,都可以让这个灵魂充满警觉、不安和牵挂。也就是说,从与大地重合的那一刻起,这个灵魂便永远失去了宁静的机会。它时刻要为大地的荣辱而心怀忧虑。然而,正是把大地的荣辱当作自己的荣辱甚至生命,才让他的文字具有了大地的气质,像瓦尔登湖一样凝聚着大地万物的精神,聚合了大地一样的包容性和延展的力量。大地虽然深藏着咆哮的岩浆,但依然有着宁静和萌生万物的自秉性,这种文字背后是一颗地火一般滚烫而饱满的心灵。大地每一阵疼痛和幸福的悸动都可能化作它的一阵阵疾骤、战栗的雷雨或者风暴,大地可以包容一切受伤痛苦的哪怕是最卑微的心灵,慰藉那些贫弱的事物,在它的语汇中是没有卑微和高尚这些具有世俗色彩的评价和概念的。"它们为我留下的巢,像一只籽粒脱尽的向日葵盘或一顶农民的褪色草帽,端庄地高悬在那里。在此,我想借用一位来访的诗人的话说:这是我的家徽,是神对我的奖励。"(苇岸《我的邻居胡蜂(二)》)

或许正是基于这种对大地的爱,他坚持素食主义生活信念,大地的纯洁、博大和高尚使他不忍心因自己而再去对它有半点剥削。他不想让自己成为大地的伤痕。可以说,大地是他的信仰,而支撑他这一信仰的"人类长久生存下去的曙光在于:实现每一个人内心的革命性变革,即厉行节俭,抑制贪欲"。(苇岸《素食主义》)他把人们物质的节俭和精神的丰富当作这个世界最后的希望。对于这个物质追求几乎达到极点的世界,他以自己的体验和坚定信念,开出了一剂对这个时代具有强心意义的良方。然而,他仍然为自己不能做得更多而愧疚。

这是一个总是以歉疚折磨自己的人,他在生命最后一刻还在忏悔:"我平生最大的愧悔是在我患病、重病期间没有把素食主义这个信念坚持到底。在医生、亲友的劝说及我个人的妥协下,我没能将素食主义贯彻到底,我觉得这是我个人在信念上的一种堕落。保命大于了信念本身。"(苇岸《最后几句话》)我一直在想苇岸说这些话时的心态。生命力量的悲壮和圣洁,在他又是如此平静、从容和理所当然。这样的灵魂,怎能不让人联想到那些永恒的事物?如同有着一双洁白有力翅膀的大鸟,他的遽然去世像正在飞翔中被忽然折断翅膀一样,形同大地与天空的一场灾难。他曾在自己的第一本书、也是生前最后一本书《大地上的事情》中说:"古希腊诗人卡利马科斯说:'一部大书是一大灾难!'"

他认为"真正的作家或艺术家,应是通过其作品,有助于世人走向'尧舜'或回到'童年'的人"。这个小心翼翼害怕惊动这个世界的人,这个最大限度地呵护了这个世界的人,这个长年忍受着省醒的折磨、尽量把事情做到近乎完美的人,留下了最大的遗憾,像一个欠债的人,他最后也没有放过自己,临终也没有忘记追究自己。

苇岸让我不时想起那位一生忍受痛苦、孤独和质疑的奥地利籍犹太指挥家、作曲家——马勒。这位和苇岸一样热爱大地、生命、艺术并具有神秘感的音乐家，一生在繁忙的指挥间歇中写下十部交响曲（第十部未完成）、大量艺术歌曲和管弦乐作品，还有一部以中国古诗为题材、和苇岸《大地上的事情》和《一九九八　廿四节气》风格和灵魂几近的交响作品——《大地之歌》，最后因病辞世，一生遭遇坎坷。人们这样描述这位音乐家："他的音乐超越庸俗无聊的琐碎生活，使人始终高高在上，升举于空中或高山之巅，注视着人类，凝望着自我，保持着精神的纯洁、力量和高贵，保持着一个独立的人的失望和希望、痛苦和欢乐……"（［英］爱德华·谢克森《马勒》）这位去世五十年后才得到世界认可，承启着十九、二十世纪音乐艺术的音乐家说过这样一句话："我的时代终将来临。"

我觉得马勒的预言同样适用于苇岸，一个极端强调物质和权力主义的世界必将走向它的精神和物质困境，而苇岸正站在世界的另一端唤醒人们。遗憾的是，苇岸没有足够的时间完成更伟大的作品，在他的作品中也只能读到类似马勒第四交响曲中的雪橇铃声和大地上的炊烟袅袅的美丽凄绝景象，类似《巨人》《千人》（马勒第五、第八交响曲）等的生命乐章刚拉开序幕。但这并不会损害或影响他对于这个世界的价值，他的存在本身已经预示着一个时代的开始——苇岸在这个时代的意义上不可替代，正如马勒所预言——苇岸的时代也终将来临。如果让我选择一首纪念他的乐曲,除了他指定的莫扎特的《安魂曲》,我会毫不犹豫地选择马勒的《大地之歌》。那些与马勒、苇岸相似的灵魂,是大地、天堂和灵魂之间的纽带。

其实,苇岸更像一个处于深渊边缘的世界的守夜者,向这个世界发出一种危言警示。痛心的是,由于他的谦卑及与大地一样的性格,让人们一次次忽视了来自地心深处的预警信号。这个生命的异数,甘愿在这个混杂森林般的世界不被理解,也执意要把生命信号传递给同类的人,即使喊哑了嗓子也没有多少人醒来,这是一种怎样的他伤或自伤?这多像一出生命哑剧,那个深知世界真相的人却不能开口说话,只能以自己的方式告知他的同伴危险正以怎样的速度和方式降临。

"数年前我就预感到我不是一个适宜进入二十一世纪的人,甚至生活在二十世纪也是一个错误。我不是在说一些虚妄的话,大家可以从我的作品中看到这点。"——苇岸去世了。人们慢慢地会知道世间失去了一位多么可敬的谦卑写作者和为世界思想与呐喊的大地之子。

他以自己的简朴和纯粹过完了一生。他的离去,恰似一种神示的声音,如此简朴和真实,让人不由想到那些用希伯来文写成的、羊皮上的斑斑字迹,或古代中国刻在甲壳和兽骨上的神秘信息。正如林贤治先生在《太阳升起以后》的序言里所说:"我沉痛地感受到了一种丧失:中国失去了一位懂得劳动和爱情的善良的公民,中国散文界失去了一位富于独创性的有为的作家。"

感谢上天和苇岸的在天之灵,能够让我在苇岸去世五周年纪念日之前写下粗糙的怀念。

愿苇岸安息。

二〇〇四年五月十八日写
二〇一八年十一月二十四日改

张　杰　中国作协会员,资深媒体人、出版人。

苇岸：大地的理念（外一篇）

徐 迅

《大地上的事情》是苇岸的散文集名，也是我最早读到并开始注意他名字的一篇散文。"事情"有五十件，或写蚂蚁筑巢，或写熊蜂的尸体，麻雀、鹞子，生命的动物或者艺术家们的际遇。我开始觉得他可能受儒勒·列那尔的《胡萝卜须》影响很深，看来也是。他很赞赏《胡萝卜须》作者说的话："一个用得好的词儿，比一本写得坏的书强。"他是非常注意用词的。

由于苇岸倾向于散文文字的简约、准确、生动、智性，崇尚以最少的文字，写最大的文章，所以苇岸在时下"小女人味"散文特浓、抒情正达到泛滥的散文语境中，呈现给人的是一种崭新的阅读感觉。他的语言简约，却不晦涩，有种叙述的距离感。叫人读来是冷漠了些，仿佛想抓住什么，却什么也抓不住。这类文字是苇岸所特有的。写自然也好，人生也好，写那一批大师级作家生活的篇什也好，文字的触角敏锐清晰。因而读他的散文，就感觉到他对散文文体的贡献大于他散文中的内容。他和诗人海子是很好的朋友，同样都喜欢梭罗的《瓦尔登湖》。

他们关怀土地，幻想土地道德，重拯人类灵魂，企图寻找一本闪耀着人类自古不熄的英雄主义之光的书。海子死了，他还在寻找。思索起一些遥远的、渐渐陌生的事物，他却撇开了激情，让思绪沿着一条光亮的隧道，潜入世界的本质生活的个体深度。"春天，万物生长，诗人死亡。""有了这样的诗人，世界最初的朴实和原质，在现代文明的进程中，可望得以保存。"苇岸希望保存的是一种大地的理念，他不想让语言堕落到艳丽的春水中去，而是坠入大地或被大地轻轻托起，然后沉默无言。

梭罗说："你脚踏着土地，你如果不觉得它比世界上任何别的土地更甜润，那你这人就毫无希望了。"苇岸缅怀和忧虑脚下的土地，当然不是想做毫无希望的人。他在艺术上摒弃传统散文语言的奢华，亦不像俱乐部里滔滔不绝的足球评论员，而是用农民式的勤劳、厚度、朴实，耕耘在大地上，然后将他收获的种子——绝不是成批的稻子或麦子的体会告诉你。他写着，他不需要语言的枝蔓，更不需要江河海洋式的恣肆，因为他知道文字本身所具有的力度和纯粹。

原载《人民代表报》一九九六年五月二十九日

远去的苇岸

对于终生挚爱大地,并将"大地上的事情"作为终生写作目标的苇岸,我一直觉得他的生活与创作应该说是美好的:他静静地蛰居在天明地净的昌平一隅,像个怀揣童心的大孩子,天真地观察着大地上的精灵;又像是在土地里刨食的老农一样,幸福地守候着二十四节气和物事。他素食,他旅行,他一个人孤独地待在书房里读书、写作,或与朋友一起聊天、跳进河里游泳……

"我准备着音乐卡片,朋友们去了,都得写上几句话。"他像是一只布谷鸟,也常常从京郊"飞"到城里来,告诉我他的一些奇怪的想法。

那时候,我们大多是坐在一个安静的所在……书店、餐馆或者酒吧。他不吸烟,连啤酒也不会喝,只喝白开水或是白开水里漂浮着几片淡淡的茶叶。然后与朋友一块谈文说艺、谈文学与环境,他说海子的才华与早夭,他谈他推崇的梭罗隐居瓦尔登湖的生活本质、五十岁后的托尔斯泰、食指的诗,还有他自己关于二十四节气的写作,他轻言细语,字斟句酌……说得很慢很慢。

春天被说是死亡的高发季节。但春天过去,立夏也已过去了十四天，就在大地上的麦子正期待收割时，守候大地、静观节气的苇岸却突然在夏天的门槛上倒仆下来，在大地风涌、无边无际摇曳着的麦梢上，他的灵魂如一颗饱满而成熟的麦粒倏然剥落，"噗"地就融入土地。这回，轮到我惊诧和悔恨了——悔恨就像一把刺心的锥子，深深地刺进了我的身体。我发觉我的心在流泪，灵魂在五月的麦黄风中变得不安生起来……大地何辜！

尽管我们同在京城的一片天空下——我却是很迟才知道他的病情。匆匆地打电话问他，他的声音竟跟往常一样地从容和平静，平静得就像他只是患了一次小小的感冒。面对他的从容，我怕我多说一句都显得多余，心里莫名地只当他的病况是一种谣传。我说我去看看你，他说："过上几天，我呼你吧！"可万万没有想到，这次通话竟成了永诀！

在四月二十九日这天的十一点零一分，他真的呼了我。我的呼机上至今还留有他那惯有的极其谦恭的"如有空，请回电话"的留言。然而，其时我正由烟花三月的扬州，马不停蹄地奔走在回乡的路上。我曾对我的生命不停地在路上，不止一次地发过慨叹，然而我总在路上。我的这种流浪的事实，也是我曾羡慕他有一个天明地净所在的原因……五月十九日，我不知道在干些什么。而其时苇岸却已走到了他生命的尽头——我的遥远的南方家乡，稀稀落落的黄梅雨已开始让我变得惆怅和不安。然而我对苇岸的这一切还毫无所知。五月二十七日我回到北京后,连忙打开呼机,见有他的传呼,我立即打电话到他的家中。电话一如既往地响着,无人接。这时,一种不祥的预感袭上了我的心头,我心里默默地祈祷,说明天一定去看看他,看看他。没想到,二十八日翻开《文艺报》就看到他辞世的消息。黑黑的大字像是一团团黑色的泪,立时让我的头脑胀大起来……

大概是在去年的这时候,或者比这个时间还稍晚一些,我们还在一个散文创作会上相遇。在这之前,我曾以《我刚读过的几本书》为题,给江苏的《书与人》杂志写过一篇文章,其中提到了他的那本《大地上的事情》。他告诉我他看到了。那回,我们凑巧分配在同一个房间里。他慢吞吞地说,他写东西速度一直很慢,每月才只有两千字左右,他希望把文字写得干净利索一些。"一个用得好的词儿,比一本写得坏的书强。"他十分推崇这句话。他说:"从某种意义上讲,小说家和诗人是'幕后'作家,而散文家是'台前'作家。直接袒露或表现自我的和具有使命感、富于理想精神的作家,都会选择散文。"文字不能"一次性"。那一次会上,大家对散文创作的观点仍然各有见地,有些话甚至也很尖锐。苇岸似乎比他们要宽容得多,也细心得多。会上,他带了照相机,还拍了很多照片——按照我的经验,这种拍摄十之八九是浪费表情。但回京后,他竟将照片洗印悉数交给我,并在后面写上"苇岸摄"的字样。他的认真叫我好一阵感动。

会议结束时,主办人要我们每人写上一句关于散文的话。我记得他工工整整写上了一句:"散文是平原。"平原,这是他以有限的三十九岁的生命钟情和眷恋的生他养他的土地。活着,他不断地努力着,使大地上的"事情"变得诗意和朴素生动;死时,他毅然决然地要将他的骨灰撒向他曾留下胎衣和足迹的麦田——他是在把他整个的生命,毫无挂碍地交付给他心目中的散文平原啊!

——平原永恒。

与苇岸一样,也曾浸润过瓦尔登湖水那自然清新气息的美国作家约翰·布罗斯说:"那热爱土地的人是有福的。"面对永恒的平原,我直到现在才接受这个事实,昌平那么个天明地净的地方,一位朋友曾像影子般地生活在那里,竟又像影子一般真实地消失了。他倾心大地,他的灵魂该早早地跨过那一片死亡的麦地,快乐幸福地抵达天堂了吧——大地上的事情不可思议!

关于音乐,最后我还想说的是:我不懂音乐,我甚至是音乐盲。与其说我被一种音乐打动,不如说是被一种声音——声音里所包含的艺术的光芒所刺射。因此在我的眼里,没有什么音乐家，只有被我感动的声音，语言或者什么。

一九九九年五月二十八日晚 北京东城区和平里

原载《北京日报》二〇〇〇年二月二日

徐　迅 作家、编辑。曾任《阳光》社长、主编，现任中国煤矿文联副主席。出版散文集、小说集多种。

一个热爱大地的人死了

西　渡

　　我与苇岸相识于去年冬天。今年三月，我见到王家新，他告诉我苇岸病了，可能是肝癌。五月二十一日晚，家新打来电话，说苇岸已经去世了，遗体五月二十三日在昌平火葬场火化，希望我一起去送一下。

　　虽然我知道这是迟早的事，但苇岸的死讯还是令我震惊而且悲哀。苇岸太年轻了。他是我认识的朋友中第一个因病去世的人。他使我想到疾病已经开始吞噬我们同辈人的生命。他使我意识到，我们已经到了朋友不是在增加而是在减少的年龄。苇岸的死是一个警讯，他是秋天陨落的第一片叶子。这是苇岸的死使我痛心的原因之一。

　　突如其来的疾病和死亡强行中断了一棵文学之树的成长。一个有才华的人的死亡，不仅是我们这个世界的一种损失，也是未来的一个损失，因为它使许多生长中的可能性夭折了。这其中也许还应当包括我和苇岸之间还没有来得及发展的友谊。

这是苇岸的死使我感到痛心的另一个原因。而最使我痛心的是,大地失去了一个忠实的观察者和聆听者。因为苇岸的死,大地上的事情对我们重又变得陌生。大地又一次陷入沉默。

我和苇岸结识于去年在政法大学举行的诗歌朗诵会上,这是初次的晤面,也是最后的晤面。那天我因故迟到了,害得几个朋友因为等我都没有吃饭。朗诵会间隙,我在后台吃文学社的同学为我们送来的盒饭。这时,一个面容瘦削的人走到我面前,微笑着跟我打招呼:"你是西渡吧,我是苇岸。"声音沉静而富于感染力。他说话的时候,周围的一切也跟着他的声音沉静下来,仿佛伏耳倾听他的声音。就在这一瞬间,我永远记住了他的声音和微笑的样子。正是他的声音和微笑使我相信,我们之间可能发展出一种深厚的友谊。但这一可能性却被死神永远剥夺了。

苇岸的书《大地上的事情》是他的朋友黑大春送给我的。有一次,我和大春一起路过翻译书店,他问我,你看过苇岸的《大地上的事情》吗,我说没有。大春就执意到书店买了一本送给我。可惜我事情太多,这本书竟一直未读。零星在杂志上看到一点苇岸的文字,给我留下了很深的印象。他的文字干净、凝练,像诗一样经得起推敲。二十一日得到苇岸的死讯,我把《大地上的事情》找出来,认真读了一遍。我痛感到我们的时代失去了一位杰出的散文家。我以前一直认为,在我们这个号称散文繁荣的时代,散文的艺术其实早已失传了。只有少数几个人的散文,稍稍纠正了我的偏颇,苇岸就是其中一个。他是那些将散文作为艺术品来经营的少数几个散文家之一。

苇岸是一个大地的忠实的倾听者、悲悯的观察者和智慧的思考者。他是养育他的那片土地的忠诚的儿子。他的《大地上的事情》和《一九九八 廿四节气》,使这片土地第一次从黑暗中走出来,被引向光明,被言说和倾听。这对我们整个九百六十万平方公里的土地来说,也是第一次。这是一个中国人第一次以平等的态度来和大地对话。这对这片土地是新鲜的,对我们自己,对我们的文化传统也是新鲜的。在我们以往的经验中,对土地,要么俯伏膜拜,要么毫无顾忌地榨取。

苇岸是一个定居者。除了上学的几年和每年假期定期出去旅游外,苇岸一直生活在昌平。他和他的朋友黑大春都是土生土长的北京人。他们都和北京这片土地有着天然的血缘关系。他们一个在诗中,另一个在散文中,倾注自己的心血来讴歌这片土地,他们是这片土地的守护者,是这片土地自己的艺术家。而我是一个迁徙者,我十八岁来到北京,和故乡的土地失去了联系,但又不能深入这片土地中去。土地在我的诗中退隐了。

一九九九年五月二十三日,苇岸的骨灰在庄严的格里高利圣咏陪伴下，在鲜花的护送下，被撒向了他家乡的麦田里、草丛中、树荫下。五月的麦子碧绿而挺拔，清风吹起阵阵麦浪，似在接纳他倦游归去的灵魂。大地的儿子重新回到了大地，也重新拥有了大地。

一九九九年五月

西　渡　诗人、诗歌批评家。一九六七年生于浙江省浦江县。一九八五年考入北京大学中文系并开始写诗，九十年代后兼事诗歌批评。现为清华大学中文系教授。著有诗集、诗论集、诗歌批评专著多种。

麦田上的风筝

林 燕

四月从美国归来,突然听说苇岸病了,而且是肝癌晚期。这消息令人难以置信。他才只有三十九岁!我鼓起勇气给他打了电话,另一端他的语气竟是那样平静,仍像以往那样娓娓道来,像是在叙说别人的事情。他告诉我正月初八因感觉不适去医院检查,发现已是肝癌晚期。我说想去看他,但又怕影响他休息。他笑着说朋友送了他几只甲鱼,他情况稍好就请我们去和他一起吃。又说天已暖和,我们可以一起出去走走,看花红柳绿。我听了半晌无语,只哽咽说出一句"你要坚强"。他平静地说:"我接受命运的安排。"

五月二十四日,突然听说苇岸已去,且遗体告别已在前一天举行。我没有想到不但没能去探望他,连最后的告别也没有赶上,甚至没能送一束花。

我认识苇岸是在一九九四年秋。当时我参与编辑"游心者笔丛",苇岸的《大地上的事情》是其中一种,作为这本书的责任编辑,在此后的三年里,我与他有很多来往。

在我认识的青年作家中,苇岸不属于才华横溢的那种。从文章讲,他的文字虽然干净,但是过于拘谨,甚至过于西化。他的写作视角和姿态虽然独特,但过于单一,思想受梭罗和托尔斯泰的影响太深,有很大的局限性。他写得很慢,很苦,通电话时,他常告诉我一个月才写了两千字。从做人来讲,他更显得拘谨,甚至有点儿迂。他不吸烟饮酒,是素食主义者,甚至素到连鸡蛋也不吃。我们一起到餐馆吃饭,常常得想着给他点青菜豆腐。大家也常谐谑地说他是为原则而活着。在我的印象中,他冬天总是在脖子上围条围巾,像个"五四青年"。我甚至不记得他穿过T恤衫,总是平平整整、干干净净的正规衬衫,一点也不前卫。他说话总是字斟句酌、慢条斯理、一本正经,甚至让人觉得干巴巴的。我常在当面和电话交谈中感到不知与他说什么好。所以,在众多的作者和朋友中,他并不引人注目。

但是,凡是认识他的人,不论是朋友,还是与他有过矛盾或不同意他的原则的人,都说他是好人,他的自律,在写作圈中恐怕少有。他对自己的原则身体力行,在这个物欲横流的世界上更是罕见。他生活得极其认真,有两件事颇令我难忘。我们认识后,他一直称我林老师。但有一天,他突然打电话,一本正经地问我能否称我林燕而不是老师,因为希望把我当作朋友看待。还有一次,为了使他的书卖得更好,一位作家朋友主动提出为他写书评。他竟然严肃地说,他一向不赞成朋友之间互相写书评。对我来讲,这一切似乎都显得有些幼稚,但我又不得不羡慕他，因为他是一个有信仰的人，因此也应该是个幸福的人。

或许正是因为这一切，我在苇岸去世后重读《大地上的事情》，有了比当初编辑它时更多、更深的感触。抚摸着这本精致的小书，看着苇岸写给我的亲笔题词，我不禁觉得，比起那些从来不知或不愿认真生活的人，他的一生并不短暂。因为在这本不足十五万字的小书里，他留给我们的是一种生命体验的结晶。素色的封面上，印着苇岸书中的话："我欣赏这样两句话：'人皆可以为尧舜'。'上帝等待着，人在智慧中重新获得童年'。在这个世界上，我觉得真正的作家或艺术家，应是通过其作品，有助于世人走向'尧舜'或回到'童年'的人。"与书名斜向相对的，是一只风筝。如今，苇岸的灵魂如同这只美丽的风筝飞上了高空。又听说他在遗嘱中让人们把他的骨灰撒在家乡的麦田里，撒在他生前无比挚爱和眷恋的大地上。我是个不相信来世的人，但这次，我宁可相信来世，相信能够再见到苇岸，告诉他，我愿再做他的责任编辑。

原载《北京晚报》一九九九年六月二日

林　燕　中国对外翻译出版公司原资深编辑，苇岸首部散文集《大地上的事情》、苇岸主编十位二十世纪六十年代出生作家作品选《蔚蓝色天空的黄金》的责任编辑。

去爱这个世界

[美]穆润陶/文

宁　非/译

篮球、相机和旅行包还挂在门后，书房还是原来的样子，书架上放着他喜欢的外国文学作品译本，书架底层的柜子里，存放着他的手稿……我跟随苇岸的哥哥、妹妹及三位友人到了苇岸位于北京昌平的故居。

一九八八年到一九九五年，苇岸写了七十五篇观想随笔，我总共翻译出了十五篇。经由红色墨水仔细修改后的《大地上的事情》，最终用蓝色墨水一笔一画、整整齐齐地书写下来，朋友们无不诧异并欣赏着苇岸一丝不苟的耕耘。苇岸曾用明信片记录着每一位拜访过他的人，其中就包括诗人树才、苇岸的大学同班同学周新京，还有小说家宁肯。那一天在苇岸的故居，树才翻着那些明信片，三人陷入回忆……已经出版过小说且思想睿智的周新京，一边描述一边笑着模仿苇岸每次郑重其事地介绍前来拜访却互不认识的朋友；曾经做过外交官懂得法语的树才，聊起二十世纪九十年代的时候，曾受苇岸之托翻译过多部他最喜欢的弗朗西斯·雅姆（法国诗人）的诗作；宁肯带来了花篮，放在前厅苇岸的照片前，总是活力四射、激情满满的宁肯，还记得附近有一座被他和苇岸封为"瓦尔登湖"的池塘，那可是他们曾经游过泳的地方。朋友们记忆中的苇岸总有两个共同的特点：真诚、单纯。

一九八六到一九八七年的冬天，徐迟翻译的《瓦尔登湖》改变了苇岸的生活。受到梭罗自由、本质、无拘无束、简单直接的写作风格影响，苇岸逐渐摆脱了以往任何一种他所尝试过的写作模式，在苇岸看来，他曾经写过的诗更像是散文，而梭罗的散文却更有诗意。他喜欢上了那种文字居中的写作格式，《大地上的事情》就多少和《瓦尔登湖》有些相似，每句话独立成行。

了解他的人会知道，苇岸的人格魅力和生活方式早已超越了他的写作，他的严谨、豁达、忠诚至今依然为朋友所赞叹。苇岸的父亲出于健康原因成为素食主义者，而苇岸的素食主义则出于自我的修行，和对环境保护的实践。

苇岸以和平主义者自居，同时骨子里又像个生态学家。一九六〇年出生在北京郊区的苇岸，原名马建国，中国人民大学哲学系毕业，一直工作和生活在昌平，直到一九九九年因患癌症去世。苇岸生前，宁肯带他到了墓地，而苇岸最终的选择却是将骨灰撒向曾经出现在他笔下的一片麦田。

一九九八年的春分、谷雨、夏至、白露……每一个节气，都是苇岸与麦田约会的日子，拍张照片，标注好时间和天气，再做好笔记。中国农历的二十四节气，也融入我和我妻子在佛蒙特州的生活。苇岸的妹妹说，如今那片麦田上，已钻出一座水泥厂。

相框放在苇岸的书架上，照片里有一座砖砌的农舍，苇岸就在那里长大。尽管父母并非农民，苇岸的作品里却表达了对农耕生活的赞颂，偶或也有愤慨。作为一个美国人，翻译苇岸的作品，我总会不由自主地，有违他的意愿，将他塑造成一个自然主义者的形象。苇岸的自然，执着于田园，无关旷野；源自内心，而非教条；他从不记录植物群或动物群，即便阅读自然史，也是为了表达他对这个世界的爱，通过诗歌，通过哲学，通过书写大地上的一切……梭罗对苇岸的启发，与其说是怎样"回归自然"，不如说是怎样"成为一个人"。苇岸最后一次在文章中提到这位美国作家时说：梭罗是一个内心充满爱的人。而我此刻方知，只有当你像苇岸和他的朋友们那样表达情感，探讨真、善、美，以那样坦诚率性的方式去看待世界，才有货真价实的收获。他们的浪漫主义色彩感染着我，也让我意识到，自然离不开人类的科学与情感，两者无法割裂，也不应该被割裂。

原载《樱桃期刊》二〇一三年夏季，第五卷第十三号

穆润陶　托马斯·莫兰（Thomas Moran），一九五七年生。美国汉学家。美国佛蒙特州米德尔伯利大学中文系教授。主要从事初级汉语、中国现当代文化和电影教学工作。出版相关中国的小说和话剧英文译著多种。发表论文、演讲、电影剧本、杂文和诗歌英文译作若干。编订有关中国文学英文书籍、中国作家个人传记多种。

和落日相遇
——关于苇岸的札记

吴佳骏

1

我知道你,是在《太阳升起以后》。而那时的你,却已经成为"落日"。

从此,我为"落日"而痛苦,我成了一个守望"落日"的人。我从落日西去的余晖中,窥到一个清瘦的背影,在大地上孤寂地行走,走过立春和雨水;走过惊蛰和春分;走过清明和谷雨;走过立夏和小满;走过芒种和夏至;走过小暑和大暑;走过立秋和处暑;走过白露和秋分;走过寒露和霜降,最终到达理想的彼岸——一个以信念建立起来的素食者的国度。

2

我跟你一样,都是"大地上的孩子"。泥土和青草、池塘和野花、雪水和春风喂养了我。因之,你作品里彰显出来的"大地道德",构成对我的致命诱惑。每当我回到故乡,仰躺在山坡上,或行走在草地上时,我都会不自觉地想到你这个"大地之子"。你对大自然的观察和体验、书写和颂赞,都是对生命本身的敬重和对理想生活的身体力行。你的生活是简朴的,你有一颗干净的心和一个晶莹剔透的灵魂。

有这样的心的人是不死的,有这样的灵魂的人是不死的。

3

故,虽然"落日"下山了,但你仍然活着。你变成了太阳,每天都在升起。你活在大地上的每一个角落,活在二十四节气里,活在你薄薄小书的文字间,活在读者对你作品的阅读和缅怀中……

我每次读你的文字,都感觉是灵魂的净化和升华。你对"人的完善"的苛求和对文学艺术的苛求,都有着宗教般的虔诚,你做到了真正的"文如其人"。我读你,其实是在修炼自己的心。你的人格的真、道德的善、思想的重和灵魂的深,都在使我的心变得宁静和饱满、内敛和祥和。

你和你的文字,给了我一种方向和力量。

4

我常想,一个作者和一个读者之间,都是在互寻知己。宛如星和月,蝶和花,山涧和流水,孤旅和天涯,心魂和梦想……

这样的知己一旦找到,便成永恒,不会因时间和空间而改变。这是我读你的文字时得到的启示。而且,以你为初始,我长久都在寻找跟你观念、精神、气息、品性相近的"同类人",比如亨利·梭罗、蕾切尔·卡逊、奥尔多·利奥波德等。从他们的作品中,我读出了与你作品中透射出来的一样的寂静、安恬、智慧之光。这样的光,可以烛照人生的美好,使人获得内心的圆满。

你说:"艺术和写作是本体的。"这样的认知使得你很早就与别的写作者区别开来。你的诚实、严肃和坚执,又使你成为一位"圣徒",而你的清澈见底、不染杂质的文字便是你的"艺术庙宇"。我只要从你创建的这座"艺术庙宇"前走过,就能聆听到有声声梵音静柔地传出,让人精神充盈、心灵美妙。

写作也是一种佛法。

5

如何看待生命,尤其是除人以外的那些小生命,是我在读你的作品时一直在思索的问题。放眼当下的文学界,当不少的作家都在以自我为中心，写出的作品大量充斥着人类的骄奢淫逸和傲慢自大时，我却一次又一次从你的作品里读出了众生平等的思想。我读到你如何去亲近蚂蚁和胡蜂的生活，如何去聆听河流和白桦林的私语，如何去观察田野和农事的变化……你始终立足于大地去仰望苍穹，你以博爱和平等包容一切，你又以谦逊和悲悯善待一切。

在你的笔下，始终充溢着神性的光辉。你写下的每一篇文字，都是大地上生长出来的"经文"。

6

静寂和孤独，这是我在阅读你作品时感受到的两个美好词汇。

这两个词汇，都属于智者。唯有智者，才能持守静寂，远离浮躁和功利，用一颗细腻而敏感的心，去感受生活的世界和时间的回响；也唯有智者，才懂得享受孤独，以特有的省思与体悟，去穿透宇宙的幻象和接近活着的本真。

这既是一种哲学，也是一种伦理。

7

只有对人类的生存危机深有体察的人，才会以文字去警醒世人，并极力倡导大家过一种简朴的生活，学会"诗意地栖居"。你的作品无疑是一封封这种理念的诚挚的倡议书，它能唤醒早已活得麻木和冷漠的人们，重新善待自己，善待生灵，善待土地，善待万物。

人最大的悲哀和不幸即是迷失自我，被欲望所困，离自己的心越来越远，使自己成为自己的迷障和心劫。可你的文字让人回归自己，让人的心灵变得愈加强壮。一言以蔽之，在你的文字面前，我懂得了如何做一个诚实的人、质朴的人、亮堂的人。

8

你是一个讲求奉献，而对自己却严苛到极致的人，这从你的作品里可以看到。你不同于有的作家，善于在文字中掩饰和伪装自己——作家也分有灵魂的作家和没有灵魂的作家。有灵魂的作家知行合一，人文合一；没有灵魂的作家口是心非，人文分离。前者的文字跟人一样，都是赤裸裸的，你一眼就能洞穿其内心、精神，乃至骨骼，而后者的文字虽然也可能充满强大的道德感染力和人文精神，但你一旦见到作者本人，就会大失所望——这失望缘于作者的猥琐、自私、狭隘，更有甚者，完全可以称为肮脏、卑鄙和下流。

你无疑是属于前者。对天地万物的爱和对自我人格圆满的追求，使你一直坚持自己的信念——素食主义。以至于当病魔威胁到你生命的情况下，你为未能将信念贯彻始终而感到深深的自责和忏悔。故你在临终前才说："我平生最大的愧悔是在我患病、重病期间没有把素食主义这个信念坚持到底，我觉得这是我个人在信念上的一种堕落。"能说出这样的话的人是怎样诚实和高洁！在我看来，尽管你没能将你的信念坚持到底，但你已经获得了人格和灵魂的圆满。这圆满，还体现在你临终前请求的在撒骨灰时，让朋友为你朗诵你心爱的法国诗人雅姆的那首名叫《为他人得幸福而祈祷》的诗的愿望上。

你最终以付出的爱收获了上帝的爱。

9

我想谈谈你的散文。

每次读你那些充满寂静之美的文字，我都被它所深深吸引。你文字里弥漫出来的那种诗性和质朴的品质，是真正散文的品质。没有矫饰、不要花样、不玩技法，完全遵从内心的节律和思想的波荡。因为你对生命体察得深、感受得深，对自然爱得深、洞察得深，故你才不会也不用将心力耗费在"研究散文"本身上。你只需借助文字忠实地记录自己的观察和思考就够了，这使得你的作品多是短章式或片段式的。然而，恰是这些看似漫不经心地从心里流淌出来的吉光片羽，却胜过无数作家炮制出来的"黄钟大吕"。

那些每天都在谈论散文、研究散文的人，其实是最不懂散文的。他们跟你不同，他们喜欢热闹和喧嚣，喜欢圈子和地位，喜欢话语权和存在感，喜欢廉价的吹捧和虚假的抚慰。我不知道这样的写作者在面对你的文字时，是否会感到羞愧和汗颜。

你一本薄薄小书的分量和价值，远远超过了许多人的"著作等身"。

10

和落日相遇，也是和朝阳相遇。

我阅读你，珍爱你，是因为在当今时代，已很难再遇到像你这样的人，也很难再遇到像你创作出的作品。你的品质和精神是我所需要的，也是这个时代所需要的。我把你视为我的精神和人格的知己。

你走了，也没走。

你是回归了大地。

大地长在，你就长在。

你是一枚落日，落日退去，余晖永存。

二〇一八年冬至次日

吴佳骏　散文作家，《红岩》编辑部主任。出版《在黄昏眺望黎明》等散文集十种。

大地上的观察者
——记忆中的苇岸

张 亮

我一直认为人与人的交往无非有两种结果：有的人一见面就给你一种强烈的印象，犹如石击水面，发出一声巨响，随着水波的扩散，他们在你的印象中也就愈来愈淡了，以至于多年以后连他们的姓名也想不起来了。另一种人却像溶入水里的盐，无声无息，但却慢慢地浸透了你的血脉。

郁达夫说过："文人之中，有两种人最可以羡慕。一种是像高尔基一样，活到了六七十岁，而能写许多有声有色的回忆文的老寿星，其他的一种是如叶赛宁一样的光芒还没有吐尽的天才夭折者。前者可以写许多文学史上所不载的文坛起伏的经历，他个人就是一部纵的文学史。后者则可以要求每个同时代的文人都写一篇吊他哀他或评他骂他的文字，而成一部横的放大的文苑传。"

我没想到我第一篇哀悼的文字，却是写给我尊敬的兄长——"至善的"（诗人黑大春兄曾在一封书信中，对我这样提到苇岸）苇岸。

苇岸死了，苇岸真的死了。五月二十日，我从济南返回邹城，刚刚坐稳，就接到大春兄从北京打来的电话。大春说的第一句话是："张亮，你这两天上哪儿了？告诉你一个不幸的消息，苇岸……"说到这里，我听到大春哽咽地停顿一下，"苇岸昨天晚上六点半去世了……遗体告别定在星期日上午八点钟。"

二十一日夜里，在开往北京的566次列车上，我一直无法入睡……

我与苇岸第一次见面，是在一九九五年。那年五月，我为了照顾父亲的身体随他一同进京，参加父亲的首长的葬礼。在这期间，有一次我跟邹静之和蓝蓝去阜成门看望大春，苇岸正好也在大春家（其时他正在编《蔚蓝色天空的黄金》散文卷）。苇岸给我的第一个印象是：脸特别长，身体瘦而且高，人特别谦逊，说话特别慢。（说到苇岸说话慢，当时，大春还笑着问他："苇岸，真想不出你给学生怎样讲课。"又说："苇岸，奇人也。"）我记得，那次我们在王兰和大春的热情挽留下，愉快地在大春家吃了晚饭。吃饭时，苇岸谈到了他的素食主义，他还说他爷爷就吃素。还举了一个很生动的例子，好像是说养一头猪的粮食，相当于多养活十几口人。我记不起来他当时是怎样说的了。后来，他的这个说法我在他的《素食主义》里也没有找到。我记得那次还说到了他的笔名。他在《怀念海子》中已有记述："这个名字在视觉上是一片朴素风景，还有它原本的谐音可警我在灵魂上自励一生。这是一个宜看不宜称的笔名,至今无论是别人这么叫我,还是我自称,我都有点难于开口。"

自那以后,我们就常有电话联系。

一九九六年七月下旬,大春来电话说要来山东。大春还说:"还有一个朋友一起来,你猜是谁?"我脱口而出:"苇岸。"

苇岸与大春是在八月上旬来的山东。我记得他们那次是在兖州下的火车,然后又转乘小中巴前来邹城。那天我在路口接他们到家。稍休息后,苇岸平静但很认真地对我说:"张亮,你没跟我握手。"我突然意识到我的大意已造成对苇岸的伤害。我赶紧说:"苇岸,你们过来,我真是太高兴了,什么事都给忘了,你别介意。"大春和苇岸说,此次想约我一起去徒步黄河,然后到河南蓝蓝处落脚。我说我是平足,可能走不了长路,还是不去了。最后,他们在我家逗留三天,去了河南。

在这三天里,苇岸、大春和我谈了很多,关于文学、诗歌,以及理想主义、颓废主义和苇岸推崇备至的素食主义。有一件小事我至今记忆犹新。在吃午饭时,苇岸吃几口炒菜后,对我说:"张亮,我吃这青菜肉味很重。"后来话题又转向死亡。苇岸说,要是选择自杀,他就一个人向沙漠之中走去,走啊、走啊,直到脱水而死。

今年一月七日,我突然很是想念苇岸,就打电话给苇岸。苇岸听到是我,很高兴地说:"张亮,今天是我生日。"我既惊奇又高兴,忙说:"心有灵犀!祝你生日快乐!"接着苇岸谈起大春前些日子受了伤,还谈到他最近写作的一组散文《一九九八 廿四节气》(不幸此篇却成为他未完成的绝笔)。又说,今年没给你寄贺年卡,不是忘了,是为了响应中学生们关于环保的倡议。最后,我们互相叮嘱对方要多保重身体。

三月份,大春来电话告知苇岸的病情,我当时很吃惊。因为对于死亡,虽然我也一再地思考、书写,但此次却感到有种切肤裂骨的真实。死亡一下子离我这么近,我真是难以接受!尤其,又落在苇岸——谦逊、和蔼、磊落,让人依赖,值得敬佩的——这样一个人的身上!

苇岸死了。苇岸真的死了。逝者如斯。但我相信苇岸的精神——清洁、素朴、宁静、深邃——及其作品的价值,随着时间的推移会愈来愈得到一切善良的人的敬重,他在文学上的成就将永存。

大地上的观察者。

一棵会思想的芦苇。

安息吧,苇岸。

原载《武汉晚报》一九九九年六月十六日

张 亮 (个人简介暂缺)

一个谦卑和崇高的人

韦 锦

苇岸是这样一种人,他不刻意显露或隐藏什么,他说话的方式,做事的方式,写文章或写信的方式,甚至打电话的声调,都是生命本质的样子。他从容,沉静,拥有足够的温度和亮度。

苇岸是谦卑的。在大地面前,苇岸的谦卑很明显,不管立足大地还是平行于大地,他一点都不回避自己的渺小。他徒步走黄河,单行去内蒙古,赴新疆,下东北,归来后写下的文字,丝毫没有炫耀的味道。他压根儿就没觉得自己在做什么壮举,倒像是在通过自己的足迹,以大自然的大来印证自己的小。在动物和植物面前,苇岸不仅没有万物之灵的傲慢,甚至也不是以对等的,而是以仰视的姿态来看待它们,并且内心深处还带着一种作为人的愧疚。他珍重它们那种自然生息的秩序和不拘一格的繁衍,以及在日益恶化的条件下不屈不挠的倔强。他为动物和植物们苦难的境遇而忧心忡忡,为自己同类的恶行不断自责。他从不表白自己的无辜,他知道对动物和植物们说那些罪孽乃别人所为,将是更大的罪孽。他低下头颅是要体现人类还有良知。这里面的含义比"谦卑"一词丰富得多。在朋友们中间，苇岸的谦卑具体体现在对人性的洞悉和尊重上。他对人的关心和体贴那么细致而不易被觉察，一句话、一个眼神，往往让人在事过境迁后才能慢慢感觉和感动。仿佛关心、体贴别人是他的本分，他甚至都不忍心让自己的好意打扰别人。

谦逊、谦卑、仁而重情的苇岸，为了让大地永生，在短促的一生中笔耕不辍，而自己却在大地上过早消失，苍天不公，大地愈发沉重。

苇岸是崇高的。苇岸的崇高不依赖壮烈。一方面，他的谦卑本身就是崇高，这种在旷日持久的生存磨难中保持不灭的崇高，比在特定环境下虽得咬紧牙关但一蹴而就的崇高更需要耐力、毅力和健全完备的心理机制。另一方面，在人心大面积坏死和变质的今天，苇岸像一块磐石，在物欲、权欲和色欲的洪流中拒绝被裹挟，做有力的坚持。他是骑士，也是勇士。他柔弱的身上有一种光亮，值得人们永远珍视。他说他喜欢那种"内心或精神有亮度"的艺术家，而他写出的正是有亮度的文字，他相信人性向前推进的"可塑性"和"可能性"，而他的劳作恰恰增进了这种可塑性和可能性。他容不得那种轻薄但又故作高深的人，不赞成为艺术而艺术的"艺术"、为文学而文学的"文学"，他认为由此导致的冷漠，与为了纯洁种族导致的屠杀、为了"理想社会"导致的残酷，在本质上是相似的。他宽厚，但不宽恕那些为了一个预先设定的最高目标（目的），漠视和牺牲人性及人性载体的暴行与劣行。在物化日益加剧的喧嚣中，不做惊人之语的苇岸声音难免孱弱，但当你一旦听到，便会感觉到它潜在的力量。这几年来，真正崇高的事物已到孤立和可怜的地步。在此背景下，读苇岸的作品，体味苇岸写作中那种不淫不移、坚定而执着的精神底蕴，心中的钦敬更加强烈。苇岸的价值远未得到应有的彰显。可以说，苇岸所做的一切，给有良知的写作者提供了一种必要的向度。我相信，在他死后，一定有许多朋友已经并将越来越深切地感受到这一点。

去年五月，参加苇岸的葬礼回来，我写过一首言不达意的诗。我无法从正常的角度接受苇岸的死亡：

死亡越走越近
越来越看不清它的脸

死亡是一种光芒
收走我们体内的黑暗

死亡不是取消
而是放大……死亡，苇岸的死亡
那是一种号召
要我们集合起更强大的力量

一年来，这种号召不时在心中响起，让我不敢、且不至于沉湎在现实的旋涡和无谓的梦想中。我看到苇岸在前面迈着慢腾腾的步子，那缓缓的节奏一如生前。缓慢出于他的坚定，缓慢不影响他走在前面，他少踌躇，少停顿，少摇摆，少弯路。他不屈不挠的意志力来源于他的谦卑和崇高。谦卑是他倾听和倾诉的姿态，崇高是他内心或精神的本质。

原载《中国文化报》二〇〇〇年十一月二日

韦　锦　原名王家琛。一九六二年生，山东齐河人。有诗集《冬至时分》等。曾获《诗选刊》"二〇一五年度优秀诗人"等奖项。

只有一个苇岸

周蓬桦

不要哭泣,因为他已不在了,
应该微笑,因为他曾在过。
——[法]玛格丽特·尤瑟纳尔

散文家苇岸离开人世十年了,但他却时常让我怀念。尽管在他生前,我们之间没有任何联络。倒是我的几个朋友,与他过从甚密,至今向我谈起他如何"迂腐",说他为了写作《一九九八 廿四节气》,每天都在麦田里支起照相机拍摄天空中的微妙变化;又如在他去世的前几年里,他向托尔斯泰学习贯彻素食主义,结果导致身体营养严重缺乏,患上肝癌,最终在三十九岁的盛年就离开了人间。尽管,死亡是生命的必然结果,但这对于英年早逝的他而言,无疑是毫无精神准备的,他是个那么热爱生活的人,似乎是想把活着的每一刻都用笨拙的放大镜加以省察、独自感受和品味。苇岸在自传中梦想他的晚年:"在我的一生中,我希望我成为一个'人类的增光者'。我希望在我晚年的时候,我能够借用夸齐莫多的诗歌说:'爱,以神奇的力量/使我出类拔萃。'"

逝者离去的时光愈久,其真正的意义便愈会凸现。我想说的是,苇岸的意义在于建设,可以说,在尚未进入二十一世纪之前,他就发现了工业时代进程中的诸多弊端,他以一个作家独特的慢速度姿态,抵抗着"这辆加速运行的列车",他不跟随任何时尚潮流,不赶任何流派的时髦,他在九年前所持有的价值尺度,放到今天来都是令人惊讶的清醒。他是低调的,也是谦卑的,在生活中,他时常帮助那些比他更弱小的同类和动物,向陌生人伸出援手,向一只胡蜂投去欣喜与同情的目光。但拥有良善并非意味着他缺乏严整的原则和标准,恰恰相反,在标准面前,他又是如此固执己见,我有一位写散文的朋友曾经回忆苇岸,说他对她当年的写作如何爱护和鼓励,但当她提出文章要在他主编的散文选本中入选时,苇岸却最终谢绝了她,说"还欠点火候"。为此,她很有些想不通,一度在心里责怪苇岸的"迂腐"。多年之后,当她终于以自己的不懈努力成为"新散文"写作的代表性作家时,回头看看,她觉得苇岸是多么正确——因为他坚持了自己的标准,而没有把她当年幼稚的文字推上前台,让她在稍稍的失落中奋发求索,才有了她今天的成熟和智慧。因此我要说,有时候所谓的"幸运"并非好事。

较之当前某些"快手"的写作,苇岸更显其拙。他一生留下来的文字数量不足二十万,《太阳升起以后》这册集子中的文字几乎是他全部的创作。但这本书却是我每年必读的枕边书之一,我从中读到一个真正作家对文字的敬畏与谨慎。苇岸的写作,可以说与功利无关。他对物质的淡然,对精神、环保、温善的爱护与身体力行,都让当下的某些写作者感到愧怍。值得一提的是,苇岸生前所阅读过的书目,几乎被我全部收集、购置到自己的书房中,如他喜欢的雅姆的诗歌、海尔达尔的《孤筏重洋》、萨迪的《果园》,等等。这种信赖的传递是无法言说的,是对一个文学圣徒的信赖。有时候我想,苇岸的曾经存在,让纯粹的写作有了坚守的坐标。

原载《青岛文学》二〇〇九年第十期

周蓬桦 山东聊城人。中国作家协会会员,山东省作协散文创作委员会副主任,中国石化作协副主席、齐鲁石化作协主席。著有散文、小说多种,曾获冰心散文奖、中华铁人文学奖等。

太阳升起,露珠消失

庞 白

叶赛宁说过:在大地上我们只过一生。

这一生,如果放在人类历史的长河中,只是短短的瞬间。然而,就是这样的瞬间,有人光彩夺目,也有人明灭闪烁,甚至有人黯淡无光。这都是我们看到或者是想象的表面现象。而实际上,人的一生,仅用光明和黑暗两个词来界定,不准确也不科学。就算既科学又准确,那又有何用?个人的黑暗与光明到底是于谁而言?而且如何明晰光明与黑暗的界线?

那么,苇岸的一生是光明的,还是黑暗的?

光明的。理所当然和无可置疑。

只是苇岸的光明是太阳升起以后、露珠即将消失的光明。那是清新透明的,同时也是短暂的光明。苇岸一九六〇年一月七日生于北京。一九九九年五月十九日因肝癌医治无效辞世。终年三十九岁。

苇岸的一生是短暂的,却不因短暂而黯淡其光。作家苇岸,平生只存一本薄薄的著作——《太阳升起以后》,却是一位严格意义上的作家。我甚至想,就算只以集子里的一组随感文章《大地上的事情》(七十五章)现世,苇岸就足以进入重量级作家的行列了。在我的阅读兴趣里,这组《大地上的事情》是和史铁生先生的《我与地坛》一样让我心仪而常置案头的篇章。这二位先生从各自的目光出发,殊途而同归,穿透并安妥我动荡的心灵。苇岸曾说过:在写作上我没有太大的奢求,一生能够留下二十万字的令自己满意的文字就感到非常欣慰了。二十万字,对于一个作家而言,轻而易举。而苇岸的作品远不止于此。苇岸欣慰了吗?我想,苇岸根本不需要二十万字那么多,有《大地上的事情》就足够了。有了《大地上的事情》,苇岸就是一个有思考深度、有纯正文学品质、有朴素人生厚度的作家了。

苇岸以其随记式的简短笔墨,记录了目光所至的瞬间景象和内心思考。风、雨、太阳、月亮、树林、鸟类、田野、房屋、老人、小孩、母亲……这些熟悉、亲切的物事,不急不缓在眼前演变和流动。苇岸赋予这些东西生命与灵魂。他站在脚下的这片土地上,与自然和谐相处、对话和交流。他们是那么融洽和愉快!甚至让我羡慕、妒忌他们的平等和从容。有时我想,苇岸和土地、自然的际遇,虽与个人的涵养、追求有关,难道就没有一点上天的眷顾?我更宁愿相信后者——虽然这属于唯心的范畴。

与土地亲近的人宽容,这是没有功利的人性流露。亲近土地的人友善，我从不怀疑这点。散文家林贤治先生在《太阳升起以后》序里说了这样一件事，苇岸入院前曾给他打过电话，拜托林先生帮他向熟悉的一位朋友致歉，因为苇岸答应人家写评论而没写成，他还告诉林先生自己得了肝癌，次日就得住院了，感觉来日无多特预先告别。

在即将辞世之际，苇岸还口述了《最后几句话》，对自己三十几年历程做简要总结同时感谢帮助自己的朋友。他这样说道："过去，我没有给过他们什么帮助或者更多的帮助。现在他们出乎意料地给了我许多情谊上的帮助，不带任何私利的大量帮助。今生我已无法回报他们了，我只能永远地祝福他们。"

苇岸对自己的病乃至生命是有清醒认识的，他不畏惧死亡，聆听着死亡的脚步一声声地走向自己，他依然步履从容，把自己三十九年的日子梳理得井井有条、简洁、不拖泥带水。对于这样的人，我们还能说他什么？虽经年累月被风雨侵蚀，却富饶如初，千百年来，简单着，朴素着。

二〇〇四年八月八日　南宁

庞　白　原名庞华坚，广西合浦人。做过航海、企业职员和编辑等工作。出版散文集《慈航》、诗集《天边：世间的事》等三部。中国作协会员。

向苇岸们致敬

徐俊国

二〇〇七年春天，我应某电台之邀做了一期节目，主题是推荐一本好书。当时，我毫不犹豫地选择了苇岸的《太阳升起以后》。在谈到苇岸和他澄澈而温暖的文字时，我显然有些激动。我对这位英年早逝的散文家敬慕已久，每次看到他和顾城、海子的那些合影，内心便涌满无以言说的酸楚与痛惜。这是一位坚定的素食主义者，只在癌症晚期住院时，才在亲友和医生的劝说下稍做妥协，并为自己这种保命大于信念的"堕落"羞愧不已。这是一位大地的歌者，他在每一节气的同一时间、地点，对自己家附近的一块农地进行观察、拍照、记录……这是一位对大地和大地上的事物充满了真爱的人，他的灵魂是柔软的、湿润的、圣洁的。屠格涅夫病逝前在庄园门口留下一句话："只有在俄罗斯乡村中才能写得好。"苇岸也是。他的绝大部分作品与乡村有关，与大自然有关。他深情地书写他所深爱的麦子、草地、胡蜂、河流、蚂蚁、麻雀、野兔、天空、阳光、雪……被他写过的事物有福了，被他感动过的人是幸运的。

《大地上的事情》是苇岸的代表作,其中有这么几句:"麦子是大地上最优秀、最典雅、最令人动情的庄稼。麦田整整齐齐地摆在辽阔的大地上,仿佛一块块耀眼的黄金。"麦子像黄金,这个比喻太珍贵了,珍贵得像黄金。苇岸为那些近乎麻木的心灵指明了"麦子"这两个字所具有的重量与闪现的光辉。更打动我的是,苇岸观察世间万物的姿态很低,从不居高临下。他和他所关爱的动物、植物是平等的。读他的文字,仿佛能看到他就蹲在这些动物、植物的身边,甚至是俯下身来,和它们静静地交流。他有一颗与大地荣辱与共的心。

我不是一个完全闲下来的人
走在软软的田埂上
我会把即将长歪的禾苗往左扶正一点
前面有条要去松土的蚯蚓
我侧着身过去
把脚往右偏移了半厘米
我的细心无人看见
只是风吹过的时候停了一会儿

我的体内吊着钟摆
它平衡着我对大地摇摆不定的爱

向左一点或向右一点
都是精确的牵挂或善意的表达
在我出生的地方
我无法让自己成为闲人
当我走在软软的田埂上
如果一只益虫需要帮助
我愿意放低身子
该蹲的时候就蹲　该跪的时候就跪

人类自工业文明兴盛以来，在物质丰裕的同时，由大地失守、家园沦陷所导致的道德退化与精神失衡，无时不在警醒我们：重读绿色经典，重读《瓦尔登湖》《沙郡岁月》《林中水滴》这样的经典。每每打开这些暗含芬芳的书籍，那些洗尽纤尘和贪欲的沉思，那些令人魂牵梦绕的诗意栖居方式，让我们在反观自身的同时感到了羞耻。梭罗所表露出来的自然简朴的生活观，影响着许多人看待人生的态度。利奥波德将人与人的伦理关系延伸到了人与自然，他提出的"大地伦理"观念，无疑与中国佛教"众生平等、万物一体"的信念遥相呼应。而写出《林中水滴》的俄国散文大师普里什文，则在自己的创作中践行了这样的文学命题：亲人般的关注。他认为人类应该像关注自己的亲人那样关注大自然。同为高级动物的我们，自问一下，曾经、正在、还要扼杀多少弱小无助的小生灵呢？我们可以用猎枪打死一只百灵鸟或藏羚羊而面无愧色,我们是不是太冷酷、太残忍?死灰复燃的动物性往往让我们变得野蛮、麻木、无知,忘记了人性中的悲悯与同情、善良与关爱。我们何曾想过,当我们在园林中收获果实的时候,说不定,脚底下正踩着一只漂亮的小瓢虫——那也是一条命啊!人是生命的持有者和体验者,动物、植物又何尝没有被打杀或连根拔起的疼痛?敬畏生命不单单是敬畏大写的人的生命,还要敬畏被我们忽略甚至拆解的更幼弱更本真的小写的生命。人与人的和谐固然重要,人与生存环境的和谐更不可等闲视之。是时候了——人类应该回到最初的童年,最起码应该从观念上回到那个清澈的、诗意的小学生时代。随意攀折花枝的人,故意药死一池塘金鱼的人,拿着刀子剥羊皮的人,眼露凶光的人,自私的人,铁石心肠的人,不珍惜泪水的人,不为世界的太平与人类的幸福祝愿的人,应该罚他重新回到母亲腹内,从一个婴儿做起,说最天真的话,唱最悦耳的歌,做最善良的事。是时候了——人类应该重建自己的道德秩序。在机器轰隆的时代,每天早晨,在鸟语花香中起床,只朗诵唐诗宋词是不够的,还要朗诵诗歌版的《小学生守则》:

从热爱大地一直热爱到一只不起眼的小蝌蚪
见了耕牛要敬礼　不鄙视下岗蜜蜂
要给捕食的蚂蚁让路　兔子休息时别喧嚣

要勤快　及时给小草喝水理发

用雪和月光洗净双眼才能看丹顶鹤跳舞

天亮前给公鸡医好嗓子

厚葬益虫　多领养动物孤儿

通知蝴蝶把"朴素即美"抄写一百遍

劝说梅花鹿把头上的骨骼移回体内

鼓励萤火虫　灯油不多更要挺住

乐善好施　关心卑微生灵

擦掉风雨雷电　珍惜花蕾和来之不易的幸福

让眼泪砸痛麻木　让祈祷穿透噩梦

让猫和老鼠结亲　和平共处

让啄木鸟惩治腐败的信心更加锐利

玫瑰要去刺　罂粟花要标上骷髅头

乌鸦的喉咙　大灰狼的牙齿和蛇的毒芯都要上锁

提防狐狸私刻公章　发现黄鼠狼及时报告

形式太多　刮掉地衣　阴影太闷　点笔阳光

好好学习　天天向上　尤其要学会不残忍　不无知

叶赛宁写道："在大地上，我们只过一生。"艾青唱道："为什么我的眼里常含泪水，因为我对这土地爱得深沉。"这些诗句，不能不让我一次次想起苇岸、梭罗、利奥波德、普里什文，想起那些对大地怀有慈悲心的人。大地无言而博大，它养育我们，让我们得以安身立命，大地是永恒的，而我们终将腐朽，离开这人间，变成灰，回到大地的怀抱。我们活着时，大地在我们下面，死后，我们匍匐在大地之下。大地拥有最广阔的母性，它涵盖、饱含、承纳我们昙花一现的一生，从不拒绝，更不嫌弃。大地不是你的，也不是我的，但大地与你我都息息相关。每一个有良知的人都应该知恩，最起码，不应该继续在大地身上制造各种各样的伤口。善待大地，善待大地上的每一朵小花，即使它正在露水中含苞待放，即使它正要凋敝或已经枯萎。

　　大地是大家的　我不能独享她任何一朵小花
　　我只是来到这里
　　只配静静地看　痴痴地想　暖暖地感恩

　　在我之前许多人来过
　　在我之后还会有更多的人找到这里
　　能够和风一样摸摸花瓣
　　和露水一样有资格挂满她的脸庞
　　那该多好

　　大地不是任何一个人的
　　大地上任何一种好事物都不是任何一个人的

如果上帝非要摘她

容我跪下　恳求三百遍

赠给已经死去和正在活着的盲妹妹吧

　　苇岸喜欢法国的乡村诗人雅姆，我也喜欢苇岸所喜欢的雅姆。雅姆生于法国南方比利牛斯山下的杜尔奈，在远离巴黎的省份过着宁静自足的乡居生活。他用宗教的虔诚，记录与描述大自然中的乡村和乡村中的大自然。他穿着乳酪味的衣服，头戴草帽，衔着烟斗在月光或晨雾中漫步。他爱着洁白的天鹅，爱着晚归的牲畜，爱着被划破肚皮的小松鼠。他为别人得到幸福祈祷，为孩子得到纯真祈祷，为请求一颗星祈祷，为带着驴子上天堂祈祷，为爱上痛苦祈祷……苇岸被雅姆感动，我被苇岸感动。苇岸要求亲友在他去世以后，举行葬礼时不要放哀乐，要放贝多芬的《命运》，要将骨灰撒在他所热爱的麦田里，让诗人树才朗诵雅姆那首催人泪下的诗歌：《为他人得幸福而祈祷》。我想，再过若干年，我去世时，我会让亲友朗诵苇岸《美丽的嘉荫》中的一段文字："我常常想，无论什么时候来到河流旁，即使我此刻深怀苦楚，我也应当微笑，让它把一个陌生人的善意与祝福带到远方。"

不要轻易说话

一开口就会玷污这个早晨

大地如此宁静　花草相亲相爱

不要随便指指点点　手指并不干净

最好换上新鞋　要脚步轻轻

四下全是圣洁的魂灵　别惊吓他们

如果碰见一条小河

要跪下来　要掏出心肺并彻底洗净

如果非要歌颂　先要咳出杂物　用蜂蜜漱口

要清扫脑海中所有不祥的云朵

还要面向东方　闭上眼

要坚信太阳正从自己身体里冉冉上升

若干年后的这个早晨，没有四起的狼烟，没有血腥，没有不公，没有仇恨。若干年后的这个早晨，天还没有彻底放亮，只有鸽子在睡，流星在飞，蝴蝶在花蕊中安歇，蚂蚁悄悄给同伴驮来干净的食粮……这样的早晨，空气像被圣母的乳汁浸过，好像能洗净人类血液中所有的污浊，祛掉灵魂中所有大大小小的斑点。

苇岸们已经谢世，但他们的文字还绿着，还一岁一枯荣地生动着春暖花开的大地。诗人在风中吟诗，儿童在湖边学着鸟儿练嗓子。诗人用诗歌向苇岸们致敬，儿童用歌声向苇岸们献礼：敬畏大地，热爱自然，关心卑微生灵。面对漫漫人类历史，面对滔滔岁月长河，我，大地最真诚的子民，唯一能做的是，替犯过错误的少数人感到脸红，替干过好事的多数人感到荣光。

二〇〇七年九月十七日

徐俊国 首都师范大学驻校诗人，北京大学访问学者。出版诗集《鹅塘村纪事》等六部。获华文青年诗人奖、冰心散文奖等。现居上海。

纪念苇岸

消逝风中的墓地

我想谈谈苇岸。对许多人来说,这也许是一个陌生的名字。就如同他的书从来不会上畅销书架,只是静静地待在一个偏僻角落里一样,苇岸居住在北京昌平过着简单而满足的生活。然而今天,我却只能以"纪念"为题了,因为五月十九日是他周年的忌日。《中国青年报》为此发了两篇纪念文字,分别是林莽和宁肯写的。作为一个普通读者,我也想说些什么。

我与苇岸的相遇实是出于偶然,并且也几乎只能是偶然。那天我随手翻了翻《中学生阅读》,里面刊载了苇岸未完篇的《一九九八 廿四节气》。质朴而富含乡土气息的文字很快征服了我,我一遍又一遍地读,惊叹于作者观察的细致与他平和、温柔的心。后来,在《读书》二〇〇〇年第二期中,见到《中国当代散文报告文学发展》的编著者之一——陈旭光称苇岸为"谦卑的大地的倾听者"时,我马上对自己说:"对了,就是他。"于是,当我无意间在一家小书店的角落里发现了他的《大地上的事情》时,便毫不犹疑地买了下那唯一的一本,尽管其时我手头仅有十元钱。付款后，我把书紧紧地贴在胸口，就像拥着久别的老友。

我的激动并没有错。读竟全书有种发呆的感觉。平静如水却爱憎分明的文笔和处处显现出的简朴而高贵的心灵，好似一朵七色花从离自己已是久远的童话世界飘来，丝毫不逊于陈旭光先生说的，具有"卓尔不凡的风度"，"展示了一种被我们熟视无睹、忽略已久甚至因麻木钝化而遗忘了的'原生'状态的大自然，这种沉静、凝重，不无神秘而充溢着主体灵性的内在呈现，不禁使我仿佛沉睡着的审美倍觉'陌生'和'震惊'"。在他的文字中，你找不到任何谩骂的字眼，也找不到现代商业文明的浮躁心态，他就是那样平平静静，温文尔雅，细致温情。然而，他又不是毫无忧思，对现代文明背离土地、背弃心灵，他有着切肤之痛："我的视野，将尽被剥夺；我的景色，将彻底熄灭。"（《进程》）但他并没有起而怒骂，他的特别之处就在于他从不自视为征讨者，他更在乎的是每个人内心对土地应有的亲切之情，他的文章重在唤起人们心底最善良的温情，用爱和感激来重建人们与土地的联系。在文坛一片刀光剑影的征伐声中，突然出现了这么一条清澈幽秘的小溪，实在令人欣喜。

我想，苇岸可以说是一个诗人、一个浪漫主义者。尽管他说自己是理性的，但正因如此，他的散文才拥有了一种成熟的诗质。他曾自述，自己是生活在托尔斯泰和梭罗"阴影"中的人。托尔斯泰的博爱和梭罗的回归自然是他宝贵的思想资源，也正和他对现代生活的不适应相契合。他情愿以简单和清贫度日，充分表现了他浪漫的诗人气质：思想的富有、心灵的充足远比物质的享受要重要。他因而保持着与生俱来的淳朴与善良。《大地上的事情》中有三篇是纪念海子的，他为海子的死而惋惜，为自己没有尽到照顾朋友的责任而愧恨，尽管这并不是他分内的事。宁肯的文章也提到，苇岸在弥留之际还念念不忘嘱托友人去探望患病的诗人食指。爱博而心劳的人往往不能做出经天纬地的大事业来，因为他们的心灵太纤弱、太高贵，不愿见到生命无辜受难。但他们是真正伟大的人，只有他们力践了人类心灵中最善良、最美好的东西。

如果说海子是麦地诗人，那么苇岸就是名副其实的土地诗人，尽管他的诗远不如他的散文更为人看重。他曾借利奥波德《沙乡年鉴》的话说："土地道德是要把人类共同体中以征服者的面目出现的角色，变成这个共同体的平等的一员和公民。它暗含着对每个成员的尊敬，也包括对这个共同体本身的尊敬。"这也正是苇岸的思想和信仰。现代环保主义的兴起无疑给了苇岸以巨大影响，但他并不是简单地吸收或为之欢欣鼓舞。因为他对环保主义的认同不是出于对破坏性掠夺后果的恐惧或具有前瞻的眼光，而是出自爱，出自对土地和生命、生活的爱。不是理性而是感情。他说自己有个愿望，一周中，在土地上至少劳动一天。"每一个人都应当与这世界上的劳作保持着基本关系。劳动是上帝的教育，它使我们自己与泥土和大自然发生基本的联系。"我想，正是这种联系构成了苇岸生命中简单而充盈的伟大，也造就了他真正的诗人气质。

尽管有时我会不同意他文中流露出的一些观点，比如，对于他的《观〈动物世界〉》，我觉得他的仁慈和善良有时反而会阻隔他和大自然精神的共鸣，因为"人类制造的任何词语，都仅在他自己身上适用"。但或许我们应该这么理解苇岸，他是那种属于土地的人，传统的农业经验和十九世纪的外国文学才是他生长的土壤。可惜这样一个简约而善良的人，这么一个可能给我们这个时代尤其是文学带来新的希望的人，永远地留在了三十九岁。

"从海洋来的雨，还要被河流带回海洋。那吃草的，亦被草吃；那吃羊的，亦进羊的腹里。"生命循环往复。苇岸走得很平静。不管是否会被后人忆起，他播撒下的种子都会静静地生长在偏僻的角落，只等你偶然一瞥，便会送上青青的绿荫。

二〇〇〇年五月

消逝风中的墓地　本名徐超，一九八一年生，浙江兰溪人。毕业于浙江师范大学，现为某出版社编辑。写这篇纪念文章时是高三学生。苇岸所代表的对自然以及人类良善的追求依然影响着作者的人生之路。

苇岸，回归大地

黄 涌

一九九八年二月四日，立春日，农历新年刚刚过去。一个戴着眼镜、高个子的男人，来到了他居住小区的东北角。上午九时，他开始拍照。时间一点一点地流过去，他开始记录下这一天的天况和田野里所发生的一切。

同年的十月二十四日，这个男人开始写作他耗时一年准备的系列长文《一九九八 廿四节气》。

立春是四季的起点，春天的开端（在季节的圆周上，开端和终结也是重合的）。立春不是春天本身，而是春天这幕辉煌歌剧的前奏或序曲，它的意义更多地在于转折和奠基，在于它是一个新陈更番的标识。

在二十四节气的漫漫古道上，雨水只是一个相对不起眼的驿站。

作为节气，清明非常普通，它的本义为："万物生长此时，皆清洁而明净，故谓之清明。"就我来说，清明是与童年跟随祖母上坟以及杜牧那首凄美的诗连在一起的，它们奠定了我对清明的初始的与基本的感知、印象和认识。

只可惜，时间并没有给他更多的机会来完成他的这篇大作。次年五月，在熬煎着生命的苦痛完成前六节的写作之后，他匆忙地告别了人世。临终前，他留下了如下的话语："数年前我就预感到我不是一个适宜进入二十一世纪的人，甚至生活在二十世纪也是一个错误……我非常热爱农业文明，而对工业文明的存在和进程一直有一种源自内心的悲哀和抵触，但是我没有办法不被裹挟其中。"

这个男人名叫苇岸。他的名字是和一篇名为《大地上的事情》的文章连在一起的。

作为农业文明的看护人，苇岸用他的简约、克制的文字恪守着土地的伦理和道德。

我二十岁的时候，读到了他的散文集《太阳升起以后》，深受震撼。这是一本改变我生命观的书，我从书中汲取的营养，胜过读过的其他任何一本书。

读苇岸的文字，可以让自己安静下来，安静得仿佛回到了大地的深处。他用平和而谦逊的眼光审视着大自然里的一切生灵：那里有蚂蚁的垒巢、麻雀的啁啾，有秋风扫落叶的声响，有原野上缓缓西沉的落日……

苇岸的文字是洁净而朴素的，仿佛呈现了汉语本该有的模样。他不善修辞,甚至有意拒绝着修辞。他要表达的是土地的原色,这和他的心灵的状态相统一。

林贤治曾说,苇岸是一个用心灵写作的作家,他追求的是艺术和人格的一致性。凡是读过苇岸作品的人,皆有此感。

梭罗的《瓦尔登湖》是改变苇岸写作道路的书。苇岸自己回忆说,最终导致他从诗歌转向散文的,是梭罗的《瓦尔登湖》。在《瓦尔登湖》一书里,梭罗曾说过,文明改造了房屋,却没有同时改变居住在房屋里的人。苇岸由此而延伸到:"根本原因也许就是成人和孩子混在了一起。成人世界是一条浊浪滚滚的大河,每个孩子都是一支欢乐地向它奔去的清澈小溪。孩子们的悲哀是,仿佛他们在世上的唯一出路,便是未来的同流合污。"

苇岸是拒绝着这种同流合污的,他似乎更愿意向后看。这种保守的心态,从某种意义上折射出的是他对现代文明发展的某种犹疑和担心。当然,苇岸临终时还没有看到工业文明在他所生活的这片大地上迅猛地扩张。但是,他所担心的一切,在他逝后却悄然降临——雾霾重重、污水遍地、浓烟滚滚……

今天,当我们倾心于土地财政、继续高扬着现代文明大旗时,我们失掉的是我们曾经多么熟悉,现在却又多么陌生的自然风景、鸟啼与虫鸣。

这个时候,阅读苇岸,就是在我们心灵的深处重建大地的伦理和道德，从心灵上回归大地，进而对自己脚下日新月异的土地不再陌生。

原载《春城晚报》二〇一四年八月十日

黄 涌 安徽怀宁人。诗人、书评人。著有随笔集《杯水集》等。现供职于安徽安庆晚报社。

苇 岸
——此诗祭献我一位陌生而亲切的诗人兄弟

刘舰平

你伸出温韧的手臂
夕阳就靠拢来
　　　　认定这是一段
　　　　　　可以托付的
　　　　　　　　地平线。
你在夜的泼墨中守护渔火
　　用含泪的苇叶
　　　　捧出鸟鸣
　　　　送给清晨一片蔚蓝

你是一行清苦的诗
　　每个字都拖着亲人的影子
　　　等候迷失的远帆。
蚂蚁　胡蜂　麻雀　车前草们

是你童心的伙伴

你与它们分享

　　二十四节气

一同打理大地上的事情。

你拒绝浪潮和泡沫

　远离带有腥味的炊烟

三十九载的守望

　你变成一道

　　　有些荒凉的岸。

虽然你已睡去

　仍不时飘出梦里芦花

　　清扫我们头顶的苍天

　　　　　　　二〇〇九年十二月二十八日

刘舰平　祖籍湖南桃江。发表及出版小说、诗歌、散文、剧本等多种,《船过青浪滩》曾获一九八三年全国优秀短篇小说奖。近年因眼疾渐不能视,借助手机语音短信重新拾笔,已出版诗集《高山流水》《心象》《我和影子》《归去来》等。

悼先师苇岸公灵

张名川

长夜孤灯意彷徨,
泪湿方巾心亦伤。
慕名尊师纳首拜,
承志续写也凄凉。
文魂归去隐麦浪,
遗恨人间皆沧桑。
稚笔迟悼先师灵,
几纸空文掷龙江。

一九九九年十一月二十九日

张名川 (个人简介暂缺。苇岸妹妹马建秀介绍:陌生读者来信,嘱在灵前烧之)

致苇岸

徐季冬

我喜欢你和我的灵魂息息相通

你未完成的我可有资格——

因我不是上帝的选民

我怎敢比拟

我只知道我怯懦

你的受难的双脚颉颃着恶

你凭心灵的力量再现那些勇士的形象

为使更多的人（灵魂）

懂得裹藏在雪地里生命的尊严与欢欣

你已懂得全部的秘密

由始至终我加倍难过

由始至终我不敢存在半点奢望

你用幻想给了成人世界

一个鸟类天空的广场

每天傍晚，火车像飓风般来临

你却被一颗陨石击中

由始至终我没有哭过

在没有高楼和电网的地方

一个爱雪的人必将纯洁

一个爱鸟的人应该获得飞翔的自由

二〇〇七年十月

徐季冬 一九八三年生于广西桂平。从事教师工作。业余写诗、画画、踢足球。现居梧州。

过去是怎样活在今天的

冯秋子

这个世界发生了一些什么事情,正在发生什么事情。人的真实处境,和内心的真实感受是怎样的。人的历史,和他们所处环境的历史,呈现出怎样的情形。"过去"流转了什么、缺失什么、又掩藏了什么。"过去"是怎样活在今天的,过去与我们的关系是怎样的。生活是如何扭结、堆聚、展开的,在土地上、在人心里,刻画下什么样的皱褶、有怎样的走向。今天的人,和昨天的人,相互能不能够看见,心跳的节拍,愿意挨上吗,怎么挨上,或者索性对决。昨天、今天和明天,中间的东西,有没有隐蔽在我们血液里而我们拒绝承认或者是无力承担,有没有过罪恶感?不堪回首而选择忘却,记忆的沉重,现实处境的真实和残酷,在人们心里留没留下印痕,如果遗留了,是什么样的印痕。还有,人对自己历经磨炼、终于翻越墙围拼凑、组成的形状,有没有兴趣,有的话是怎样的兴趣。对细小事件、卑微人物习惯漠视,还是试着从自己开始,予以据实关注。对生命的存在及其创造性的伸展,可以挽回或是不可挽回的消失、破坏，有怎样的想法和精神准备。直接经验和间接经验，有没有可能帮助一个人成为人……

很想知道，人们眼睛看到的，心里想到的，经过思辨着落的，是哪些东西。

什么样的文学和我们真的相关，能看见自己，也能够抬起头看见更多的人；对自己有意义，也能够对别的人有意义？

生活的本相藏匿着，事物的本质埋伏着。我想，它该是文学开始的地方，尊重开始的地方。

苇岸难得地面对了他生活的时代。他关注大地上发生的事情，关注生命的成长、延续和消亡，关注人类文明的往前和倒后。他在世上生活了三十九年，短暂匆促，扎实丰厚，以尽可能少耗费他所生活的世界的资源，为之倾心尽力作为己任，忧天下之忧、幸福天下之幸福。时时、事事严于律己，有时也不免严苛于人，当他对人过于严苛时，他的自觉的内省力量，又会让他复为律己。磨砺的沉重，回复到他自身，促使他不断地挑战自己、超越自我。便有了他不断整理自己，由文字起步，以至观念和实践不算太长、历时十几年的功课。他的作品里，留下一个人或者一个写作者成长的真实脉络。二十世纪八十年代，百废待兴，政治解冻，思想解放，经济复苏，社会生活残酷而令人振奋地展开，社会价值、伦理道德受到的严峻考验，社会变革历经的艰难险阻，在苇岸的许多散文、随笔和日记中留下了深刻的烙印。苇岸投入他的身心力量和智慧,跟随时间脚踏实地前行,在此过程从未推卸知识分子自觉的思考和为人之责,无论是土地还是人、历史还是现实、进步还是倒退,当四面蔚然刮起急功近利、不惜毁坏资源、牺牲国家和人民长远利益之风时……他装载起,思考着,表达着,忧虑着。有一点,他做得比很多人更好一些,就是从自己开始,从一点一滴做起,立足现实,发现并努力以自己的方式去衔接起过去、现在和未来。他从土地发现了信心,所谓美好的事物、生长的不可阻挡,文明真相、道德力量和美学价值,又把它们有耐心地、很好地传达给读者,这是他写作的一个重要支点。他的日子过得很单纯、勤俭,甚至有些艰苦。他家里少有电器用具。对已经购置的电冰箱,感到惶惶不安。一次我们在他家里聚会,他说到,现在家家依赖电冰箱,将给环境带来不可估量的污染损害,他准备停止使用,把它从家里搬出去。他唯独犹豫,他的想法对他的妻子可能不公平,她不得不和他一起过相对简单的生活。而他崇尚简朴,坚持素食,愿意过自己动手的生活。

朋友们常能感觉到他内心世界的大,和他时常表现出来的细致的体恤,以及他内心的痛楚——有一些就来自那些细小的地方。我以为,在这些细小处,也体现出他的执着、真率、敏感和脆弱。在个别时候,朋友们聚谈。苇岸在谈论中,一旦发现并认为和朋友持不同之道,所思想的和追求的距离较远,在经过几个回合开诚布公的交谈后,以为思想或者观念分歧即在、难以弥合,即提出"断交"。我经见了几回。那种场面,经历过,说不上想不想再经历,但的确令人难忘。那个时候,能有这样真实的相处内容和形式,朋友间为所求索的文学艺术哲学或是对社会现实关照点不同,严肃认真地交锋,的确凄美、悲壮。虽说那样的结果不无遗憾,双方都不愿意,朋友们也感觉到尴尬不已,这是一回事,但双方迎面展开一种局势,面对了那种结果,选择了纯个人的方式,不因为是否"断交"而回避问题、取貌合神离那种形状,自有可尊重和珍惜的方面。有一次是在我家,好几位朋友,我们一起是看过中国美术馆的展览还是去过中山公园的书市以后,或者是在哪里见过、谈过仍不尽兴,总之全体转移到我家,席地毯而坐,各端一杯清茶继续交谈,那次,我也听到苇岸和一个朋友说这句话。我不觉得事情非走到这一步、是这样的走向,因为不全是实质性的分歧,有时候只是表达方法的冲突,但针尖对上了麦芒。在苇岸那里,那一时间,他面临了思想和方法的冲突,也即价值观念的冲突,他没选择沉默、回避锋芒,也没选择自我解嘲或者挖苦别人,刻薄一下于解恨罢了,人也放松了,就此打住并转移话题,没有。他是非此即彼。他说:"你真的认为……我不这样认为……"继续。他把自己又带入一个转不了弯的角落。

其实,苇岸在乎朋友,他比很多写作者看重友情。他常常想着分担朋友的困难、分享朋友的快乐和幸福、欣赏朋友的美好及其写作的不同寻常处。他常打来电话,谁的处境如何,想着安慰朋友、用什么方式安慰合适。哪位文友来北京了，见面、喝茶、吃饭，一起看展览、逛书市、谈文学、谈阅读，向其他朋友推荐他觉得不错的朋友和他们写的作品。哪个出版社又出了一本好书，在第一时间推荐给朋友。他曾送我一册从旧书店淘来的鸟类学专业著述，他说自己买了一本，回去读，觉得我可能也会有兴趣，他曾在我这儿看到过有北方农业、畜牧业、林业、农作物和土壤方面的书，就跑去买下书店仅有的另一册。中国美术馆有什么好的展览，文学写作出现什么新的动向，谁写了很好的文章，发在什么刊物、在哪一期，你的哪篇作品长处短处如何……这样的电话交流，或者三五个朋友相约前往参观浏览，我经历过不少，知道没有多少人如他那样愿意欣赏别人，珍惜别人的美好。离开朋友，失去朋友，苇岸内心的痛苦超出自己的准备，他备受省醒的折磨。只是为了坚持自己的理想和信念，挣扎着，往前走他认定的路。他有时候肃整有加、自信过分而不幸遭到摇动时的思维和方式，确实让他饱尝折磨，疲累异常。这之后多少年，我没再经历过如苇岸这样认真坦诚、惊心动魄的谈话。我揣想，若时间再宽裕一些，苇岸手上再多有一些时间、也给出别人一些时间，大家磨炼出的好东西会更多，享受到的美好也会更多。在泱泱雾雾的北京，如他那样善待朋友、倾听他人、用心与之相处的不能说不多，但贵以诚实、认真为美德，不回避问题、不回避自己、也不回避他人，拔除干扰、执着地往一个亟待探讨、极需辨识的方向去走，即使走得只剩下独自一人也不回头,像苇岸那样,确实稀少。勤勉学习、积蓄、探求、厘清、批评、建设,和不知疲倦地表达,像他那样的,也少。

越往后,越知道过去活在今天,过去经历的曲折挫伤,行路时的认真执拗,到今天方觉出它难能的可贵和真实的力量。人们似乎有过类似经验,见过不少除了为个人和小集团利益揪心运气,做的比较多的是拿原则和多数人的基本利益做交易,迎合,牺牲,只为与他们的最终获利成为正比,迎合越多,牺牲越多,获得越多。在此意义上,苇岸似乎也有作为孤独者的牺牲的意味,只是他总是站在泥土身旁,珍视众生,将自己作为牺牲。这是不同的两条路上的人和事情。

我体会到,他在挣扎中加深信仰。

苇岸心底里的诚实、善良、朴素、悲悯、忧虑,一直表现得比较强大,自然地融入到他的思想和艺术创造里,以至成为他艺术创作顽强的底色,这股力量与他的知觉意识和创造天赋合力,推动他走出很远。他的艺术创作在同龄人中,更多地富有了包容、悲悯和智慧,艺术地呈现了他深刻的思想内涵。也因其独特的思想掘进方向,他的不同阶段的文学创作皆具着深刻的批判精神和人文光芒。他既走在时代前面,又较之众人更多地思虑过往。他真实地活在过去,甚至是远先的"农业文明"时代,但他的思想和精神跨越了时间和空间,迈过了很多人仍在走的混沌时日,往远处去了。如一个弯腰扯拉纤绳的人,在江河滩头的砾石间费力举步、逆水而行,他的脚板比他拉的船迈动得早、步伐靠前。

苇岸离开时日越久,越觉出失却如他这样一个写作者之痛。一个说真话的人,做不光对自己、也对更多人有益的创造性工作的人,这样一个人,于这个世界来说难能可贵。二十世纪,成就了很多出色的人,也空前地牺牲掉很多出色的人。比较起来,苇岸是这里面幸运的青年。他的出色,是相对于那个艰难时世,他遵守了前人累积和凝结出的最基本的做人做事原则,克勤克俭地学习依循这些基本的价值趋向去创造性地生活,向未来的人们艺术地传递新的那一时间里不俗的思想和艺术凝结及其经验累积。在此过程中,他尊重生活和生命,尊重人,尊重人的自由和尊严,并以艺术的方式保存和发扬了它们,也寄予了更多的尊敬。

从苇岸的作品可以看出,他给了他的生活足够多的东西,自然地,也显示出失却苇岸以后的缺憾。他去世的十年间,常常感觉到一个秉直的言说真话的人不在了。又总能感觉到他之后现实生活中发生的大大小小的事件,若他在世的话,仍会记录、会发言,发出那个时间有良知的知识分子深刻而在位置的声言。他所言,是众人需要的、生活需要的,一针见血,由痛而自觉生长出的一些觉悟。他说真话,先是刺痛自己,再刺痛他者、刺痛现实世界,给生活本身、给阅读者多重的挑战。在这一点上,苇岸确实像现实世界的一盏青灯。在他去世后不久,朋友们曾在一起讨论是不是在他的故乡昌平的街道旁为他塑立一座铜像。我尽知朋友的尊重和对他为人为文的高度评价。只是觉得,一个人在或者不在,没有比以这个人的方式、不事铺张地伴随时间去存更好。如果把苇岸放置街上,他会感到羞惭和不自在。这样存在大约不是他希望的。就他的写作和与他多年好友的交往,我以为,他只是作为一个以心感知世界、思想世界的苦难和幸事、表达个人意见、探求以科学、思想和艺术去创造和改变世界的可能性的人,一个在路上的人。他生性质朴温善,心地柔软、谦逊,有时偏激、脆弱,但愿意说自己的话,愿意用自己的眼睛观察,愿意用自己独立的思维去尝试与客观世界建立一种有机连接,在日常生活的里里外外言行一致。他努力节约土地上的点点滴滴,将学习、生活中获得的个人经验和智慧,以艺术的方式,创造出来,使他笔下的文学葆有了又一重深刻而繁复的天地。艺术创造的可能性在他的文字间得到证实,并闪耀出光亮。他秉承纯正,目光犀利,是二十世纪默然挖掘、不屈不挠探索真理的苦修队伍里的一位后来者,在自己的地力,踏实前行,内心世界广阔,精神吸纳无界。朋友刘烨园曾写过一篇悼念陕西一位青年作家的随笔《我的兄弟 死在路上》。是这样,我们的朋友,死在路上。用在苇岸身上也很恰合。

这位以坚实的脚力,孤单行路的作家,已去世十年了。我试着动笔写这位在世短短三十九年、死在路上的朋友。苇岸对于土地的发现、珍重，对于信念的维护，对于社会存在的介入和担待，对于这个世界的每一组成部分的悲悯与关爱，直面历史和现存世界的勇气，恪守纯粹而坚韧的艺术品格，让我们痛感我们的缺失。也许还有，衔接的信心。

原载《光明日报》二〇〇九年五月十六日

冯秋子 作家、编辑、艺术家。出版个人散文集多种。编选年度散文随笔集多种。曾为六届鲁迅文学奖、多届全国少数民族文学"骏马奖"和第九届全国优秀儿童文学奖评委。

后记

纪念，为了什么

冯秋子

苇岸去世二十年了。失去这位如兄弟一般的好朋友、好作家，我们的疼痛和遗憾一直真实地存在着。二十年来，不断有人自主选择阅读苇岸，谈论他、记述他、评析他、再发现他、深入研究他，苇岸的名篇和关于他的文章，不时见诸全国各地的报纸、杂志和书籍。这很不同寻常，人们自发地去认识苇岸，感受苇岸，书写苇岸，传播苇岸，就像一年又一年农田里忙碌的农民耕地播种收割贮藏那样持续运行、风雨不悖。苇岸被自然而然地接受下来，又被自然而然地传递下去。如同他诚实的写作和勤勉的思想，自然地发生，挥发出魅力，挥发出地火似的积极的能量，造就了社会性的相向效能，而且，苇岸的作品，是穿越时间、穿透遮蔽的，他发自内心的声音和文字，以低音频、稳节奏、精准深邃的陈述力，着落于二十世纪八十年代末和整个九十年代。之后的时间，斯人已去，是他遗留的文字与更多的人们在一起。是怎样一些文字，由一个人发出了怎样的动静呢？廓清和修缮大地上的事情，扶助百草千茎，救治病态颓伤，敲击麻木、腐朽与没落，描述思想和艺术的高远和纯净，直面挑战，直进本真。

有感于兹，我向已确定将承担出版苇岸文集的广西师范大学出版社建议，除了出版苇岸的《大地上的事情——创作》《泥土就在我身旁——日记》（上、中、下），增加一部纪念性文集，搜集起朋友们写的关于苇岸的有准确性、有独到见识的文章，再视缺漏情况，尽量组约到不该或缺的相关作家的文章，辑成一集《未曾消失的苇岸——纪念》，把这三部分作为一个整体推出，得到了出版方的积极回应和苇岸家人马建秀、马建山及其侄子马跃龙的大力支持。在收集、组约文章和编辑过程中，得到林贤治、林莽、树才、一平、宁肯、王家新、刘烨园、周新京、蓝蓝、张守仁、谢大光、耿林莽、彭程、陈旭光、西渡、高兴、徐刚、蒋蓝、鲍尔吉·原野、王剑冰、陈长吟、韩小蕙、王开林、袁毅、张杰、吴佳骏等收入本集的五十四位师友的信任和支持，和远不限于书中所辑作者的支持、协助，更多人们给予了鼓励、相助和支持。特别要感谢林贤治和林莽二位先生，给予我不少建设性意见。令人欣慰，收入这部文集的相当大比例的作品，是其作者创作生涯中最好的作品之一；还有的作品，是其作者所创作的最好的作品，这是这部书稿既在意料之中、又在意料之外的收获。遗憾苇岸生前的作家好友有的还不及写下他们想写的文章，还有的文章因联系作者未果而不得不忍痛割爱。这部纪念文集试着为读者呈现真实而个性鲜明的苇岸，一个在思想、艺术的创造和表达中、在生存时世的深刻体验中、在艰难困苦中加深着信仰的苇岸，也不失为是对他的创作的重要补充，或是他执念阅读、思考和文学写作以外的一种镜面或者写照？

之前，在协助苇岸家人整理、研究、编选苇岸的散文随笔、诗歌、书信、日记等遗著遗稿过程中，我应邀主持过《散文天地》二〇〇〇年第六期苇岸逝世周年纪念专号，《特区文学》二〇〇四至二〇〇五年散文随笔专栏《苇岸日记：泥土就在我身旁》五辑，《文学界》二〇〇九年第四期苇岸逝世十周年纪念专辑等多种关于苇岸的报刊专辑、连载，并应花城出版社林贤治先生约请和苇岸家人委托，编选了苇岸《最后的浪漫主义者》一书，二〇〇九年由花城出版社出版。在苇岸谢世二十周年之际，编选和推进出版这部《未曾消失的苇岸——纪念》文集的原意也有，在苇岸同时代的作家里，作为他的朋友，在我们还能够出力，能够把力气给到需要的地方，能够把对苇岸的认识、理解和把握尽可能保存住、传达到位，让一惯严谨、朴素、精益求精、思想深邃、表达内敛、作风节制的苇岸能够踏实、放心，自在、安妥，为后来有兴趣研究和了解苇岸的人们，多提供一些资源信息。客观上，这部纪念文集一定程度地反映出新时期以后的文学现场、现象，以及奋力前行的文学队伍及文学力量的真实状况。在我们还有力气的时候，能够严肃认真地多做一件积蓄而衍进的文学的本职事情，协助苇岸的家人，一同达成纪念苇岸、祝福苇岸曾经倾尽心力的文学事业生生不息的意愿，如果能是，意义在了。

二〇一九年一月七日

附：苇岸生平年表

一九六〇年

一月七日生于北京市昌平县（现昌平区）北小营村。

一九七三年

入北小营中学学习。其间对文字和文学产生兴趣，写过童话、寓言及小说片段习作。

一九七八年

时值国家恢复高考制度的第二年，于冬季（时为寒假招生）考入中国人民大学一分校哲学系，翌年春正式入学。其间与文学社同学广泛来往，并接触正在校园传播的朦胧诗，由此喜欢并开始诗歌写作，结识了一些朦胧诗诗人。在校期间曾因病休学一年。

一九八二年

第一首诗歌《秋分》在《丑小鸭》第十一期发表。

一九八四年

七月,到北京昌平职业教育学校任教。

八月,友人顾城和谢烨骑车来昌平旅行,游览了十三陵和北小营。写《童话诗人》一文,刊于《诗歌报》。

冬,结识海子。

一九八六年

八月,首次单独做短途旅行,到内蒙古赤峰、海日苏一带和河北丰宁的坝上林场。

写《海日苏》和《去看白桦林》两篇散文。

秋,参加"北京市第二届青年文学创作会议"。

十二月,经海子推荐读到《瓦尔登湖》。

一九八七年

因《瓦尔登湖》,写作由诗歌彻底转向散文。

八月,独自到东北旅行,主要去了小兴安岭、黑龙江边的嘉荫镇和长白山。

写散文《美丽的嘉荫》。

一九八八年

开始写作开放性系列散文作品《大地上的事情》。

一九八九年

四月,写作《海子死了》一文,刊于当月《科技日报》。

八月,独自去山西和陕西旅行。

一九九〇年

八月,独自去新疆旅行,从哈密、吐鲁番、乌鲁木齐、库尔勒、库车、喀什、和田、于田、民丰、且末、若羌、尉犁再至库尔勒,环塔克拉玛干沙漠边缘一周,行程一个月。

写《库车笔记》和《天边小镇》两文。

一九九一年

六月,《大地上的事情》(二十一则)、《美丽的嘉荫》、《海子死了》被选入新时期重要的散文选本、当代中国大陆新生代散文选《上升》(老愚编,北方文艺出版社)。

"新生代散文"的概念逐渐被散文界及评论界接受。

成为"新生代散文"主要作者之一。

八月,去四川泸州、峨眉山旅行。

九月,中秋节,与L结婚。

十月,偕妻子去西安、洛阳旅行。

一九九二年

八月,应邀与北京另两位"新生代散文"作者到武汉参加"中国当代散文研讨会"。

一九九三年

《大地上的事情》(三十八则)、《美丽的嘉荫》《放蜂人》《诗人是世界之光》被选入《当代散文潮流回顾·写作艺术借鉴丛书——新生代散文》(楼肇明、老愚主编,北京师范大学出版社)、《九千只火鸟》(刘锡庆主编,北京师范大学出版社)。

楼肇明在《散文"文体意识"的新觉醒》(《一九九三年中国文学年鉴》)一文中对其作品予以重点评价。

一九九四年

应《诗探索》之约写《怀念海子》。

《美丽的嘉荫》被选入《中国当代散文精品》(老愚编,春风文艺出版社)。

六月,在北京怀柔参加中华文学基金会与北京市作协合办的"当代散文理论研讨会"。

一九九五年

三月,《山花》刊出陈旭光的评论文章《新潮散文:文体革命与艺术思维的新变》,文中对苇岸作品予以重点评论推介。

四月,散文集《大地上的事情》被列入"游心者笔丛"(楼肇明主编,中国对外翻译出版公司)。

五月,加入北京市作家协会。

七月、十月,分别在《武汉晚报》开设的"文学对话录"专栏参与关于散文热及"新生代散文"的讨论,均获得较好评价。

十二月,与友人合编《蔚蓝色天空的黄金》(小说、诗歌、散文各一卷),主编散文卷,辑入十位"新生代散文"作家作品。

《北京文学》刊出新生代十四人散文作品,收入苇岸《作家生涯》一文;同时推出安民撰写的《新生代散文取向》评论。

一九九六年

七月二十四日,徐迅撰写的《苇岸:大地的理念》短文在《中华读书报》刊出。

八月,其作品在《中国当代散文报告文学发展史》(佘树森、陈旭光著,北京大学出版社)一书的《新时期散文的多元艺术变革》章节里,被重点评介。

八月,与诗人黑大春赴山东,之后沿黄河大堤向西,从东明步行至河南开封,行程约四天。

九月,一平撰写的书评长文《光明的豆粒——读〈大地上的事情〉》在《博览群书》刊出。

十一月,散文《放蜂人》,被选入《神奇的地球村·中国卷》(黎先耀主编,经济日报出版社)。

一九九七年

一月,在《台港文学选刊》封二开设"大地上的事情"专栏。

一月至四月,在《为您服务报》开设"谨读赠书"专栏。

《没有门户的宝库》《四姑》两文,被选入《中国当代散文检阅·新锐卷》(周明、陈忠实主编,陕西人民出版社)。

二月十五日,陈旭光文《苇岸:倾听神秘与回到本真》在《武汉晚报·微型作家论》专栏刊出。

五月,加入中国作家协会。

八月,王京生文章《苇岸:大地上的事情》,在《人民铁道》报"艺术家走访"专栏刊出。

九月,《谨读赠书》一文,被选入《美文·珍藏本》(美文杂志社编,太白文艺出版社)。

参加《世界文学》和中华文学基金会主办的"世界文学与发展中的中国文学"研讨会。

十一月,与妻子L离异。

一九九八年

二月，着手为《一九九八 廿四节气》拍摄和记录。

五月，应《世界文学》双月刊"中国作家谈外国文学"专栏之约，写《我与梭罗》一文，载该刊第五期。

六月，应邀参加中国作家协会与《散文选刊》在河南焦作共同举办的"中国当代散文创作研讨会"。

十一月，接受《美文》"关于九十年代散文写作随访"书面访谈。

正式开始写作《一九九八 廿四节气》。

十二月，被列为一九九八年中国散文排行榜推选委员会成员。

一九九九年

一月，与全国二十位著名散文作家、评论家一起被列为"一九九九年《散文选刊》特邀评刊委员"。

三月，散文《大地上的事情》被选入北京十月文艺出版社计划出版的《建国五十周年文学作品精选》(谢大光主编)。

在病中写出最后一则《廿四节气·谷雨》。

五月，《一九九八 廿四节气》(六则) 在《人民文学》刊出。

整理书稿。

五月十九日十八时三十四分，因肝癌医治无效辞世。终年三十九岁。

未曾消失的苇岸：纪念
WEI CENG XIAOSHI DE WEI AN：JINIAN

出版统筹：多　马
策　　划：多　马
责任编辑：吴学金
助理编辑：张小彩
产品经理：张小彩
责任技编：龙先华
装帧设计：鲁明静
篆　　刻：张泽南

图书在版编目（CIP）数据

未曾消失的苇岸：纪念 / 冯秋子主编. —桂林：广西师范大学出版社，2019.5
ISBN 978-7-5598-1755-6

Ⅰ. ①未… Ⅱ. ①冯… Ⅲ. ①苇岸（1960-1999）—纪念文集 Ⅳ. ①K825.6-53

中国版本图书馆CIP数据核字（2019）第078561号

广西师范大学出版社出版发行
（广西桂林市五里店路9号　邮政编码：541004）
网址：http://www.bbtpress.com
出版人：张艺兵
全国新华书店经销
北京盛通印刷股份有限公司印刷
（北京经济技术开发区经海三路18号　邮政编码：100176）
开本：889 mm × 1 194 mm　1/32
印张：14.25　　　　字数：272千字
2019年5月第1版　　2019年5月第1次印刷
印数：0 001~8 000册　　定价：52.00元

如发现印装质量问题，影响阅读，请与出版社发行部门联系调换。